Lucian Kern · Hans-Peter Müller (Hrsg.)

Gerechtigkeit, Diskurs oder Markt?

Lucian Kern · Hans-Peter Müller (Hrsg.)

Gerechtigkeit, Diskurs oder Markt?

Die neuen Ansätze in der Vertragstheorie

Westdeutscher Verlag

CIP-Kurztitelaufnahme der Deutschen Bibliothek

Gerechtigkeit, Diskurs oder Markt? :
Die neuen Ansätze in d. Vertragstheorie /
Lucian Kern; Hans-Peter Müller (Hrsg.). —
Opladen: Westdeutscher Verlag, 1986.
   ISBN 978-3-531-11788-1   ISBN 978-3-322-94348-4 (eBook)
   DOI 10.1007/978-3-322-94348-4
NE: Kern, Lucian [Hrsg.]

Gedruckt mit Unterstützung
der Förderungs- und Beihilfefonds Wissenschaft
der VG WORT GmbH

Umschlaggestaltung: Horst Dieter Bürkle, Darmstadt

ISBN 978-3-531-11788-1

VORWORT

Der Band, den wir hier vorlegen, geht auf eine Tagung der Sektion Soziologische Theorien in der Deutschen Gesellschaft für Soziologie über „Vertragstheorien in den Sozialwissenschaften" zurück. Diese Sektionstagung, die vom 14. - 15. Oktober 1983 in Schloß Rauischholzhausen bei Gießen stattfand, wurde von Viktor Vanberg (Fairfax, USA) und Reinhard Wippler (Utrecht) organisiert. Die Organisation 'vor Ort' lag in den Händen von Bernhard Giesen und Wolfgang Schneider. Wir möchten nicht nur den genannten Personen für ihre Arbeit danken, sondern auch der Universität Gießen, die großzügig ihre einzigartigen Tagungsräume in Rauischholzhausen zur Verfügung gestellt hat.

Weiter danken wir der Universität der Bundeswehr München, die mit einem Druckkostenzuschuß die Publikation der Vorträge ermöglicht hat.

Alle Vorträge wurden für die Drucklegung gründlich überarbeitet. Die Beiträge von Johannes Schmidt (München) über John Rawls und Reinhard Zintl (München) über James Buchanan wurden ·zusätzlich aufgenommen, um den Anspruch dieses Bandes einzulösen, einen möglichst breiten Überblick über die neuen Vertragstheorien und deren aktuelle Diskussion in den Sozialwissenschaften zu geben. Nicht zuletzt haben wir Frau Ursula Peter für die Mühe zu danken, die nötig war, alle Beiträge in eine druckreife Form zu bringen.

Die Herausgeber

INHALTSVERZEICHNIS

4. Anwendungen vertragstheoretischer Ansätze

EINLEITUNG

DIE RENAISSANCE DER IDEE DES GESELLSCHAFTSVERTRAGS UND DIE SOZIOLOGIE

Viktor Vanberg
Reinhard Wippler

Eine der auffallendsten theoretischen Entwicklungen in der jüngeren Geschichte der Sozialwissenschaften ist die intellektuelle Renaissance einer Idee, die lediglich noch als Thema *theoriehistorischer* Betrachtungen, nicht jedoch als *systematische* Argumentationsfigur von Interesse zu sein schien: Die *Idee des Gesellschaftsvertrags.* Anknüpfend an und in Auseinandersetzung mit den Arbeiten von J. Rawls (1971), R. Nozick (1974) und J.M. Buchanan (1975) hat sich eine intensive Diskussion um den systematischen Stellenwert des Gesellschaftsvertrags entwickelt, die quer durch alle Sozialwissenschaften geht, und deren publizistischer Niederschlag mittlerweile eine Spezialbibliothek füllen könnte.

Die breite und anhaltende Aufmerksamkeit, die die drei genannten Arbeiten unmittelbar nach ihrem Erscheinen gefunden haben, läßt vermuten, daß eine entsprechend breite intellektuelle Sensibilisierung und Aufnahmebereitschaft für die in ihnen thematisierte Problemstellung vorhanden war. Und es ist in der Tat naheliegend anzunehmen, daß eine solche Sensibilisierung in nicht unerheblichem Maße durch die intellektuellen Auswirkungen jener Erscheinung der sechziger Jahre geschaffen worden ist, die von manchen als „Legitimationskrise des demokratischen Staates", von anderen als „westliche Kulturrevolution" bezeichnet worden ist.

Die in der zweiten Hälfte der sechziger Jahre, insbesondere in Teilen der Studentenschaft, formulierte Fundamentalkritik an den „vorgefundenen gesellschaftlichen Strukturen" hatte weite Bereiche des akademischen Gefüges geprägt, und zwar umso stärker, je größer die Nähe zu den Sozialwissenschaften. Die hier manifestierte Unzufriedenheit, die in ihren spezifischen Themen (Vietnam, Notstandsgesetze) eher ihre Katalysatoren als ihre eigentliche Substanz hatte, war Triebkraft einer fundamentalen *Institutionenkritik:* Einer Kritik an den *politischen Institutionen* westlicher Demokratie ebenso wie einer Kritik an tradierten *gesellschaftlichen Institutionen* westlicher Zivilisation — wie Ehe und Familie oder Privateigentum.

Die Erfahrung, daß der demokratische Entscheidungsprozeß Ergebnisse generiert, die den eigenen Vorstellungen vom „politisch Richtigen" völlig zuwiderlaufen, und der Eindruck, in diesen Prozeß nicht spürbar eingreifen zu können, wurden als Beleg dafür empfunden, daß der deklarierte Anspruch westlicher Demokratie, eine wirksame Repräsentanz des Willens der Regierten zu gewährleisten, bloße Ideologie sei. Als Konsequenz ergab sich eine Politikvorstellung, in der die Frage nach der *institutionellen* Ausgestaltung des Rahmens, in dem unterschiedliche Interessen und Zielvorstellungen um Einfluß konkurrieren, verdrängt war durch die Frage, welche Interessen allein Legitimität und welche Zielvorstellungen allein „Richtigkeit" beanspruchen können.

1

Die Kritik *politischer* Institutionen ging einher mit einer grundsätzlichen Kritik tradierter *gesellschaftlicher* Institutionen, die als Ausdruck irrationalen oder konspirativen gesellschaftlichen Zwangs empfunden wurden. Die „Entdeckung", daß viele der überkommenen und üblicherweise nicht „hinterfragten" gesellschaftlichen Regelungen *konventionellen* Charakter haben — d.h. daß man sich sehr gut vorstellen kann: Es *könnte* auch ganz anders sein —, wurde vielfach als Beleg dafür verstanden, daß solche Regelungen nichts als eine völlig willkürliche Beschränkung individueller Entfaltungsmöglichkeiten darstellen. Auch hier geriet der Gedanke der sozialen Regelungsfunktion von Institutionen, der Bedeutung eines institutionellen Rahmens, in dem Menschen mit unterschiedlichen Interessen und Zielen kooperieren können, völlig aus dem Blick, und die Aufmerksamkeit konzentrierte sich auf die Frage der Wiederfindung einer „wahren menschlichen Natur", die durch die tradierten institutionellen Zwänge verformt und verschüttet worden ist.

Obwohl eine solche grundsätzliche Institutionenkritik keineswegs originell war, sondern durchaus ihre historischen Vorläufer — insbesondere in der frühen marxistischen Tradition — hatte, vermochte sie für einige Überraschung und Irritation zu sorgen. Abgesehen von ihren allgemeinen politischen und gesellschaftlichen Auswirkungen bedeutete diese grundsätzliche Infragestellung der Rolle sozialer Institutionen auch eine direkte Herausforderung an die Sozialwissenschaften, speziell die Soziologie. Entsprechend ihrem Anspruch, *die* Wissenschaft von den sozialen Institutionen zu sein, wäre es vor allem Sache der Soziologie gewesen, eine systematische theoretische Perspektive zu bieten, auf die sich eine informierte, rationale Diskussion um den Stellenwert und die Auswirkungen sozialer Institutionen — im allgemeinen und in speziellen Erscheinungsformen — hätte beziehen können.

Es war wohl nicht zuletzt ihr Unvermögen, eine solche Perspektive zu vermitteln, das die Soziologie als *theoretische* Wissenschaft in jene Krise hat geraten lassen (oder vielleicht eher: das jene Theoriekrise hat deutlich werden lassen), die die Erscheinung des Faches seit geraumer Zeit prägt. Ansätze zu einer theoretischen Perspektive, an die eine rationale Diskussion um die Rolle sozialer Institutionen hätte anknüpfen können, waren zwar durchaus vorhanden, wie in Deutschland etwa — um nur dieses Beispiel zu erwähnen — die Institutionenlehre Arnold Gehlens. Aber sie führten innerhalb des Faches eher ein Randdasein, ohne maßgebliche Resonanz. Was dagegen als *die* theoretische Botschaft der Soziologie wahrgenommen wurde, war eine Vorstellung, die eher als intellektuelle Grundlage denn als theoretisches Korrektiv der pauschalen Institutionenkritik erschien: Die Vorstellung von „der Gesellschaft" und ihren Institutionen als dem „Gehäuse der Hörigkeit", als dem Zwangskorsett von vorgestanzten Positionen und Rollen, in das der einzelne ohnmächtig eingezwängt ist.

Die Frage nach den institutionellen Grundlagen sozialer Kooperation und die Frage des Zusammenhangs zwischen dem Charakter von Institutionen und Regelungen einerseits und dem Charakter der auf ihnen beruhenden sozialen Ordnung andererseits tauchten als systematische Leitfragen in der soziologischen Theoriediskussion kaum mehr auf. Obschon diese Fragen das Zentralthema einer Soziologie als der Wissenschaft von den sozialen Institutionen hätten bilden können, sind sie weit eher außerhalb der Soziologie zum Gegenstand systematischer theoretischer Erörterung geworden, insbesondere in der Ökonomie oder auch in der Sozialphilosophie.

2

Nachdem die Ökonomie im Zuge ihrer Entwicklung zur sozialwissenschaftlichen Spezialdisziplin und der damit einhergehenden Abgrenzung zur Soziologie das Problem sozialer Institutionen für geraume Zeit ausdrücklich aus ihrem Zuständigkeitsbereich ausgeklammert hatte, zeichnet sich in den beiden letzten Jahrzehnten ein zunehmend beachteter theoretischer Wandel ab. In ausdrücklicher Rückbesinnung auf die allgemeinere sozialtheoretische Orientierung der klassischen politischen Ökonomie hat sich eine neue, institutionelle politische Ökonomie entwickelt, die die Frage nach der Entwicklung und den Auswirkungen unterschiedlicher institutioneller Arrangements — im Marktbereich ebenso wie im Bereich politischen Handelns — in den Mittelpunkt ihres theoretischen Interesses stellt.

In einem der Pionierbeiträge dieser neuen, institutionellen politischen Ökonomie, in ihrer „ökonomischen Theorie der Verfassung", haben J. M. Buchanan und G. Tullock (1962) die Idee des Gesellschaftsvertrags als eine heuristisch fruchtbare Denkfigur zur Analyse der institutionellen Grundlagen kollektiven Handelns wiederentdeckt. Und in einer Reihe von nachfolgenden Publikationen hat J.M. Buchanan die vertragstheoretische Perspektive zum systematischen Leitprinzip seines Ansatzes zu einer, die Bedeutung sozialer Regelungen und Institutionen betonenden, „konstitutionellen Ökonomie" ausgeweitet. Parallel zu ihrer Renaissance in der Ökonomie wurde die Gesellschaftsvertragsidee auch in der Sozialphilosophie als systematische Argumentationsfigur wiederbelebt, und zwar durch eine Reihe von Beiträgen von J. Rawls, die schließlich in dessen „Theorie der Gerechtigkeit" (1971) einmündeten, an dem sich die moderne vertragstheoretische Diskussion vornehmlich entzündet hat.

Der vertragstheoretische Ansatz zur Analyse sozialer Institutionen geht von der Annahme aus, daß angesichts der Allgegenwart und Unvermeidbarkeit von Interessenkonflikten im menschlichen Zusammenleben die gemeinsame Respektierung eines Systems von Regeln unerläßliche Voraussetzung für friedvolle und wechselseitig vorteilhafte soziale Kooperation ist. Die Besonderheit der vertragstheoretischen Perspektive liegt darin, daß sie nicht primär auf eine Analyse der tatsächlichen historischen Entwicklung von Regeln und Institutionen abzielt, sondern auf eine rationale Rekonstruktion der Erwägungen, die Menschen anstellen würden, wenn sie zwischen potentiell alternativen Regelungen für spezifische Probleme ihres Zusammenlebens zu wählen hätten. D.h., die vertragstheoretische Perspektive ist darauf gerichtet, *erstens,* typische Probleme und Konflikte sozialen Zusammenlebens und Zusammenhandelns zu identifizieren, *zweitens,* alternative Regelungen für diese Probleme zu benennen und systematisch auf ihre erwartbaren Auswirkungen hin zu vergleichen, und *drittens,* begründete Annahmen darüber zu formulieren, welche Regelungen Menschen, die sich auf ein kooperatives Arrangement einzulassen planen, wohl am annehmbarsten erscheinen würden.

Es liegt in der Eigenart dieser Perspektive, daß sie *analytische, erklärende* Elemente und *normative* Aspekte eng zusammenrückt: Ihre analytische Dimension zeigt sich dort, wo es um — theoretisch zu begründende und theoretisch zu kritisierende — Annahmen über die Wirkungsweise unterschiedlicher institutioneller Arrangements geht. Ihre normative Wendung erfährt sie dort, wo spezifische institutionelle Regelungen an der Frage gemessen werden, ob man vernünftigerweise annehmen kann, daß die betroffenen Akteure sich in einer konstitutionellen Vereinbarung

3

freiwillig auf sie hätten einigen können — so, wie man sich vor einem Spiel oder Wettbewerb auf bestimmte Regeln einigt.

Obschon die Diskussion um die analytische Fruchtbarkeit und normative Relevanz der „neuen Vertragstheorie" einen ausgesprochen interdisziplinären Charakter hat und quer durch solche Disziplinen wie die Ökonomie, die Politikwissenschaft, die Rechtswissenschaft und die Philosophie geht, hat sie bislang in der Soziologie vergleichsweise geringe Resonanz gefunden. Dabei könnte eine stärkere Beteiligung an der Diskussion um den vertragstheoretischen Ansatz zur Institutionenanalyse gerade der theoretischen Soziologie wichtige Impulse geben. Sie würde das Interesse an einem klassischen Thema theoretischer Soziologie wiederbeleben und soziologische Vorstellungen stärker der heilsamen Disziplin des interdisziplinären Wettbewerbs von Ideen und Argumenten aussetzen, der die neuere sozialwissenschaftliche Theoriediskussion so entscheidend belebt hat.

Es war die Intention, innerhalb der Soziologie zu einer stärkeren Auseinandersetzung mit der „neuen Vertragstheorie" und ihrem theoretischen Umfeld beizutragen, aus der heraus die Verfasser dieses Vorworts eine Tagung über „Vertragstheorien in den Sozialwissenschaften" organisiert haben, die als Veranstaltung der Sektion „Soziologische Theorien" der Deutschen Gesellschaft für Soziologie im Oktober 1983 in Schloß Rauischholzhausen bei Giessen durchgeführt wurde. Der vorliegende Band enthält die, z.T. überarbeiteten Referate, die auf dieser Tagung diskutiert wurden, ergänzt um zwei Beiträge von Johannes Schmidt und Reinhard Zintl, die zu den Teilnehmern der Tagung gehörten.

Zu danken ist den beiden Herausgebern, Lucian Kern und Hans-Peter Müller, daß sie die Veröffentlichung dieses Bandes ermöglicht haben.

LITERATUR

J.M. Buchanan & G. Tullock (1962), The Calculus of Consent, Ann Arbor
J.M. Buchanan (1975), The Limits of Liberty, Chicago (deutsch 1984)
R. Nozick (1974), Anarchy, State, and Utopia, New York (deutsch 1976)
J. Rawls (1971), A Theory of Justice, Cambridge, Mass. (deutsch 1975)

1.

DIE IDEE DES VERTRAGS

THEORIEN DES SOZIALKONTRAKTS ALS RECHTFERTIGUNGSMODELLE POLITISCHER INSTITUTIONEN*

Peter Koller

I. Vorbemerkungen

Die Idee des Sozialkontrakts als eines Vertrags, durch den alle Mitglieder einer Gesellschaft in einem vorpolitischen Zustand ursprünglicher Freiheit und Gleichberechtigung die Verfassung ihres künftigen Zusammenlebens einmütig beschließen, war über Jahrhunderte hinweg die vorherrschende Leitvorstellung, derer man sich zur normativen Rechtfertigung oder Kritik politischer Institutionen bediente, bis sie im 19. Jahrhundert durch utilitaristische, sozialistische und sozialdarwinistische Vorstellungen immer mehr verdrängt wurde und nach und nach in Vergessenheit geriet. Doch es scheint, daß die Idee des Sozialkontrakts nach einer Periode der Stagnation nun wieder zunehmend an Boden gewinnt und neuerlich — wenn auch in aktualisierter Gestalt — als Legitimationsmodell politischen Handelns ernstgenommen wird.

Der entscheidende Anstoß für diese neue Entwicklung ist sicherlich von John Rawls' grandiosem Werk "A Theory of Justice" (1971) ausgegangen, das den Versuch darstellt, auf der Grundlage einer an Rousseau und Kant orientierten Vorstellung des Sozialkontrakts eine umfassende Theorie der sozialen Gerechtigkeit zu entwickeln. Dennoch muß, als Rawls' Buch erschien, bereits ein intellektuelles Klima bestanden haben, in dem die Wiederbelebung der Idee des Sozialkontrakts gleichsam in der Luft lag. Dafür spricht nicht nur die gewaltige Resonanz, die das Werk von Rawls ausgelöst hat, sondern auch der Umstand, daß ihm bald eine wahre Flut weiterer Konzeptionen der politischen Rechtfertigung folgte, die das Modell des Gesellschaftsvertrags in irgendeiner Form als Grundlage ihrer Argumentation verwenden. Inzwischen gibt es jedenfalls eine respektable Reihe neuer vertragstheoretischer Ansätze, die — gemessen an theoretischer Radikalität, an argumentativer Schärfe und systematischer Reichweite — den herkömmlichen Konzeptionen politischer Philosophie, insbesondere aber dem Utilitarismus, ohne weiteres das Wasser reichen können. Wie es um die Annehmbarkeit ihrer Prämissen und um die Schlüssigkeit ihrer Ergebnisse bestellt ist, bleibe dabei einstweilen dahingestellt. Zu den sowohl in systematischer als auch in historischer Hinsicht beachtlichen Ansätzen unter den neueren Versuchen einer vertragstheoretischen Legitimation politischer Institutionen gehören neben Rawls' imposanter Theorie der Gerechtigkeit zweifellos vor allem die beiden folgenden: die vom Lockeschen Gesellschaftsvertragsmodell ausgehende Konzeption von Robert Nozick, enthalten in seinem Buch "Anarchy, State, and Utopia" (1974), und die Theorie, die James M. Buchanan in Anlehnung an das Vertragsmodell von Hobbes in seinem Werk "The Limits of Liberty" (1975) entwickelt hat.

Die Theorien von Rawls, Nozick und Buchanan sind nicht nur die elaboriertesten und umfassendsten der rezenten Ansätze vertragstheoretischen Musters, sondern sie stellen zugleich auch die historische Kontinuität zur Tradition der klassischen Gesellschaftsvertragsdoktrin her, da jede dieser Theorien jeweils eines der typischen Vertragsmodelle der klassischen Doktrin aufnimmt und es in einer den heutigen Ansprüchen angepaßten Form auszubauen und weiterzuführen versucht. Im folgenden möchte ich die Vertragskonzeptionen von Buchanan, Nozick und Rawls vor dem Hintergrund der ihnen jeweils entsprechenden klassischen Modelle des Sozialkontrakts einander gegenüberstellen und sie im Hinblick auf die ihnen zugrundeliegenden Annahmen daraufhin prüfen, ob und inwieweit sie als Modelle der politischen Rechtfertigung überhaupt tragfähig erscheinen. Doch bevor ich damit beginne, will ich zunächst versuchen, die Grundidee der Vorstellung des Gesellschaftsvertrags etwas deutlicher herauszuarbeiten und zu erklären, woraus eigentlich die intellektuelle Anziehungskraft dieser Idee als eines Paradigmas der Legitimation politischen Handelns entspringt.

II. Die Idee des Gesellschaftsvertrags

Die Vorstellung, von der alle Konzeptionen des Gesellschaftsvertrags ausgehen, wie sehr sie sich sonst auch unterscheiden mögen, ist offenbar folgende: Wenn jemand eine vertragliche Vereinbarung mit anderen trifft, so gibt er seine Zustimmung zu den Rechten und Pflichten, die ihm aus dieser Vereinbarung erwachsen. Sofern seine Zustimmung freiwillig und unter der Bedingung seiner gleichberechtigten Beteiligung an den Vertragsverhandlungen erfolgt, hat er kein Recht, sich über die aus der Vereinbarung resultierenden Rechte und Pflichten zu beklagen, und muß sie als für sich verbindlich akzeptieren, nach dem Motto: Volenti non fit iniuria! Dieser Art der Rechtfertigung von Rechten und Pflichten durch vertragliche Zustimmung liegt die Annahme zugrunde, daß jemand, der freiwillig eine vertragliche Übereinkunft eingeht, seine wohlerwogenen Interessen wahrt und sich nicht auf etwas einläßt, was ihm zum Schaden gereicht. Voraussetzung hierfür ist, daß die Vertragspartner einander als gleichberechtigte Personen gegenüberstehen und ihre Übereinkunft unter fairen Bedingungen herbeiführen, so daß eine Übervorteilung des einen durch den anderen ausgeschlossen ist.

Die Idee des Gesellschaftsvertrags besteht nun darin, diese Vorstellung der vertraglichen Begründung von Rechten und Pflichten auf die gesamte Gesellschaft zu übertragen und diese gleichsam als ein Vertragsverhältnis aller ihrer Mitglieder zu deuten. Ebenso wie eine vertragliche Übereinkunft zweier Personen unter der Bedingung ihrer beiderseitigen Freiheit und Gleichberechtigung die wechselseitige Verbindlichkeit der vereinbarten Rechte und Pflichten begründet, könnte eine vertragliche Vereinbarung, worin sich alle Mitglieder einer Gesellschaft unter der Voraussetzung ihrer Freiheit und Gleichberechtigung einmütig auf die institutionelle Verfassung ihres gesellschaftlichen Zusammenlebens einigen, die allgemeine Verbindlichkeit dieser Verfassung begründen. Denn über eine institutionelle Ordnung der Gesellschaft, die gleichsam durch einen Vertrag aller ihrer Mitglieder zustandekäme, der also jedermann freiwillig und in seinem wohlerwogenen Interesse zustimmen würde, könnte sich niemand beklagen. Eine solche gesellschaftliche Ordnung könnte somit zu Recht den Anspruch erheben, für alle verbindlich zu sein.

Die Attraktivität dieser Idee für das Unterfangen einer rationalen Rechtfertigung politischer Institutionen liegt auf der Hand: Da die Vorstellung des Gesellschaftsvertrags die Legitimität der sozialen Ordnung durch die autonome Zustimmung *aller* ihrer Mitglieder zu begründen versucht, trägt sie einem Erfordernis Rechnung, mit dem sich jede Rechtfertigung von Grundsätzen des sozialen Zusammenlebens, die sich nicht mehr auf die gesetzgebende Autorität Gottes berufen kann, konfrontiert sieht: dem Erfordernis der *moralischen Autonomie* jeder Person. Moralische Autonomie bedeutet, daß jede Person letztlich frei ist, selbst zu bestimmen, welche Normen sie als die obersten Standards ihres Handelns annehmen will. Denn wenn es eine oberste gesetzgebende Autorität, deren Geboten die Menschen von Natur aus und unabhängig von ihrer Zustimmung zu Gehorsam verpflichtet sind, nicht gibt, so muß es jedem einzelnen anheimgestellt bleiben, für sich selbst zu entscheiden, welche Normen ihm als verbindliche Richtlinien seines Handelns gelten sollen. Eine annehmbare Rechtfertigung von Grundsätzen des Verhaltens kann daher in Ermangelung einer übergeordneten Normierungsinstanz, der die Menschen von Natur aus unterworfen wären, nur eine solche sein, die von der moralischen Autonomie jeder Person ausgeht, für die diese Grundsätze gelten sollen. Das bedeutet jedoch, daß eine Rechtfertigung von Grundsätzen des zwischenmenschlichen Verhaltens, die für alle Mitglieder einer Gesellschaft gelten sollen, die autonome Billigung dieser Grundsätze durch alle Beteiligten, oder anders ausgedrückt: die *allgemeine Zustimmungsfähigkeit* dieser Grundsätze erfordert. Sofern eine gedeihliche soziale Ordnung Regeln des Zusammenlebens verlangt, die allgemein gelten, muß eine angemessene Rechtfertigung dieser Regeln darauf abzielen, deren allgemeine Zustimmungsfähigkeit zu erweisen. Und gerade dies möchte das Legitimationsmodell des Sozialkontrakts leisten.[1]

Die Idee einer Rechtfertigung sozialer Institutionen durch einen Gesellschaftsvertrag ist nun allerdings mit erheblichen Schwierigkeiten verbunden. So mag man gegen diese Idee zu Recht den Einwand erheben, wie David Hume dies beispielsweise getan hat, daß die Vorstellung des Zustandekommens gesellschaftlicher Verbände durch einen vertraglichen Zusammenschluß vereinzelter Individuen nicht nur jeder historischen Erfahrung widerspricht, sondern überhaupt ganz und gar unrealistisch ist.[2] Die Menschen werden vielmehr stets in irgendeine Gesellschaft hineingeboren, finden immer schon bestimmte soziale Strukturen vor und wachsen in eine vorgegebene soziale Lebenswelt hinein. Doch selbst wenn eine Neubegründung der gesellschaftlichen Ordnung durch eine vertragliche Vereinbarung aller erwachsenen Personen möglich wäre, würde angesichts der bestehenden gesellschaftlichen Machtverhältnisse und Ungleichheiten eine faire Übereinkunft nicht zustandekommen und überdies hätte eine solche Übereinkunft auch keinerlei Verpflichtungskraft für die nachfolgenden Generationen.

Die meisten Theoretiker des Sozialkontrakts haben diese Schwierigkeiten durchaus gesehen und die Konsequenzen gezogen, daß man sich den Gesellschaftsvertrag nicht als etwas Wirkliches oder auch nur real Mögliches vorstellen dürfte, sondern bloß als eine *hypothetische Konstruktion*, der die Rolle einer regulativen Idee zukomme. Am deutlichsten hat das wohl Immanuel Kant in seiner Schrift „Über den Gemeinspruch" zum Ausdruck gebracht:

„Allein dieser Vertrag (contractus originarius oder pactum sociale genannt), als Koalition jedes besondern und Privatwillens in einem Volk zu einem gemeinschaftlichen und öffentlichen Willen (zum Behuf einer bloß rechtlichen Gesetzgebung), ist keineswegs als ein *Faktum* vorauszusetzen nötig (ja als ein solches gar nicht möglich); gleichsam als ob allererst aus der Geschichte vorher bewiesen werden müßte, daß ein Volk, in dessen Rechte und Verbindlichkeiten wir als Nachkommen getreten sind, *einmal* wirklich einen solchen Actus verrichtet, und eine sichere Nachricht oder ein Instrument davon uns, mündlich oder schriftlich, hinterlassen haben müsse, um sich an eine schon bestehende bürgerliche Verfassung für gebunden zu achten. Sondern es ist eine *bloße Idee* der Vernunft, die aber ihre unbezweifelte (praktische) Realität hat: nämlich jeden Gesetzgeber zu verbinden, daß er seine Gesetze so gebe, als sie aus dem vereinigten Willen eines ganzen Volkes haben entspringen können, und jeden Untertan, so fern er Bürger sein will, so anzusehen, als ob er zu einem solchen Willen mit zusammen gestimmt habe. Denn das ist der Probierstein der Rechtmäßigkeit eines jeden öffentlichen Gesetzes."[3]

Wenn die Vorstellung des Gesellschaftsvertrags eine Konstruktion rein hypothetischen Charakters ist, so fragt sich allerdings, weshalb ihr eigentlich die Funktion eines normativen 'Probiersteins' der Legitimität der sozialen Ordnung zukommen sollte. Warum sollten sich die Menschen durch Grundsätze verbunden fühlen, auf die sie sich möglicherweise im Rahmen einer bloß vorgestellten Übereinkunft geeinigt hätten, denen sie aber tatsächlich niemals ihre Zustimmung gegeben haben? Soviel scheint jedenfalls sicher, wie Ronald Dworkin in einer Auseinandersetzung mit Rawls treffend bemerkt hat, daß die fiktive Annahme eines hypothetischen Kontrakts für sich allein unmöglich ein zureichendes Argument für die Verbindlichkeit derjenigen Grundsätze liefern kann, die man unter hypothetischen Bedingungen vertraglich akzeptiert hätte. Ich zitiere Dworkin:

„Wenn ich mich zum Beispiel an einem Spiel beteilige, dann könnte es sein, daß ich irgendeiner Menge von Spielregeln zugestimmt haben würde, wenn man mich vor dem Spiel gefragt hätte. Daraus folgt aber keineswegs, daß diese Spielregeln gegen mich angewandt werden können, wenn ich ihnen tatsächlich nicht zugestimmt habe. Natürlich hätte es Gründe gegeben, weshalb ich zugestimmt hätte, wenn ich vorher gefragt worden wäre, und diese Gründe können auch gute Gründe dafür sein, daß es fair ist, diese Regeln gegen mich anzuwenden, selbst wenn ich nicht zugestimmt habe. Aber unabhängig von diesen Gründen zählt meine hypothetische Zustimmung nicht als eigener Grund für die Anwendung der Regeln gegen mich, wie meine tatsächliche Zustimmung als derartiger Grund zählen würde."[4]

Wenn aber die bloße Annahme eines hypothetischen Gesellschaftsvertrags für sich allein keinen normativen Grund für oder gegen die Verbindlichkeit irgendwelcher Grundsätze zu liefern vermag, welchen Grund mag es dann geben, der uns veranlassen könnte, die Vorstellung eines solchen Kontrakts als ein plausibles Modell der normativen Rechtfertigung sozialer Institutionen zu betrachten? Eine mögliche Antwort auf diese Frage ist in der zitierten Passage von Dworkin bereits implizit enthalten. Sofern die Vorstellung eines hypothetischen Kontrakts überhaupt einen brauchbaren Ansatz für die Rechtfertigung von Grundsätzen des sozialen Zusammenlebens darstellt, dann nicht deswegen, weil sie die Verbindlichkeit dieser Grundsätze durch eine vertragliche Übereinkunft aller Betroffenen begründet, sondern vielmehr darum, weil es *gute Gründe* gibt zu behaupten, daß die Beteiligten eine derartige Übereinkunft vernünftigerweise getroffen haben sollten und daß sie daher die daraus hervorgehenden Grundsätze als für sich verbindlich betrachten sollten, *als ob* sie ihnen automom zugestimmt hätten.[5]

Die hypothetische Unterstellung eines Aktes vertraglicher Einigung erweist sich damit als eine Voraussetzung, der im Rahmen der vertragstheoretischen Begründung sozialer Regeln nur eine untergeordnete Bedeutung zukommt. Die Vorstellung eines solchen Aktes mag zwar zur Veranschaulichung des Legitimationsverfahrens der Vertragstheorie beitragen, aber sie nimmt auf die Ergebnisse dieses Verfahrens keinen entscheidenden Einfluß. Worauf es im Rahmen der vertragstheoretischen Rechtfertigung sozialer Normen vor allem ankommt, das sind die *Gründe,* die eine einmütige Übereinstimmung aller Betroffenen über diese Normen als vernünftig erscheinen lassen.[6] Um solche Gründe zu liefern, ist es zunächst einmal erforderlich, einen *anfänglichen Zustand* zu konstruieren, der nicht nur eine allseitige Übereinstimmung über die Verfassung der sozialen Ordnung möglich macht, sondern der auch als ein angemessener Ausgangspunkt einer fairen Übereinkunft allgemein akzeptabel erscheint. Davon ausgehend gilt es dann, die *Grundsätze des sozialen Zusammenlebens* zu bestimmen, auf die sich alle Beteiligten auf der Grundlage des angenommenen Ausgangszustandes vernünftigerweise einigen würden. Nur eine Vertragskonzeption, die diese beiden Argumentationserfordernisse auf überzeugende Weise erfüllt, kann beanspruchen, uns eine akzeptable Rechtfertigung allgemein verbindlicher Regeln des sozialen Zusammenlebens zu liefern.

Jede Konzeption einer vertragstheoretischen Rechtfertigung, die uns gute Gründe für die allgemeine Verbindlichkeit bestimmter Grundsätze des zwischenmenschlichen Verhaltens liefern will, muß daher zweierlei tun: 1. Sie muß einen akzeptablen Ausgangszustand bestimmen, von dem aus eine faire Übereinkunft aller Beteiligten über die Grundsätze ihres Zusammenlebens zustandekommen kann, und sie muß 2. zeigen, welche Grundsätze unter der Voraussetzung dieses Ausgangszustands die vernünftige Zustimmung aller Beteiligten finden würden.

Obwohl die geläufigen Spielarten einer vertragstheoretischen Begründung sozialer Institutionen sich hinsichtlich dieser Argumentationsstruktur gleichen, weisen sie in ihrer inhaltlichen Ausgestaltung erhebliche Unterschiede auf. Diese Unterschiede resultieren aus ihren differenten Vorstellungen sowohl darüber, wie der Ausgangszustand, der die Grundlage einer allgemein akzeptablen Willensbildung über die verbindlichen Grundsätze der sozialen Ordnung darstellt, im einzelnen beschaffen sein soll, als auch darüber, auf welche Grundsätze sich die Menschen im Rahmen einer solchen Willensbildung vernünftigerweise festlegen sollten. Mit Bezug auf den ersten dieser zwei Bereiche inhaltlicher Nichtübereinstimmung möchte ich nun die eingangs erwähnten Typen der vertragstheoretischen Legitimation etwas genauer betrachten und sie auf ihre Annehmbarkeit hin prüfen.

III. Das individualistische Modell des Gesellschaftsvertrags: Hobbes und Buchanan

Obwohl jede vertragstheoretische Konzeption der politischen Rechtfertigung notwendig sich gewisser *kontrafaktischer Annahmen* und *Idealisierungen* bedienen muß, um den normativen Rahmen des unterstellten vertraglichen Entscheidungsverfahrens zu konstruieren, gibt es unter den bekannten Versionen der Sozialkontraktstheorie solche, die von sehr starken Idealisierungen normativen Charakters Gebrauch machen, und solche, die von einem möglichst realitätsnahen Setting auszugehen versuchen. Die Vertragskonzeption von Thomas Hobbes und — an diese anknüpfend — die von James M. Buchanan gehören zur zweiten Gruppe: ihr Ziel ist es, eine den empirischen Bedingungen menschlicher Existenz möglichst angenäherte, *realistische* Vorstellung des Gesellschaftsvertrags zu entwickeln und sich dabei apriorischer normativer Voraussetzungen weitgehend zu enthalten.[7]

Der gedankliche Ausgangspunkt, von dem sowohl Hobbes als auch Buchanan ausgehen, ist die Vorstellung eines Naturzustandes, die uns eine anarchische Welt ohne Recht und Ordnung vor Augen führt. In einer solchen Welt hat zwar, so meinen Hobbes und Buchanan, jedermann unbeschränkte Freiheit, um sein Selbstinteresse zu verfolgen, doch da es keine Regeln gibt, die die einzelnen Individuen in der Verfolgung ihrer konfligierenden Interessen auf die Grenzen wechselseitiger Verträglichkeit beschränken, ist ein ruinöser Konflikt um knappe Güter unvermeidlich: es herrscht ein beständiger Krieg eines jeden gegen jeden. Da es weder etablierte Verfügungsrechte, noch eine institutionalisierte Zwangsgewalt gibt, die solche Rechte durchzusetzen befugt wäre, muß jeder stets gewärtig sein, von anderen angegriffen, ausgeplündert oder ohne Gegenleistung zu Diensten gezwungen zu werden; und jeder muß sich bewaffnen und einen erheblichen Teil seiner Kräfte darauf verwenden, um sich und sein Hab und Gut gegen die Angriffe anderer zu verteidigen. Niemand kann in Sicherheit die Früchte seiner Arbeit genießen, freiwillige Austauschbeziehungen zum wechselseitigen Vorteil der Beteiligten können schwerlich zustandekommen; kurz: es herrscht ein Zustand, in dem das menschliche Leben ,,einsam, armselig, ekelhaft, tierisch und kurz" ist.[8] Doch obwohl es für alle besser wäre, wenn jeder das Leben und die Besitztümer der anderen respektierte, kann niemand allein es wagen, sich in der Verfolgung seiner Interessen zu beschränken, wenn es nicht auch die anderen tun, da er sich damit in eine noch schlechtere Lage brächte, oder — um mit Hobbes zu sprechen — gleichsam sich selbst den anderen als Beute darböte.[9]

Um der Misere dieses anarchischen Zustands zu entkommen, so meinte Hobbes, sollten sich alle Menschen im Interesse ihrer eigenen Selbsterhaltung und ihres Wohlergehens bereit erklären, einer wechselseitigen Einschränkung ihrer ursprünglichen Freiheit in dem Umfange zuzustimmen, in dem auch jeder andere bereit ist, auf seine Freiheit zu verzichten. Und es schien ihm im vernünftigen Interesse aller Beteiligten zu liegen, zu diesem Zweck eine Übereinkunft herbeizuführen, wodurch sich alle einer absoluten staatlichen Autorität unterwerfen, die durch Zwangsgesetze die Freiheit eines jeden gleich einschränkt und damit den sozialen Frieden sichert.[10]

Hobbes glaubte damit, die allgemeine Zustimmungsfähigkeit einer absoluten staatlichen Gewalt allein auf der Grundlage einer sehr schwachen normativen Voraussetzung und einer Reihe von empirischen Annahmen, die er für realistisch hielt, begründen zu können. Die *normative* Voraussetzung, von der er ausging, ist die, daß eine soziale Ordnung dann und nur dann allgemein akzeptabel ist, wenn sie unter den realen Bedingungen menschlicher Existenz dem vernünftigen, d.h. dem langfristigen und wohlerwogenen *Selbstinteresse* aller beteiligten Individuen dient. Da die Annehmbarkeit sozialer Grundsätze dieser Voraussetzung zufolge einzig und allein auf die vernünftigen, aber jedenfalls empirischen Interessen jedes einzelnen Individuums zurückzuführen ist, erweist sich das Hobbes'sche Vertragsmodell als ein rein *individualistisches* Modell. Die zentralen *empirischen* Annahmen, auf die sich Hobbes im Rahmen dieses Modells stützt, sind die folgenden: 1. die Annahme, daß jeder Mensch vor allem sein persönliches Selbstinteresse verfolgt, nach Selbsterhaltung und einem angenehmen Leben strebt; 2. die Annahme, daß ein anarchischer Zustand ungezügelter Freiheit für alle gleichermaßen fatale Konsequenzen hätte; 3. die Annahme, daß die Menschen von Natur aus in ihren körperlichen und geistigen Kräften annähernd gleich sind, so daß im Naturzustand niemand irgendeinen Vorteil für sich beanspruchen könne, den nicht jeder andere ebensogut zu erlangen fähig wäre; und schließlich 4. die Annahme, daß nur eine absolute, unbegrenzte staatliche Autorität fähig ist, den sozialen Frieden zu sichern.[11] Da diese Annahmen allesamt empirischer Natur sind, hängt die Überzeugungskraft der Schlußfolgerungen, zu denen Hobbes gelangt, soweit sie auf diesen Annahmen beruhen, nicht zuletzt von deren Plausibilität ab.

Selbst wenn wir Hobbes' strikt individualistischen Ansatz übernehmen und wie er von der Verhaltensannahme eines psychologischen Egoismus ausgehen, müssen uns die beiden letzten Annahmen mehr als fragwürdig erscheinen. Keine dieser beiden Annahmen vermag einer empirischen Überprüfung standzuhalten. Während die Behauptung, nur eine *unbegrenzte* staatliche Gewalt könne den sozialen Frieden sichern, ganz offensichtlich auf einer Fehleinschätzung beruht, läßt sich die Annahme ungefähr *gleicher körperlicher und geistiger Kräfte* der Menschen zumindest nicht in dem Umfang aufrechterhalten, in dem sie für die Schlüssigkeit von Hobbes' Argumentation nötig ist. Denn nur weil Hobbes sich aufgrund dieser Annahme berechtigt glaubte, ein *symmetrisches Gleichgewicht* der anfänglichen Ausgangspositionen aller Menschen im Naturzustand unterstellen zu können, konnte er unter der Voraussetzung eines rein individualistischen Kalküls die allgemeine Akzeptierbarkeit von Grundsätzen des zwischenmenschlichen Verhaltens als gegeben ansehen, die eine einmütige Übereinkunft aller Beteiligten nicht nur unter der Bedingung ihrer wechselseitigen Anerkennung als *freier und gleichberechtigter Personen,* sondern auch mit dem Ergebnis einer *gleichen* Einschränkung der Freiheit eines jeden fordern.[12] Doch die Annahme einer so weitgehenden Gleichheit der Menschen, die erforderlich wäre, um die allgemeine Annehmbarkeit solcher Grundsätze wahrscheinlich zu machen, wenn jeder nur sein persönliches Selbstinteresse verfolgt, läßt sich empirisch schwerlich rechtfertigen. Wer das Hobbessche Vertragsmodell retten möchte und einen strikt individualistischen Ansatz der vertragstheoretischen Rechtfertigung weiterhin vertreten will, tut daher gut daran, die beiden inkriminierten Annahmen aufzugeben. Und genau das hat Buchanan getan.

Obwohl Buchanan ebenso wie Hobbes davon ausgeht, daß eine gesellschaftliche Ordnung Legitimität nur dann beanspruchen kann, wenn und insoweit sie — hypothetisch — einer vertraglichen Übereinkunft entsprungen sein könnte, der jedes ihrer Mitglieder unter den Bedingungen eines anarchischen Zustands völliger Regellosigkeit in seinem eigenen Selbstinteresse vernünftigerweise zustimmen sollte, unterstellt er weder, daß die Menschen bei der Herbeiführung einer solchen Übereinkunft über annähernd gleiche Ressourcen verfügen, noch nimmt er an, daß nur eine unumschränkte Herrschaftsgewalt imstande sei, für Recht und Ordnung zu sorgen.[13] Er räumt vielmehr ein, daß es im anfänglichen Zustand, von dem aus die Beteiligten in vertragliche Verhandlungen über ihre gegenseitigen Rechte und Pflichten eintreten, *vielfältige Ungleichheiten* der individuellen Ausgangspositionen geben mag. Welche Konsequenzen ergeben sich unter diesen Bedingungen aus dem individualistischen Vertragsmodell Hobbesscher Provenienz?

Buchanan, der seinen Überlegungen ebenso wie Hobbes das Verhaltensmodell des *homo oeconomicus* — die Annahme, daß jeder Mensch vor allem seinen persönlichen Nutzen zu maximieren sucht — zugrundelegt, stellt sich den Prozeß der vertraglichen Herausbildung einer Verfassung des sozialen Zusammenlebens ungefähr folgendermaßen vor: In einer anarchischen Welt, in der die Beziehungen der Menschen nicht durch Eigentumsrechte geregelt sind, ruft jeder Gebrauch eines knappen Guts durch eine Person negative externe Effekte für die anderen hervor. Jede Person hat daher Anreiz, soviel von jedem Gut zu erlangen, wie sie kann, wobei ihr Vermögen, sich eine bestimmte Menge von Gütern zu sichern, von ihren physischen und intellektuellen Eigenschaften wie ihrer Kraft, ihrer Schlauheit, ihrem Fleiß u.dgl. abhängt. Als Folge dieses wechselseitigen Gerangels um relative Anteile an Gütern stellt sich schließlich eine Art *Gleichgewichtszustand* ein, in dem jede Person ihre Anstrengungen zur Erlangung bzw. Verteidigung von Gütern soweit ausgedehnt hat, daß sich der Grenznutzen und die Grenzkosten jeder weiteren Anstrengung die Waage halten. Dieser Zustand gibt die Verteilung knapper Güter an, die sich unter Bedingungen der Anarchie aufgrund der relativen Kräfteverhältnisse der Beteiligten gleichsam von selbst einstellt. Buchanan nennt diesen Zustand die *natürliche Verteilung.*[14]

Die natürliche Verteilung ist nun laut Buchanan zugleich der Ausgangspunkt, von dem aus vertragliche Vereinbarungen der Beteiligten über ihre gegenseitigen Rechte und Pflichten möglich werden. Ist die natürliche Verteilung erreicht, so erkennen die Beteiligten, daß ein Großteil ihrer Anstrengungen für die Sicherung und Verteidigung von Gütern *verschwenderisch* ist. Denn wie immer diese Verteilung auch beschaffen sein mag, alle Teile können sich besser stellen, wenn sie eine vertragliche Übereinkunft über ihre wechselseitigen Rechte und Pflichten herbeiführen, die ihnen einerseits eine gewisse Sicherheit in der Verfügung über ihre Besitztümer gewährleisten und ihnen andererseits Tauschgeschäfte zum gegenseitigen Vorteil ermöglichen. Es liegt daher nahe, Vereinbarungen zu treffen, durch die sich die Individuen auf gewisse Regeln ihres gegenseitigen Verhaltens festlegen.

Das vordringliche Ziel besteht zunächst einmal darin, so meint Buchanan, zu einer allseitigen Übereinkunft über die *Entwaffnung* aller Beteiligten. Denn da im natürlichen Gleichgewicht jede Person Ressourcen dafür einsetzen muß, um sich gegen andere zu verteidigen oder andere anzugreifen, kann sich jeder besser stellen, wenn er diese Ressourcen unmittelbar für die Güterproduktion einsetzen könnte. Durch diese Übereinkunft willigt jeder darin ein, auf einen Teil seiner Verteidigungs- bzw. Angriffsaktivitäten zu verzichten, sofern dies auch die anderen tun. Obwohl dieses Entwaffnungsabkommen für sich allein noch nicht die wechselseitige Anerkennung von 'Eigentumsrechten' beinhaltet, läßt es laut Buchanan doch schon eine Art 'Recht' entstehen, da es Handlungen in Richtung auf Verteidigung oder Angriff einschränkt und damit bereits gewisse Grenzen der Handlungsfreiheit der Beteiligten definiert. Der erste Schritt aus dem Dschungel der Anarchie sei damit getan.[15]

Der nächste Schritt besteht darin, *Eigentumsrechte* zu etablieren, die jedem Beteiligten einen bestimmten Anteil an Gütern zuweisen und die Verfügungsbefugnisse über diese Güter festlegen. Während viele Konzeptionen des Eigentums, wie z.B. die von John Locke, davon ausgehen, daß jedermann ein natürliches Recht auf alles habe, was er durch eigene Arbeit produziert, gibt es nach Buchanan keinen Grund, den Anspruch auf die Erträgnisse der eigenen Arbeit als einen natürlichen Anspruch anzusehen. Wenn man den Zustand des natürlichen Gleichgewichts als den einzig möglichen Ausgangspunkt betrachtet, von dem aus ein Kontrakt über die grundlegenden Rechte und Pflichten aller Beteiligten zustandekommen kann, gibt es keinerlei Garantie, daß durch diesen Kontrakt jeder ein positives Besitzrecht an den Produkten der eigenen Arbeit erhält. Denn wenn Ungleichheiten im Naturzustand nicht ausgeschlossen sind, muß man mit der Möglichkeit rechnen, daß nicht alle bereit sind, einer Struktur von Rechten zuzustimmen, die jedem die volle Verfügungsbefugnis über die von ihm produzierten Güter einräumt. Eine Struktur von Rechten, die jedem einen positiven Besitzanspruch auf die Erträgnisse seiner Arbeit gewährt, wird vielmehr nur dann die einmütige Zustimmung aller finden, wenn die Anerkennung solcher Rechte für alle eine Verbesserung gegenüber dem Zustand der Anarchie darstellt. Ist das nicht der Fall, dann kann es notwendig sein, erst einmal eine *Redistribution* von Gütern vorzunehmen, durch die eine Ausgangsverteilung der vorhandenen Ressourcen hergestellt wird, von der aus die Anerkennung von Eigentumsrechten für jeden von Vorteil ist.[16]

Da Buchanan keine Gleichheit der Menschen im Naturzustand unterstellt, muß er in Kauf nehmen, daß der Gesellschaftsvertrag immer dann, wenn im Naturzustand erhebliche Unterschiede zwischen den Ausgangspositionen der Beteiligten bestehen, eine Verfassung herbeiführen kann, die einen Zustand weitgehender sozialer Ungleichheit begründet. Ja, er räumt sogar ein, daß der Vertragszustand unter Umständen zur *Versklavung* oder zur dauernden Unterdrückung der Schwächeren durch die Starken führen mag.[17]

Ist eine Struktur von individuellen Rechten festgelegt, so ergibt sich des weiteren die Notwendigkeit, auch für die *Erzwingung* der vereinbarten Verpflichtungen zu sorgen. Denn da einseitige Vertragsverletzungen für die Beteiligten vielfach nutzbringend sein können, bleibt eine Struktur von Rechten extrem labil, wenn die Befolgung der vertraglichen Pflichten nicht erzwungen werden kann. Die Beteiligten werden daher vertraglich übereinkommen, zur Sicherung ihrer gegenseitigen Rechte und Pflichten eine Zwangsinstitution, eine Institution *staatlicher Gewalt* einzurichten, die die Aufgabe hat, die vereinbarten Rechte und Ansprüche in unparteilicher Weise und notfalls auch gegen den Widerstand einzelner zu schützen.[18]

Diese Vereinbarungen ergeben nach Buchanan zusammen einen Kontrakt über die grundlegende Struktur der sozialen Ordnung, den er als *konstitutionellen Kontrakt* bezeichnet. Im Rahmen dieser durch den konstitutionellen Kontrakt definierten Struktur von Rechten stehen den Beteiligten nun zwei Möglichkeiten offen, um sich durch vertragliche Transaktionen weitere Vorteile zu verschaffen: 1. durch den *Austausch privater Güter* im Rahmen zweiseitiger Austauschbeziehungen, und 2. durch die *Bereitstellung öffentlicher Güter* im Rahmen von Viel-Parteien-Übereinkünften. Diese Übereinkünfte, die erst zustandekommen können, wenn die Rechte und Pflichten der Individuen feststehen, faßt Buchanan unter dem Begriff des *postkonstitutionellen Kontrakts* zusammen.[19]

Es ist hier weder möglich noch nötig, auf die Ergebnisse, zu denen Buchanan auf der Grundlage dieses Vertragsszenarios gelangt, im einzelnen einzugehen.[20] Schon dieses Szenario genügt meines Erachtens, um zu sehen, daß die Vorstellung eines ausschließlich vom rationalen Selbstinteresse aller Beteiligten diktierten Gesellschaftsvertrags keine akzeptable Grundlage der politischen Rechtfertigung zu liefern vermag.

Bei Buchanan sind ebenso wie bei Hobbes die Menschen im vorkonstitutionellen Zustand der Anarchie in ihrem gegenseitigen Verhalten durch keinerlei vorgängige Rechte und Pflichten eingeschränkt. Jeder Mensch genießt anfängliche Freiheit insofern, als er durch *keinerlei normative Beschränkungen* gehindert ist, seine Interessen auf beliebige Weise zu verfolgen, nicht aber in dem Sinne, daß er einen positiven Anspruch auf die Achtung seiner Freiheit durch die anderen hätte. Obwohl es für die Legitimität von Regeln des sozialen Zusammenlebens darauf ankommt, *daß* sie durch eine Übereinkunft aller Beteiligten begründet sind, hängt doch die Art und Weise, *wie* sie zustandekommt, ausschließlich von den *empirisch gegebenen Kräfteverhältnissen* ab. Buchanan räumt nun ein, daß die natürliche Verteilung als der anfängliche Zustand, von dem aus vertragliche Vereinbarungen zwischen den Individuen möglich sind, beträchtliche Ungleichheiten der anfänglichen Machtpositionen aufweisen mag. Und er betont, daß diese Ungleichheiten im selben Maße, in dem sie in der natürlichen Verteilung bestehen, auch zu einer ungleichen Zuteilung von Rechten und Pflichten durch den konstitutionellen Kontrakt führen müssen. Ja er ist konsequent genug, zuzugestehen, daß der konstitutionelle Kontrakt sogar darin bestehen kann, daß die Schwachen sich um den Preis ihres bloßen Überlebens der Versklavung durch die Starken unterwerfen.

Damit zeigt sich, daß das Konzept vertraglicher Übereinkunft, worauf die individualistische Vertragskonzeption beruht, mit der Vorstellung einer Rechtfertigung sozialer Institutionen durch die *freiwillige Zustimmung* gleichberechtigter Individuen, wie sie das übliche Verständnis einer vertraglichen Rechtfertigung sozialer Regeln präsupponiert, kaum etwas gemein hat.[21] Im Rahmen einer solchen Konzeption ist, wie Buchanans Überlegungen deutlich machen, eine freie Zustimmung aller Beteiligten nicht sichergestellt. Denn da im vorkonstitutionellen Zustand der Anarchie — wie sowohl Hobbes als auch Buchanan annehmen — niemand ein 'natürliches' Recht hat, dem eine *Pflicht* eines anderen korrespondiert, da vielmehr jedermann ein *uneingeschränktes Recht auf alles* hat, bedeutet es in diesem Zustand kein Unrecht, andere zur Einwilligung in eine vertragliche Übereinkunft gewaltsam zu *zwingen* oder sie im Falle ihrer Weigerung zu töten.[22]

Dieser Mangel des individualistischen Vertragsmodells wird bei Hobbes gerade durch die Annahme einer weitgehenden *Gleichheit* der menschlichen Fähigkeiten und Kräfte verdeckt. Denn wenn man wie Hobbes aufgrund dieser Annahme ein symmetrisches Gleichgewicht der anfänglichen Kräfteverhältnisse unterstellt, mag es in der Tat naheliegend erscheinen, ein System allgemein verbindlicher Grundsätze als dem wohlverstandenen Interesse aller Beteiligten entsprechend zu postulieren, das den üblichen Anforderungen an eine faire Übereinkunft zwischen freien und gleichberechtigten Bürgern weitgehend entspricht. Sobald man aber die Annahme der Gleichheit aufgibt — und im Rahmen eines rein individualistischen Vertragsmodells muß man sie aufgeben —, dann gerät dieses Modell selbst mit den bescheidensten Anforderungen der moralischen Autonomie aller Personen in Widerspruch. Während eine Rechtfertigung von Normen, die von der moralischen Autonomie jeder Person ausgeht, gerade die Annehmbarkeit dieser Normen seitens freier und gleichberechtigter Personen voraussetzt, stellt das individualistische Vertragsmodell es uns frei, andere zu töten oder sie gewaltsam unseren Zwecken gefügig zu machen, sofern wir uns davon unter den empirisch gegebenen Bedingungen den größten Nutzen versprechen können. Das individualistische Modell mag vielleicht zur *Erklärung* kollektiven Handelns oder auch zur Begründung von *Klugheitsregeln der strategischen Interaktion* geeignet erscheinen, aber eine tragfähige Grundlage für eine moralisch vertretbare Rechtfertigung politischer Institutionen ist es nicht.

IV. Das libertäre Modell des Gesellschaftsvertrags: Locke und Nozick

Anders als bei Hobbes sind die Menschen nach der Vertragskonzeption von John Locke schon im Naturzustand, also vor jeder vertraglichen Vereinbarung, mit *natürlichen Rechten* ausgestattet, die sie in ihrem gegenseitigen Verhalten beschränken. Zu diesen natürlichen Rechten, die den Menschen von Geburt an gegeben sind, gehören vor allem das Recht auf Leben und körperliche Unversehrtheit, das Recht auf Freiheit und das Recht auf Eigentum an den Erträgnissen eigener Arbeit; diese Rechte schließen die Pflicht eines jeden ein, das Leben, die Freiheit und das Eigentum jedes anderen zu respektieren.[23] Das Bestehen dieser Rechte und der ihnen korrespondierenden Pflichten wird von Locke *a priori* vorausgesetzt; sie bilden im Locke'schen Vertragsmodell den übergeordneten normativen Rahmen, innerhalb dessen sich eine Rechtfertigung sozialer Institutionen durch die Vorstellung eines Vertrags eigennütziger Individuen vollzieht.

Obwohl die natürlichen Rechte aufgrund ihrer unbezweifelbaren Evidenz nach Lockes Auffassung bereits im Naturzustand anerkannt und im großen und ganzen auch respektiert werden, zieht der Mangel einer den Menschen übergeordneten Autorität, die die Rechte eines jeden schützt und Streitigkeiten zwischen den Beteiligten schlichtet, erhebliche Unsicherheiten und Nachteile nach sich. Um diese Unzuträglichkeiten des Naturzustandes zu beheben, kommen die Menschen vertraglich überein, eine *staatliche Gewalt* zu errichten, die das Leben und die Gesundheit, die Freiheit und das Eigentum eines jeden sichert und ein friedliches Zusammenleben gewährleistet. Sie nehmen dabei zwar eine gewisse Einschränkung ihrer natürlichen Freiheit in Kauf, aber nur in dem Maße, als es erforderlich ist, um einen wirksamen Schutz ihrer natürlichen und wohlerworbenen Rechte zu ermöglichen. Da der staatlichen Gewalt nur die Machtbefugnisse zukommen, die ihr die Menschen zur Sicherung ihrer Rechte durch vertragliche Übereinkunft übertragen, muß die Aufgabe des Staates nach Locke ausschließlich darauf beschränkt bleiben, das Leben, die Freiheit und vor allem auch das Eigentum der Bürger zu schützen. Daraus ergibt sich für ihn auch die Notwendigkeit, eine Volksvertretung als die höchste staatliche Gewalt einzurichten, der einerseits die Befugnis vorbehalten bleibt, die natürlichen Rechte durch allgemeine Gesetze zu konkretisieren, und der andererseits das alleinige Recht der Steuerbewilligung sowie die Kontrolle der exekutiven Gewalt zusteht.[24]

Der von Robert Nozick unternommene Versuch, die Lockesche Vertragstheorie wiederzubeleben, läuft eigentlich nur auf eine Reformulierung und Präzisierung von Lockes Argumentationsweise hinaus, ohne aber von deren inhaltlichen Aussagen wesentlich abzuweichen. Nozick geht mit Locke davon aus, daß die Menschen natürliche Rechte haben, die sich aus der Vorstellung ergeben, die Menschen befänden sich anfänglich in einem Naturzustand, worin sie vollkommen frei sind, nach Gutdünken zu handeln und über ihre Person und ihre Besitztümer zu verfügen, ohne irgendeinen anderen Menschen um Erlaubnis bitten zu müssen. Die Menschen haben nach dieser Vorstellung ein natürliches Recht auf ihren Körper und auf ihre Arbeitsprodukte; ferner sind sie berechtigt, Verträge zu schließen. Sie sind dabei nur gebunden an das Naturrecht, das es verbietet, einen anderen an seinem Leben und seiner Gesundheit, seiner Freiheit und seinem Eigentum zu schädigen, und das gebietet, freiwillig eingegangene Verträge einzuhalten. Gegen diejenigen, die Übergriffe gegen Rechte anderer begehen und anderen Schaden zufügen, dürfen die Menschen sich und andere verteidigen. Die Geschädigten können von den Schädigern Wiedergutmachung fordern und darüber hinaus hat auch jedermann das Recht, Verstöße gegen jemandes natürliche Rechte zu bestrafen, damit sie künftig unterbleiben.[25]

Die private und persönliche Durchsetzung der Rechte im Naturzustand führt jedoch zu endlosen *Fehden,* da es keine Instanz gibt, um Streitigkeiten zu schlichten und zu beenden. Während Locke annimmt, daß sich die Menschen angesichts dieser Unzukömmlichkeiten des Naturzustandes in einem Sozialkontrakt einmütig einer mit Zwangsbefugnissen ausgestatteten staatlichen Autorität unterwerfen, die die Rechte eines jeden schützt und den sozialen Frieden herstellt, versucht Nozick zu zeigen, daß sich eine staatliche Autorität ganz automatisch, auch ohne einen auf sie abzielenden Willensakt der Beteiligten, gleichsam durch einen *Vorgang der unsichtbaren Hand,* aus dem Naturzustand entwickelt. Die sich hieraus ergebende Einschränkung der natürlichen Freiheit der Menschen erscheint ihm jedoch insoweit als legitim, als sie dem besseren Schutz der natürlichen und wohlerworbenen Rechte aller Beteiligten dient. Nozick argumentiert nun, daß die *weitestgehende* Einschränkung von individuellen Rechten, die sich in diesem Sinne rechtfertigen läßt, gerade diejenige ist, die ein *Minimalstaat* notwendig macht, ein 'Nachtwächterstaat', der sich darauf beschränkt, das Leben, die Freiheit und das Eigentum seiner Bürger zu schützen. Jeder *weitergehende* Staat hingegen verletze notwendig die Rechte der Menschen, so insbesondere auch ein sozialer Wohlfahrtsstaat, der auf eine wirkliche Umverteilung der ökonomischen Besitzverhältnisse abziele.[26]

Locke und Nozick gehen von einer Vorstellung des Naturzustandes aus, in dem die beteiligten Individuen einander nicht nur als freie und gleichberechtigte Personen, sondern auch als mit *vorgängigen Rechten* und Pflichten bereits reichlich ausgestattete Rechtssubjekte gegenübertreten, wenn sie über die Grundsätze der sozialen Ordnung übereinkommen. Zu welchen Ergebnissen sie dabei gelangen, hängt demnach ganz erheblich davon ab, worin die Rechte, mit denen ausgestattet sie in den Vertragsprozeß eintreten, eigentlich im einzelnen bestehen. Um die Tragfähigkeit dieser Konzeption des Gesellschaftsvertrags beurteilen zu können, ist es daher notwendig, etwas genauer hinzusehen, *welche* Ansprüche die natürlichen Rechte, die den normativen Rahmen der vertraglichen Aushandelung bilden, nach Lockes und Nozicks Auffassung überhaupt enthalten.

Zunächst gilt es zu sehen, daß Locke, wenn er vom natürlichen Recht aller Menschen auf Leben, Gesundheit und Eigentum spricht, nicht meint, daß jeder Mensch einen *positiven* Anspruch auf diese Güter hätte, sondern nur, „daß niemand einem anderen, da alle gleich und unabhängig sind, an seinem Leben und Besitz, seiner Gesundheit und Freiheit Schaden zufügen soll".[27] Er verwendet das Konzept der natürlichen Rechte also in einem rein *negativen* Sinne. Das mag mit Bezug auf Leben, auf Gesundheit und auf Freiheit nicht weiter problematisch erscheinen. Einen positiven Anspruch auf Leben und Gesundheit kann es für sterbliche und gebrechliche Wesen ohnehin nicht geben, und sofern jeder im ausreichenden Maße an den verfügbaren Ressourcen teilhat, die zur Erhaltung seines Lebens und seiner Gesundheit dienen, mag man das Leben und die Gesundheit eines jeden als hinreichend gesichert ansehen, wenn sie vor Übergriffen von seiten anderer geschützt sind. Ähnliches gilt für die natürliche Freiheit des Menschen, die Locke zufolge „darin liegt, von jeder höheren Gewalt auf Erden frei zu sein, nicht dem Willen oder der gesetzgebenden Gewalt eines Menschen unterworfen zu sein, sondern lediglich das Gesetz der Natur zu seinem Rechtsgrundsatz zu erheben".[28]

Problematische Konsequenzen zeigt Lockes negative Bestimmung der natürlichen Rechte jedoch im Falle des *Eigentums*. Denn wenn das Recht auf Eigentum nur darin besteht, daß das Besitztum eines jeden dem Zugriff aller anderen entzogen bleibt, ohne aber sicherzustellen, daß jeder gebührenden Anteil an den verfügbaren Gütern hat, dann läuft dieses Recht nur darauf hinaus, diejenige Verteilung irdischer Besitztümer zu verewigen, die im Stadium der vertraglichen Übereinkunft gerade besteht, gleichgültig, ob diese Verteilung für alle Beteiligten annehmbar ist oder nicht. Wenn man hinzunimmt, daß die Verteilung des Eigentums weitgehend auch das Vermögen der Menschen bestimmt, inwieweit sie in der Lage sind, für die Erhaltung ihres Lebens und ihrer Gesundheit zu sorgen und von ihrer Freiheit Gebrauch zu machen, dann wird deutlich, daß die Annehmbarkeit von Lockes Modell des Sozialkontrakts ganz und gar von der Plausibilität der ihm zugrundeliegenden *Eigentumskonzeption* abhängt. Und meine Behauptung ist, daß nicht nur die Eigentumskonzeption, von der Locke und — ihm folgend — Nozick ausgehen, gänzlich unplausibel ist, sondern daß es eine solche Eigentumskonzeption, die das Locke'sche Vertragsmodell akzeptabel machen könnte, auch gar nicht geben kann. Ich möchte beide Teile dieser Behauptung im folgenden kurz begründen.

Eine Eigentumskonezption, die für die Zwecke einer Theorie des Gesellschaftsvertrags von Nutzen sein soll, muß Antwort zumindest auf die zwei folgenden Fragen geben: 1. Welche Rechte und Befugnisse schließt das Eigentum an bestimmten Sachen ein? 2. Wie wird das Eigentum an bestimmten Dingen erworben? Was die erste Frage betrifft, so äußern sich weder Locke noch Nozick ausdrücklich dazu, aber alles spricht dafür, daß der Begriff des Eigentums von beiden ganz im Sinne seiner römisch-rechtlichen Bedeutung verstanden wird, nämlich im Sinne der *ausschließlichen* und *uneingeschränkten* Befugnis von Personen, über bestimmte Dinge nach Belieben zu verfügen.

Die zweite Frage enthält genau genommen zwei Teilfragen, nämlich eine, die den *ursprünglichen* Eigentumserwerb an den Ressourcen der natürlichen Umwelt und an den Erzeugnissen menschlicher Arbeit betrifft, und eine, die den *mittelbaren* Eigentumserwerb, die Übertragung von

Eigentum von einer Person auf eine andere betrifft. Da Locke sich nur mit der ersten Teilfrage näher auseinandergesetzt hat und da diese auch die im Rahmen einer Vertragstheorie eigentlich entscheidende Frage ist, beschränke ich mich im folgenden auf das Problem des ursprünglichen Eigentumserwerbs.

Locke geht davon aus, daß Gott die Welt allen Menschen *gemeinsam* gegeben habe, damit sie sie zur Fristung ihres Lebens und zum Genuß ihres Daseins nutzen. Niemand habe an der Umwelt und ihren Früchten, die sie natürlich hervorbringt, ursprünglich ein bevorzugtes Verfügungsrecht, das die anderen ausschlösse. Da jedoch die Welt den Menschen zu ihrem Gebrauch und Vorteil gegeben wurde, müsse es irgendeine Form des Eigentumserwerbs an den Dingen der Welt geben; denn erst dann, wenn einem etwas als *Eigentum* gehöre, so daß kein anderer ein Recht darauf geltend machen könne, sei es ihm zur Erhaltung seines Lebens von Nutzen. Zunächst habe jeder Mensch ein Eigentum an seiner eigenen *Person* und an seiner *Arbeitskraft*. Da folglich die *Erzeugnisse der Arbeit* das alleinige Eigentum des Arbeitenden seien und niemand außer ihm ein Recht auf etwas habe, was er durch seine Arbeit hervorgebracht hat, erwerbe der, der seine Arbeit mit Gegenständen der natürlichen Umwelt vermische, ein Eigentum an diesen Gegenständen — zumindest dann, wenn den anderen eine ausreichende Menge von Gegenständen gleicher Qualität verbleibe. Und Locke meinte, daß auf diese Weise nicht nur Eigentum an Gegenständen des notwendigen Lebensbedarfs, sondern auch an den *unvermehrbaren Ressourcen* der natürlichen Umwelt, so vor allem auch an Grund und Boden, erworben werden könne.[29]

Wenn wir einmal davon absehen, daß Lockes Argumentation die Notwendigkeit eines Eigentumsrechts im Sinne einer ausschließlichen und uneingeschränkten Verfügungsbefugnis keineswegs zwingend belegt, ist sie auch mit dem Problem konfrontiert, wie die Möglichkeit der Anhäufung solchen Eigentums an den unvermehrbaren Gütern der natürlichen Umwelt mit dem *ursprünglich gleichen Anspruch* aller Menschen auf diese Güter zusammengehen soll. Um seine Aneignungstheorie mit diesem Anspruch in Einklang zu bringen, schien es Locke daher erforderlich, die Zulässigkeit der ursprünglichen Aneignung durch die zwei folgenden Bedingungen zu beschränken:
1. Jeder darf sich nur soviel aneignen, daß für die anderen *genug* und *gleich gutes* übrigbleibt; und
2. jeder darf sich nur soviel aneignen, wie er zum *eigenen Verbrauch* benötigt.[30]

Nun, wie Nozick richtig festgestellt hat, hängen die Konsequenzen, die sich aus diesen Bedingungen für die Aneignung ergeben, davon ab, wie man sie interpretiert. Wenn man diese Bedingungen *streng* nimmt, dann erscheint eine Aneignung unvermehrbarer Güter überhaupt nicht mehr möglich, weil *jede* Aneignung knapper Güter die gleichen Aneignungsmöglichkeiten der anderen einschränken muß.[31] Locke muß daher, um die bestehenden Besitzverhältnisse im England des 17. Jahrhunderts zu rechtfertigen, zu einer extrem *lockeren* Interpretation der genannten Bedingungen Zuflucht nehmen, womit er jedoch auch die Voraussetzung, die diesen Bedingungen zugrundeliegt, nämlich die Voraussetzung, daß jeder Mensch ursprünglich einen gleichen Anspruch auf die natürlichen Ressourcen der Welt hat, gleichzeitig wieder suspendiert. So meinte er, daß die zweite Bedingung die Anhäufung von Eigentum nur insoweit beschränke, als es sich um den Besitz *verderblicher* Güter handle; doch der Umstand, daß die Menschen darüber übereingekommen seien, daß „ein kleines Stück gelben Metalls, das sich weder abnutzt noch verdirbt, den gleichen Wert haben sollte wie ein großes Stück Fleisch oder ein ganzer Haufen Getreide", mache es möglich, große Besitztümer anzuhäufen, ohne einen anderen zu schädigen.[32] Und was die erste Bedingung betrifft, so fand er, daß ihr bereits Genüge getan sei, solange es noch *irgendwo in der Welt* ungenutztes Land gebe, das man sich aneignen könne; denn ebenso wie niemand sich „durch das Trinken eines anderen, auch wenn er einen guten Schluck genommen, für geschädigt halten [könne], wenn ihm ein ganzer Fluß desselben Wassers bleibt, um seinen Durst zu stillen", sei jemandem etwas entzogen, solange es noch unbebautes Land zum Aneignen gebe.[33] Da allerdings auch dieser Ausweg heute kaum mehr offensteht, hat Nozick eine *noch weitergehende* Abschwächung dieser Bedingung vorgeschlagen. Sein Vorschlag läuft darauf hinaus, diese Bedingung in dem Sinne zu verstehen, daß jeder sich Gegenstände der natürlichen Umwelt aneignen dürfe, solange den anderen noch die Möglichkeit verbleibe, Gegenstände der gleichen Art — wenn auch ohne sie zu besitzen — frei zu *nutzen*; und er meint, daß ein *freier Markt* die freie Nutzung von begehrten Gegenständen jeglicher Art ohnehin gewährleiste.[34]

Es ist vielleicht zweckmäßig, Nozicks Vorschlag durch ein Beispiel zu veranschaulichen: Nehmen wir an, es gäbe in der Nähe unseres Wohnortes einen See, der noch niemandem gehört und den wir hin und wieder zum Baden benutzen. Nozick scheint zu meinen, es bestehe kein Grund, diesen See als öffentliches Gut zu betrachten, sondern wir könnten ebensogut hingehen und uns die Ufergrundstücke — z.B. dadurch, daß wir sie einzäunen — aneignen. Wir müßten dabei nur dafür Sorge tragen, daß diejenigen, die den See ebenfalls gelegentlich zum Baden benutzt haben, das auch weiterhin tun können. Wir könnten das etwa bewerkstelligen, indem einer von uns auf seinem Grundstück eine öffentliche Badeanstalt errichtet, die den anderen gegen einen erschwinglichen Eintrittspreis offensteht.

Während Locke bei seiner Begründung von Eigentumsrechten immerhin noch — wenn auch erfolglos — der Vorstellung Rechnung zu tragen versucht hat, die Welt sei allen Menschen zur Erhaltung ihres Lebens und zum Genuß ihres Daseins gemeinsam gegeben, scheint Nozick den Gedanken, daß eine annehmbare Begründung ausschließlicher und uneingeschränkter Eigentumsrechte deren Vorteilhaftigkeit für alle Beteiligten erweisen muß, überhaupt aufgegeben zu haben. Was übrigbleibt, ist dann nur mehr die *bloße Behauptung*, daß jeder über die Besitztümer, die er innehat, ein unbedingtes und unwiderrufliches Verfügungsrecht habe und daß daher jede Beschränkung dieser Rechte eine Verletzung der angeborenen menschlichen Freiheit bedeuten müsse. Doch man kann nicht von vornherein unterstellen, daß allen Besitzrechten der Charakter absoluter und unwiderruflicher Eigentumsrechte zukommt, die im Gesellschaftsvertrag die ungeteilte Zustimmung aller Beteiligten finden würden, wenn keine hinreichenden Gründe vorliegen, daß ein solches Eigentumsrecht im Interesse aller gelegen ist. Und es erscheint mehr als zweifelhaft, daß eine Begründung eines solchen Eigentumskonzepts überhaupt möglich ist. Denn gerade wenn man, wie Locke, das Eigentum als eine Einrichtung zu rechtfertigen versucht, die allen Menschen als freien und gleichberechtigten Wesen zur Erhaltung ihres Lebens und zur Mehrung ihres Wohlergehens dienen soll, dann gibt es wenig Grund, eine einmal entstandene Verteilung irdischer Besitztümer mit der Garantie der Unwiderruflichkeit und Endgültigkeit auszustatten. Katastrophen, Änderungen der Wirtschaftsform oder auch eine unerwünschte Dynamik privater Austauschbeziehungen im Rahmen der Güterverteilung können es als notwendig erscheinen lassen, bestehende Besitzrechte einzuschränken oder überhaupt aufzuheben. Das bedeutet nicht, daß es nicht sinnvoll sein kann, unter bestimmten Bedingungen ein weitgehendes Eigentumsrecht an gewissen Gegenständen zu etablieren — etwa an Gegenständen, die die meisten Menschen zur Deckung ihres Grundbedarfs notwendig brauchen —, aber es spricht auch nichts dafür, ein *absolutes und uneingeschränktes* Eigentumsrecht nicht nur an den Dingen des täglichen Bedarfs, sondern auch an den unvermehrbaren Ressourcen der Welt als ein natürliches, der vertraglichen Zustimmung der Menschen vorausgehendes Recht anzusehen.[36]

Die Annahme eines solchen Rechts zieht vielmehr eine Vorstellung des Naturzustandes nach sich, der bereits so weitgehende Ungleichheiten der Besitzverhältnisse und Möglichkeiten der Freiheitsausübung aufweisen kann, daß er für eine einmütige Einigung aller Beteiligten unter der Voraussetzung ihrer Freiheit und Gleichberechtigung keinerlei Grundlage liefert. Der Naturzustand, der ja die Ausgangsbedingungen einer Übereinkunft aller Menschen als freier und gleicher Wesen definieren soll, wird dadurch den realen gesellschaftlichen Verhältnissen samt ihren Ungleichheiten und unausräumbaren Interessenkonflikten soweit angenähert, daß in ihm eine allgemein zustimmungsfähige Willensbildung über die verbindlichen Regeln und Institutionen des sozialen Zusammenlebens ebensowenig möglich erscheint, wie eine solche Willensbildung in der sozialen Realität möglich ist.

V. Das universalistische Modell des Gesellschaftsvertrags: Rousseau, Kant und Rawls

Wenn uns das Lockesche Vertragsmodell etwas zeigt, dann dies, daß die Vorstellung eines Naturzustandes, in dem bereits beträchtliche Ungleichheiten zwischen den Menschen bestehen, keine geeignete Grundlage einer einmütigen Übereinkunft aller über die Verfassung ihres gegenseitigen Verhaltens bietet, wenn diese Übereinkunft zugleich der freiwilligen Zustimmung freier und gleichberechtigter Personen entspringen soll. Eine solche Einigung muß unter diesen Umständen und unter der Voraussetzung, daß jeder in erster Linie seine eigennützigen Interessen und Ziele verfolgt, an den vielfältig konfligierenden Eigeninteressen und Bedürfnislagen der Beteiligten scheitern. Diejenigen, die bereits privilegiert sind, wären nicht bereit, auf ihre Privilegien zu verzichten, und die Benachteiligten würden mehr wollen, als ihnen die Privilegierten zuzugestehen geneigt wären. Eine Theorie des Gesellschaftsvertrags, die die allgemeine Zustimmungsfähigkeit einer Verfassung des sozialen Zusammenlebens durch eine vertragliche Übereinkunft freier und gleicher Personen erweisen will, muß daher, um eine solche Übereinkunft überhaupt möglich zu machen, eine Ausgangssituation konstruieren, die die Verschiedenheiten der individuellen Interessenlagen radikal *beschränkt* und die von den bestehenden sozialen Ungleichheiten abstrahiert.

Diese Einsicht hat Jean-Jacques Rousseau, der die Aussichtslosigkeit des Unterfangens, von einem anfänglichen Zustand der Ungleichheit zu einer einmütigen Übereinkunft freier und gleichberechtigter Individuen zu gelangen, klar erkannt hat, bewogen, in seinem "Contrat social" einen Naturzustand zu konstruieren, der eine weitgehende *Gleichheit* aller Vertragsparteien herstellt. Rousseaus Konzeption des Gesellschaftsvertrags verlangt, daß sich die Menschen beim Vertragsabschluß aller ihrer Besitztümer und Ansprüche entledigen, damit — wie er sagt — die Bedingungen für alle ganz gleich sind und niemand ein Interesse daran haben kann, sie für andere drückend zu machen; würden nämlich den vertragschließenden Parteien irgendwelche Rechte verbleiben, so wäre jeder in irgendeinem Punkt Richter in eigener Sache und würde bald den Anspruch erheben, es auch in allen anderen zu sein.[36] Nur dadurch, daß beim Vertragsakt niemand über irgendwelche besonderen Rechte verfügt, ist sichergestellt, daß die Beteiligten sich nicht von ihren jeweiligen Sonderinteressen, sondern nur von *allgemeinen* Interessen leiten lassen: nur unter dieser Voraussetzung komme eine Entscheidung zustande, die — anders als eine bloß zufällige Übereinstimmung von Einzelwillen — den 'allgemeinen Willen', die „volonté générale", repräsentiert, eine gemeinsame Willensentscheidung, der sich alle Glieder der Gemeinschaft anschließen können.[37]

Jeder Mensch hat nach Rousseau ein primäres Interesse an der Sicherung seines Lebens ebenso wie an der Wahrung seiner Freiheit. Da die Menschen im Interesse der Erhaltung ihrer Existenz gezwungen sind, in Gemeinschaft mit anderen zu leben, bestehe das Grundproblem gesellschaftlichen Zusammenlebens darin, eine Gesellschaftsform zu finden, „die mit ihrer ganzen gemeinsamen Kraft die Person und das Vermögen jedes einzelnen Mitglieds verteidigt und schützt und durch die doch jeder, indem er sich mit allen vereinigt, nur sich selbst gehorcht und so frei bleibt wie zuvor".[38] Dieses Ziel läßt sich — wie Rousseau meint — nur erreichen, wenn der *Wille eines jeden* mit dem *gemeinsamen Willen aller* in Übereinstimmung gebracht werden kann, denn nur unter dieser Bedingung gehorcht jedes Individuum sich selbst und kann sich zugleich als Glied eines untrennbaren Ganzen empfinden. Da aber jeder naturgemäß nach seinem eigenen Vorteil strebt und die partikularen Willen der Einzelindividuen wegen ihrer Gegensätzlichkeit keine — jedenfalls keine dauerhafte — Gemeinsamkeit eines einheitlichen Willens ergeben, ist beim Vertragsabschluß eine weitgehende Gleichheit der Interessen notwendig. Diese Gleichheit der Interessen läßt sich nach Rousseaus Konzeption dadurch herstellen, indem jeder Vertragspartner sich aller seiner Rechte und Besitztümer entäußert, wodurch die absolute rechtliche Gleichheit aller erreicht wird. Haben sich die Menschen auf diese Weise ihrer partikularen, jeweils auf ihren eigenen Vorteil gerichteten Interessen entledigt, so ergibt sich aus dem Selbstinteresse eines jeden Menschen an der Sicherung seines Lebens und seiner Freiheit wie von selbst ein gemeinsames Interesse aller an der gemeinschaftlichen Sicherung des Lebens und der Freiheit jedes einzelnen.[39]

Nun scheint Rousseau allerdings gemeint zu haben, daß die Bedingung der Gleichheit, die er als Voraussetzung für das Zustandekommen einer einmütigen Willensbildung aller Mitglieder der Gesellschaft ansah, erst einmal *in der Realität* hergestellt werden müßte, um im Wege eines Gesellschaftsvertrags eine gerechte Gesellschaft zu begründen; ferner hat er geglaubt, eine Gesellschaft, die unter der Bedingung der Gleichheit aller durch einen einmütigen Vertragsakt begründet wird, müsse mit Notwendigkeit eine gerechte Gesellschaft sein. Diese Ansicht ist jedoch aus zwei Gründen unannehmbar: zum einen, weil die Gleichheit der Vertragspartner, die man nach

Rousseau als Bedingung der Möglichkeit eines einmütig gefaßten Vertragsbeschlusses voraussetzen muß, ·in der sozialen Realität nicht herstellbar ist; zum anderen, weil in der Realität keine noch so weitgehende Gleichheit der materiellen Ausgangspositionen der Beteiligten hinreichende Gewähr einer irrtums- und täuschungsfreien Willensbildung bieten kann. Der grandiose Gedanke Rousseaus war es, einen allgemeinen Konsens über die Grundregeln des gesellschaftlichen Zusammenlebens dadurch herbeizuführen, daß sich jeder seiner partikularen Interessen soweit entledigt, bis das Selbstinteresse eines jeden mit dem Selbstinteresse jedes anderen zusammenfällt. Doch wenn dieser Gedanke eine annehmbare Interpretation erfahren soll, so muß man ihn — im Sinne Kants und unabhängig davon, was Rousseau selbst gemeint haben mag — als eine *regulative Idee* verstehen, als eine hypothetische Konstruktion einer fairen Willensbildung, die der Rechtfertigung und Kritik sozialer Institutionen als Maßstab dienen kann.

Stärker noch als Rousseau betont Kant die Notwendigkeit einer Abstraktion von den individuellen Zwecksetzungen und Sonderinteressen der als Vertragspartner gedachten Personen. Ja, Kant geht so weit, zu meinen, daß die *empirischen Zwecke* der Menschen für die Rechtmäßigkeit der Gesetze, durch die sie ihre Verhältnisse zueinander regeln, überhaupt ohne Bedeutung wären; die Beurteilung der Gestaltung gemeinschaftlicher Verhältnisse unterstehe vielmehr — so meinte er — allein der reinen Vernunft, „die auf keinen empirischen Zweck (dergleichen alle unter dem allgemeinen Namen Glückseligkeit begriffen werden) Rücksicht nimmt; als in Ansehung dessen, und worin ihn ein jeder setzen will, die Menschen gar verschieden denken, so daß ihr Wille unter kein gemeinschaftliches Prinzip, folglich auch unter kein äußeres, mit jedermanns Freiheit zusammenstimmendes Gesetz gebracht werden kann".[40] Die Wohlfahrt — oder wie Kant sagt: die Glückseligkeit — des Volkes habe für die Rechtmäßigkeit von Gesetzen nichts zur Sache, wenn nur den Forderungen der *Freiheit* und *rechtlichen Gleichheit* aller Menschen Genüge getan sei:

„Denn die Rede ist hier nicht von Glückseligkeit, die aus einer Stiftung oder Verwaltung des gemeinen Wesens für den Untertan zu erwarten steht; sondern allererst bloß vom Rechte, das dadurch einem jeden gesichert werden soll: welches das oberste Prinzip ist, von welchem alle Maximen, die ein gemeines Wesen betreffen, ausgehen müssen, und das durch kein anderes eingeschränkt wird. In Ansehung der ersteren (der Glückseligkeit) kann gar kein allgemein gültiger Grundsatz für Gesetze gegeben werden. Denn sowohl die Zeitumstände, als auch der sehr einander widerstreitende und dabei immer veränderliche Wahn, worin jemand seine Glückseligkeit setzt (worin er sie aber setzen soll, kann ihm niemand vorschreiben), macht alle festen Grundsätze unmöglich, und zum Prinzip der Gesetzgebung für sich allein untauglich."[41]

Man kann Kant, so glaube ich, insoweit sicher zustimmen, daß jede Vertragskonzeption, die eine allgemein konsensfähige Vorstellung der Legitimität einer sozialen Ordnung ergeben soll, von den Annahmen der Freiheit, Gleichheit und Autonomie der Vertragspartner als den Grundvoraussetzungen einer moralisch vertretbaren Rechtfertigung ausgehen muß. (Ob diese Annahmen als Vernunftprinzipien a priori oder eher als normative Grundannahmen aufzufassen sind, deren Geltung auf Anerkennung beruht, mag hier dahingestellt bleiben.) Was wir Kant vor allem verdanken, ist die Einsicht, daß die Idee des Gesellschaftsvertrags dazu dient, individuelle Rechte auf die Grenzen ihrer *Verallgemeinerungsfähigkeit,* oder mit Kants Worten: auf die Bedingung ihrer Zusammenstimmung nach einem allgemeinen Gesetz einzuschränken. Kant hat meines Erachtens auch darin recht, daß es hierzu einer weitgehenden Abstraktion von persönlichen

Interessen und Zwecken bedarf. Es leuchtet jedoch nicht ein, warum man sich den Gesellschafts-vertrag *nur* als eine Übereinkunft mit dem Ziel der verallgemeinerungsfähigen Einschränkung der angeborenen *Freiheit* aller Menschen denken sollte, nicht aber auch als eine Übereinkunft zum Zwecke der verallgemeinerungsfähigen Begrenzung der gegensätzlichen *Interessen* und *empiri-schen Zwecke* der Menschen. Dafür gibt es auch dann keinen hinreichenden Grund, wenn man Kants Unterscheidung zwischen angeborenen, aus Vernunftprinzipien a priori ableitbaren *Rech-ten des Menschen* einerseits und empirischen, dem menschlichen Streben nach Glückseligkeit entspringenden *Zwecken der Menschen* andererseits akzeptiert. Der Grund, den Kant anführt, nämlich daß die Menschen so verschiedenartige Vorstellungen von ihrem Wohl hätten, daß sie unter kein gemeinschaftliches Prinzip zu bringen wären, ist nur richtig, wenn man die Wohl-fahrtszwecke der Menschen auf der Ebene ihrer vielfältigen persönlichen Neigungen, Vorlieben, Geschmacksrichtungen und Selbstkonzepte beobachtet. Sieht man sie dagegen auf der Ebene elementarer sozialer Güter, wie der Verfügung über die *grundlegenden Erfordernisse* des Über-lebens und des Wohlergehens von Menschen an, dann verflüchtigt sich die scheinbare Vielfalt individueller Vorstellungen des Guten und es zeigt sich ein hohes Maß an Gemeinsamkeit der menschlichen Zwecke, die gerade deswegen untereinander unverträglich sind, weil die meisten Menschen sie verfolgen.

Wenn uns die Konzeption des Sozialkontrakts eine Möglichkeit bieten soll, allgemein zustim-mungsfähige Grundsätze zu finden, welche die gegensätzlichen Zwecksetzungen und Interessen der Menschen auf die Grenzen ihrer Verallgemeinerungsfähigkeit beschränken, kann es nicht darum gehen, die empirischen Zwecke der Menschen aus der allgemeinen Willensbildung gänz-lich auszuschalten, sondern es kommt darauf an, die vertragliche Willensbildung von egoisti-schen Zielen und Sonderinteressen freizuhalten, damit sich eine kollektive Entscheidung herbei-führen läßt, der alle im Lichte *allgemeiner menschlicher Interessen* zustimmen können. Was die-sen Punkt betrifft, so hat Rousseau offenbar wesentlich klarer gesehen als Kant.

Eine tragfähige Konzeption des Sozialkontrakts kann sich mithin weder damit begnügen, die Menschen in ihrer Rolle als Vertragspartner einer einmütigen Übereinkunft über die Grundsätze der sozialen Ordnung bloß als freie und gleichberechtigte Individuen zu konzipieren, ohne sie ihrer vorgängigen Interessenunterschiede zu entkleiden (wie Locke dies getan hat), noch darf sie so weit gehen, die Menschen überhaupt als vollkommen *interesselose* Wesen zu denken, denen es nur darauf ankommt, ihre angeborenen Rechte in Übereinstimmung zu bringen (wie bei Kant); eine tragfähige Konzeption des Sozialkontrakts hat sich die Vertragspartner vielmehr als *freie und gleiche Personen* vorzustellen, die *keine Sonderinteressen und eigennützigen Ziele* verfolgen, sondern die für sich selbst stets nur die *gemeinsamen Interessen aller Menschen* ver-treten.

Und gerade eine solche Vorstellung des Sozialkontrakts hat John Rawls in Anlehnung an Rous-seau und Kant zu entwickeln versucht. Rawls meint, daß eine angemessene Rechtfertigung moralisch vertretbarer Grundsätze der sozialen Ordnung von der hypothetischen Annahme einer anfänglichen Situation der Gleichheit und Freiheit aller Menschen ausgehen muß, die als Aus-gangsposition einer fairen Einigung aller über die Grundsätze ihres künftigen Zusammenlebens tauglich erscheint. Diese anfängliche Situation, die Rawls "original position" nennt und für die ich im folgenden entsprechend der deutschen Ausgabe von Rawls' „Theorie der Gerechtigkeit" den Ausdruck „Urzustand" verwenden werde, hat den Charakter einer fiktiven Entscheidungssituation, die zwar faktisch niemals eintreten kann, die man aber gedanklich konstruieren und in die man sich hineinversetzen kann. Dieser Urzustand soll also so beschaffen sein, daß die in ihm getroffene Grundvereinbarung fair zustandekommt. Dieses Erfordernis ergibt sich nach Rawls aus der Erwägung, daß Grundsätze, die von vernünftigen Menschen unter fairen Bedingungen angenommen werden, sicherlich eher gerechtfertigt sind als solche, für die dies nicht zutrifft.[42]

Nach Rawls' Auffassung weist der *Urzustand*, der eine faire Übereinkunft über allgemein verbindliche Grundsätze der sozialen Ordnung ermöglichen soll, die folgenden Eigenschaften auf, von denen jede für sich — wie er meint — natürlich und allgemein akzeptabel ist:

1. *Schleier des Nichtwissens:* Niemand soll die Grundsätze auf seine eigenen Verhältnisse zuschneiden können, d.h. es sollte dafür gesorgt sein, daß man nicht solche Grundsätze wählen kann, die man vernünftigerweise nur dann wählen würde, wenn man bestimmte, für eine allgemeine Betrachtungsweise unerhebliche Tatsachen kennt, wie z.B. seine gesellschaftliche Position oder seine individuellen Neigungen. Rawls konstruiert daher den Urzustand so, daß in ihm niemand Kenntnisse über seine ökonomischen Verhältnisse, seinen sozialen Status, über seine Anlagen, Bedürfnisse u.dgl. hat, sondern daß jeder nur über die Kenntnis der *allgemeinen gesellschaftlichen Tatsachen* verfügt. Ein 'Schleier des Nichtwissens' ('veil of ignorance') deckt alle Informationen zu, die den Menschen irgendein Wissen verschaffen könnte, das es ihnen erlaubte, die Grundsätze mit Rücksicht auf ihre *besonderen* Interessen zu wählen. So sind sie gezwungen, die Wahl der Grundsätze einzig und allein unter *allgemeinen* Gesichtspunkten vorzunehmen.[43]

2. *Gleichheit:* Im Urzustand sind alle Menschen gleich in dem Sinne, daß jeder bei der Wahl der Grundsätze das gleiche Recht hat wie jeder andere, Vorschläge zu machen, Gründe vorzubringen, seine Zustimmung zu verweigern u.dgl.m. Dem liegt die Idee zugrunde, daß alle Menschen als moralische Personen gelten, die eine Vorstellung von ihrem Wohl und einen moralischen Sinn haben.[44]

3. *Vernünftigkeit:* Die Menschen sind im Urzustand gleichermaßen vernünftig. Unter vernünftig wird dabei — ganz im Sinne des Begriffs ökonomischer Rationalität — die Fähigkeit verstanden, ein widerspruchsfreies System von Präferenzen zu bilden, nach dem zwischen verschiedenen in Frage kommenden Alternativen gewählt wird. Ein vernünftiger Mensch ist also imstande, verschiedene Wahlmöglichkeiten nach ihrer Zweckdienlichkeit in eine Rangordnung zu bringen und eine Strategie zu verfolgen, die seinen Zielen und Interessen möglichst förderlich ist.[45]

Da die Menschen im Urzustand aufgrund des Schleiers des Nichtwissens ihre unmittelbaren Ziele und Interessen nicht kennen, sondern nur wissen, daß sie *irgendwelche* Ziele und Interessen haben, kann sich ihre Optimierungsstrategie nicht unmittelbar auf ihre konkreten Vorstellungen von ihrem Wohl beziehen. Sie befinden sich demnach im Urzustand in der eigenartigen Situation, etwas optimieren zu sollen, wovon sie nicht wissen, worin es eigentlich besteht. Da sie aber wissen, was die Menschen im allgemeinen erstreben, nimmt Rawls an, daß sich die Güter, die der Befriedigung menschlicher Interessen und der Verwirklichung menschlicher Ziele und Wertvorstellungen dienen, gleichsam zu Gütern höherer Ordnung zusammenfassen lassen. Diese Güter, die er „gesellschaftliche Grundgüter" ("primary social goods") nennt, sollen im Urzustand der Gegenstand der vernünftigen Bestrebungen aller Beteiligten sein. Als solche *gesellschaftlichen Grundgüter* zieht Rawls vor allem Dinge in Betracht, die für die Verfolgung menschlicher Lebensziele allgemein bedeutsam sind und die daher von allen Menschen erstrebt werden, gleichgültig, worin ihre Lebensziele im einzelnen bestehen mögen; dies sind: politische Rechte und bürgerliche Freiheiten, Lebenschancen, Macht, Status, Einkommen, Vermögen und die sozialen Bedingungen der Selbstachtung. Wenn sich die Menschen im Urzustand dieses Konzepts sozialer Grundgüter bedienen, scheint für sie die Schwierigkeit, auf ihre Vorteile bedacht sein zu müssen, ohne zu wissen, worin sie überhaupt liegen, ausgeräumt.[46]

4. *Gegenseitiges Desinteresse:* Was die Beweggründe der Menschen im Urzustand betrifft, von denen sie sich bei der Wahl der Grundsätze leiten lassen, so geht Rawls von der Annahme aus, daß vernünftige Menschen *keinen Neid* empfinden, d.h. daß es ihnen nicht unerträglich ist, wenn andere über einen größeren Anteil an sozialen Gütern verfügen als sie selbst. Der Grund für diese Annahme ist, daß diejenigen, die bei der Wahl der Grundsätze von Neid bestimmt wären, niemals Grundsätzen zustimmen könnten, die anderen möglicherweise mehr Vorteile bringen als ihnen selbst. Neid würde damit bewirken, daß am Ende alle Menschen schlechter dastehen, als wenn Neid keine Rolle spielt und wenn jeder vor allem seinen eigenen Anteil an sozialen Gütern zu maximieren versucht. Die Beteiligten sind im Urzustand auch nicht von Liebe und Haß gegenüber anderen erfüllt und sie wollen einander weder Gutes noch Schlechtes tun, ebensowenig wie sie bereit sind, ihre Interessen dem Wohle anderer zu opfern. Sie nehmen bei der Wahl der Grundsätze auf die Interessen der anderen nicht Bedacht, sondern sie lassen sich dabei nur von der Absicht leiten, für sich selbst die größtmöglichen Lebenschancen zu sichern.[47]

5. *Moralischer Sinn und Verbindlichkeit der Grundsätze:* Als letztes Merkmal, das die Entscheidungssituation des Urzustandes kennzeichnen soll, nimmt Rawls schließlich an, daß die Menschen einen moralischen Sinn haben, der sie veranlaßt, die einmütig gewählten Grundsätze auch künftig als verbindlich anzuerkennen und sich danach zu verhalten. Der moralische Sinn dient ausschließlich dazu, die Verbindlichkeit der durch den Sozialkontrakt beschlossenen Grundsätze zu sichern und er enthält keine bestimmte Vorstellung des Guten; insofern ist er rein formaler Natur. Für die Wahl der Grundsätze ist diese Annahme allerdings insofern von Bedeutung, als sie verlangt, sich vor Augen zu halten, was es bedeutet, wenn man sich im Urzustand auf bestimmte Grundsätze festlegt. Vernünftigerweise kann man sich nur auf solche Grundsätze festlegen, von denen man vor dem Hintergrund der im Urzustand verfügbaren Kenntnisse über gesellschaftliche Tatsachen annehmen kann, daß sie eingehalten werden können.[48]

Soweit die Eigenschaften, die Rawls als die *natürlichen* und *allgemein akzeptablen* Merkmale des Urzustandes als einer fairen Ausgangsposition einer allseitigen Übereinstimmung über die

Grundsätze der sozialen Ordnung annimmt. Nun, ich habe hier weder die Möglichkeit, darauf einzugehen, *welche* Grundsätze sich nach Rawls' Ansicht aus dieser Vorstellung des Urzustandes ergeben, noch um im einzelnen zu untersuchen, ob und inwieweit die genannten Eigenschaften des Urzustandes im Lichte der sich daraus ergebenden Konsequenzen *annehmbar* erscheinen.[49] Soviel läßt sich jedoch meines Erachtens auch ohne eine genauere Untersuchung behaupten, daß zumindest *einige* dieser Eigenschaften keineswegs so natürlich und unbezweifelbar sind, wie Rawls dies beansprucht. Und in der Tat haben manche der erwähnten Bedingungen des Urzustandes erhebliche Kritik herausgefordert; und zwar vor allem die Annahme des 'Schleiers des Nichtwissens' und die Voraussetzung des 'gegenseitigen Desinteresses' der Vertragspartner.[50]

Dennoch möchte ich behaupten, daß Rawls' Vorstellung des Urzustandes — im großen und ganzen genommen — einen *angemessenen Ausgangspunkt* der rationalen Rechtfertigung moralisch vertretbarer Grundsätze des sozialen Zusammenlebens liefert. Oder besser: daß, selbst wenn Rawls' Konkretisierung des Urzustandes in manchen Hinsichten als anfechtbar und revisionsbedürftig erscheinen mag, eine Vorstellung *von der Art* des Urzustandes einen geeigneten Ausgangspunkt der normativen Rechtfertigung politscher Grundsätze darstellt. Für diese Behauptung sprechen meiner Ansicht nach folgende Gründe.

Während die individualistische Vertragskonzeption Hobbesscher Provenienz die intersubjektive Annehmbarkeit gewisser oberster Grundsätze des zwischenmenschlichen Handelns ausschließlich auf deren Zweckdienlichkeit für die realen Interessen und Zielsetzungen der Beteiligten zurückzuführen versucht, geht Rawls' Konzeption des Sozialkontrakts — Rousseau und Kant folgend — von der Ansicht aus, daß eine intersubjektiv konsensfähige Begründung solcher Grundsätze die zufällig bestehenden Konstellationen individueller Präferenzen transzendieren und gleichsam von einem *allgemeinen, überpersönlichen Standpunkt* aus erfolgen müsse, von dem aus die grundlegenden Interessen und Ziele aller Menschen *gleiches* Gewicht haben, gleichgültig, ob das Ergebnis dieser Betrachtungsweise in der Realität jedem zum Vorteil gereicht oder nicht. Da eine solche Konzeption die intersubjektive Konsensfähigkeit bestimmter Grundsätze des sozialen Handelns auf Gründe zurückzuführen versucht, die *jedermann* vernünftigerweise akzeptieren können sollte, wenn er sich eine allgemeine Sichtweise zueigen macht, muß sie von der idealisierten Annahme eines überindividuellen und für alle Individuen gleichartigen Ausgangspunktes ausgehen, von dem aus eine rationale Übereinstimmung autonomer und gleichberechtigter Personen möglich erscheint. Im Rahmen von Rawls' Vertragskonzeption fungiert als dieser Ausgangspunkt der Urzustand. Wegen der transsubjektiven und universellen Perspektive, die der Urzustand verlangt, kann man mit Bezug auf dieses Vertragsmodell von einer *universalistischen* Konzeption der politischen Rechtfertigung sprechen.[51]

Es scheint nun, wie auch schon Otfried Höffe bemerkt hat, daß die Annahme des Urzustandes — oder besser: die Annahme eines Ausgangspunktes von der Art des Urzustandes — eine mögliche Annäherung an unser intuitives Verständnis des *moralischen Standpunkts* darstellt.[52] Der moralische Standpunkt ist der Standpunkt, den wir einnehmen müssen, wenn wir den Anspruch erheben, intersubjektiv konsensfähige moralische Urteile zu fällen. Als ein wesentliches

Kennzeichen dieses Standpunkts gilt das Erfordernis der *Unparteilichkeit* oder *Neutralität:* es scheint eine weithin anerkannte Forderung zu sein, daß, wer moralische Urteile fällt oder moralische Grundsätze aufstellt, einen allgemeinen, unparteilichen, überpersönlichen und neutralen Standpunkt einnehmen muß.[53] Die Forderung, einen solchen Standpunkt einzunehmen, impliziert offenbar das Gebot, daß wir uns beim moralischen Urteilen nur von *universellen* Gesichtspunkten leiten lassen sollen, von Gesichtspunkten also, die für *alle* Beteiligten *gleichermaßen* annehmbar sind.

Wenn wir diesen Standpunkt als den Standpunkt der Moral annehmen, so liegt seine Affinität zur Vorstellung des Urzustandes, wie wir sie bei Rawls' vorfinden, auf der Hand. Diese verlangt uns ebenso wie jener eine allgemeine Betrachtungsweise ab, die von den konkreten Interessen, Bedürfnissen und Zwecken der Menschen abstrahiert und jeden gleichsam in die Stelle jedes anderen versetzt. Diese Betrachtungsweise führt uns zu Regeln des sozialen Zusammenlebens, die die Interessen aller Beteiligten gleichermaßen berücksichtigen und daher von allen als verbindliche Grundsätze des gegenseitigen Verhaltens akzeptiert werden können.

Eine Vertragskonzeption, die von der Annahme eines anfänglichen Zustands von der Art des Urzustandes ausgeht, unterscheidet sich vom moralischen Standpunkt nur dadurch, daß die Anforderungen, die dieser in Form von Prinzipien der *autonomen moralischen Gewissensentscheidung jedes einzelnen* postuliert, im Gesellschaftsvertrag als *prozedurale Bedingungen einer kollektiven Willensbildung aller Betroffenen* in Erscheinung treten. Während uns der Standpunkt der Moral Anleitungen dazu gibt, wie *jeder für sich* zu Urteilen und Grundsätzen gelangen kann, denen zuzustimmen allen anderen als moralischen Personen möglich sein muß, versetzt uns die universalistische Konzeption des Sozialkontrakts in eine fiktive Beratungssituation, die uns auf der Grundlage unserer wechselseitigen Anerkennung als gleicher und freier Wesen einen hypothetischen *Konsens* über die allgemein verbindlichen Grundsätze unseres Zusammenlebens erlaubt.[54] Rawls' Urzustand scheint mir daher eine Vorstellung einer Ausgangsposition einer einmütigen vertraglichen Einigung zu liefern, die dem Standpunkt der Moral weitgehend entspricht und die damit eine angemessene Grundlage für die Rechtfertigung moralisch vertretbarer Grundsätze der sozialen Ordnung zu liefern vermag.

VI. Abschließende Bemerkungen

Der in den vorigen Abschnitten unternommene Versuch, der Idee des Gesellschaftsvertrags für den Zweck der rationalen Rechtfertigung von Grundsätzen des sozialen Zusammenlebens eine annehmbare Interpretation abzugewinnen, hat uns ausgehend von der rein individualistischen Vertragsvorstellung Hobbesscher Provenienz über das freiheitlich-besitzindividualistische Vertragsmodell von Locke schließlich zu einer universalistischen Deutung des Sozialkontrakts geführt, die ein einigermaßen akezptables Modell der Legitimation politischer Institutionen abzugeben scheint. Die universalistische Vertragskonzeption, die in rudimentärer Form bereits von Rousseau und Kant vertreten wurde und die im Rahmen der zeitgenössischen politischen Philosophie durch Rawls' Theorie der Gerechtigkeit repräsentiert wird, konstruiert den Gesellschaftsvertrag als einen vollends fiktiven Vorgang kollektiver Entscheidungsfindung auf der Grundlage weitgehender normativer Idealisierungen, die eine einmütige Übereinstimmung aller Beteiligten als freier, gleicher und vernünftiger Personen gerade dadurch bewerkstelligen, daß sie den individuellen Entscheidungskalkül jeder einzelnen Person mit dem jeder anderen in eins fallen lassen. Die Gründe, die diese Idealisierungen notwendig machen, ergeben sich aus dem Bestreben, eine Vorstellung des Gesellschaftsvertrags zu entwickeln, die weithin anerkannten Forderungen der Moral Rechnung trägt. Und diese Gründe lassen sich zugleich als diejenigen Gründe ansehen, welcher eine hypothetische Vertragsvorstellung bedarf, damit sie überhaupt mit dem Anspruch auftreten kann, eine moralisch akzeptable Begründung sozialer Normen zu liefern und als regulative Idee zur Rechtfertigung und Kritik sozialer Institutionen dienen zu können.

Wie aber der Verlauf der in dieser Arbeit angestellten Erörterungen zeigt, löst sich die der Idee des Gesellschaftsvertrags eigentlich zugrundeliegende Vorstellung einer *vertraglichen* Begründung sozialer Normen zunehmend auf, je weiter man das Konzept des Gesellschaftsvertrags verfolgt, bis sie sich schließlich im Rahmen der universalistischen Vertragskonzeption vollends zur leeren Metapher verdünnt. Da nämlich das universalistische Vertragsmodell die Ausgangsposition, von der aus die Wahl der verbindlichen Grundsätze des sozialen Zusammenlebens erfolgen soll, für alle Beteiligten gänzlich gleich macht, faßt es diese gleichsam zu einer einzigen Person zusammen, die stellvertretend für alle Betroffenen steht und die mit ihrer Entscheidung das gemeinsame Interesse aller vertritt. Von einer *vertraglichen* Aushandlung der Grundsätze der sozialen Ordnung kann hier schwerlich noch die Rede sein. Was die universalistische Vertragskonzeption mit der ursprünglichen Idee der Begründung sozialer Grundsätze durch eine vertragliche Übereinkunft aller Betroffenen gemein hat, ist nur noch der Gedanke, daß eine intersubjektiv rationale Rechtfertigung solcher Grundsätze den Nachweis ihrer *allgemeinen Zustimmungsfähigkeit* unter der Bedingung der wechselseitigen Anerkennung aller Beteiligten als freier und gleicher Personen erfordert. Doch da dieser Bedingung vollständig erst dann Genüge getan zu sein scheint, wenn wir uns — kontrafaktisch — einen Zustand hergestellt denken, in dem die realen Unterschiede zwischen den Menschen aufgehoben und diese ihrer partikularen Interessen entkleidet sind, gelangen wir zu einem nicht nur hypothetischen, sondern überhaupt bloß gedanklich vollziehbaren Modell kollektiver Willensbildung, die mit der Form einer vertraglichen Übereinstimmung kaum noch etwas zu tun hat. Sofern eine solche Vorstellung Gründe für sich hat, die sie uns als Ausgangspunkt der Rechtfertigung sozialer Normen annehmbar erscheinen lassen, so liegt das jedenfalls nicht an der Unterstellung eines vertraglichen Prozesses, sondern daran, daß diese Vorstellung im wesentlichen unserer Auffassung des moralischen Standpunkts entspricht. Wenn dem aber so ist, dann scheint es unnötig, zur Rechtfertigung sozialer Normen auf die Kategorie des Vertrags zurückzugreifen, anstatt gleich mit dem Standpunkt der Moral zu operieren, und die Konstruktion eines Gesellschaftsvertrags erscheint als entbehrlich. Die Idee des Sozialkontakts erweist sich damit sozusagen als eine gedankliche Krücke, die uns gute Dienste leistet, um zu einer klareren Vorstellung über die Bedingungen einer intersubjektiv konsensfähigen Rechtfertigung von Grundsätzen des sozialen Lebens zu gelangen, eine Krücke, der wir aber nicht mehr bedürfen, sobald wir dieses Ziel erreicht haben.

Anmerkungen

*) Diese Arbeit ist auch erschienen in: Theorie der Normen. Festgabe für Ota Weinberger zum 65. Geburtstag, hrsg. von Werner Krawietz, Helmut Schelsky, Günther Winkler, Alfred Schramm, Berlin 1984 (Duncker & Humblot), S. 241 - 275. Ich danke den Herausgebern und dem Verlag für die freundliche Erlaubnis zum Wiederabdruck.

1) Zur Idee des Gesellschaftsvertrags und ihren vielfältigen Ausgestaltungen siehe den instruktiven Artikel von Karl Graf Ballestrem, Vertragstheoretische Ansätze in der politischen Philosophie, in: Zeitschrift für Politik N.F. 30 (1983), S. 1 - 17. Über die Geschichte der Vertragstheorien informiert in umfassender Weise das vorzügliche Buch von J.W. Gough, The Social Contract. A Critical Study of its Development, Oxford 1936, 2. Aufl. 1957 (Oxford UP).

2) Vgl. hierzu David Hume, Of the Original Contract, 1748, abgedruckt in: Hume, The Philosophical Works, Bd. 3, Aalen 1964 (Scientia), S. 443 - 460; auszugsweise dt. Übersetzung unter dem Titel: Die wertlose Fiktion vom Gesellschaftsvertrag, in: Klassische Texte der Staatsphilosophie, hrsg. von Norbert Hoerster, München 1976 (dtv), S. 163 - 176.

3) Immanuel Kant, Über den Gemeinspruch: Das mag in der Theorie richtig sein, taugt aber nicht für die Praxis, 1793, in: Kant, Werke in zwölf Bänden, hrsg. von Wilhelm Weischedel, Bd. XI, Frankfurt/M. 1968 (Suhrkamp), S. 153 (A 250).

4) Ronald Dworkin, The Original Position, zuerst in: University of Chicago Law Review 40 (1973), S. 500 - 533; wiederabgedruckt in: Norman Daniels (Ed.), Reading Rawls. Critical Studies on Rawls' "A Theory of Justice", Oxford 1975 (Blackwell), S. 16 - 53, Zitat S. 18 (meine Übersetzung).

5) Wenn Karl Graf Ballestrem in seiner in Anm. 1 genannten Abhandlung die Ansicht vertritt, jede Vorstellung eines hypothetischen Sozialkontrakts sei fragwürdig, weil sie letztlich immer auf willkürlichen Annahmen beruhe, so übersieht er, daß, um zu einer hypothetischen Vertragsvorstellung zu gelangen, die einen brauchbaren Ausgangspunkt der Rechtfertigung politischer Institutionen ergeben soll, nicht schon die beliebige Unterstellung irgendeines Gesellschaftsvertrags allein genügen kann (was die Konstruktion des Gesellschaftsvertrags in der Tat zu einer völlig willkürlichen Annahme machen würde), sondern daß eine Vertragsvorstellung nur dann eine akzeptable Legitimationsgrundlage darstellt, wenn ihre Annahmen ihrerseits auf Gründen beruhen, die als hinreiche de Gründe für die Rechtfertigung politischen Handelns gelten können. Sofern es aber solche Gründe für eine Vertragsvorstellung gibt, dann tut der Umstand, daß es sich dabei um einen hypothetischen Vertrag handelt, ihrem normativen Anspruch keinen Abbruch. Wenn Ballestrem andererseits für die Konzeption eines impliziten Gesellschaftsvertrags plädiert, die die Legitimität politischer Institutionen auf die stillschweigende Zustimmung der Betroffenen unter realen Bedingungen zurückzuführen versucht, so muß er, um das Stillschweigen der Betroffenen als einen brauchbaren Indikator ihrer freien Zustimmung deuten zu können, eine ganze Reihe normativer Bedingungen als erfüllt postulieren, die — wie mir scheint — ihrerseits nur durch die hypothetische Vorstellung einer idealen vertraglichen Übereinkunft aller Betroffenen als freier und gleicher Personen gerechtfertigt werden können.

6) So bereits Ota Weinberger, Begründung oder Illusion. Erkenntniskritische Gedanken zu John Rawls' Theorie der Gerechtigkeit, zuerst in: Zeitschrift für philosophische Forschung 31 (1977), S. 234 - 251; wiederabgedruckt in: ders., Logische Analyse in der Jurisprudenz, Berlin 1979 (Duncker & Humblot), S. 195 - 216, S. 203. Vgl. auch Ota Weinberger, Die Rolle des Konsenses in der Wissenschaft, im Recht und in der Politik, in: Methodologie und Erkenntnistheorie der juristischen Argumentation, hrsg. von A. Aarnio, I. Niiniluoto u. J. Uusitalo (Rechtstheorie Beiheft 2), Berlin 1981 (Duncker & Humblot), S. 147 - 165, S. 151.

7) Zum folgenden siehe: Thomas Hobbes, Leviathan, erste engl. Ausgabe 1651, zitiert nach der von Iring Fetscher hrsg. dt. Ausgabe, zuerst Neuwied 1966, Nachdruck Frankfurt/M. — Berlin 1976 (Ullstein); James M. Buchanan, The Limits of Liberty. Between Anarchy and Leviathan, Chicago 1975 (University of Chicago Press).

8) Hobbes, Leviathan (Anm. 7), S. 96.

9) Vgl. Hobbes, Leviathan (Anm. 7), S. 121; Buchanan, Limits of Liberty (Anm. 7), S. 32 ff.

10) Siehe dazu Hobbes, Leviathan (Anm. 7), S. 131 ff.

11) Die zweite und die vierte Annahme ergeben sich jeweils aus dem Kontext der bereits referierten Überlegungen Hobbes'; zur ersten und zur dritten Annahme siehe insbesondere Hobbes, Leviathan (Anm. 7), S. 75 ff. bzw. 94 f.

12) Zu den Grundsätzen oder „natürlichen Gesetzen", deren allgemeine Anerkennung Hobbes im Interesse eines für alle gedeihlichen Zusammenlebens für notwendig hielt, gehören vor allem die folgenden, um nur die wichtigsten zu nennen: das Gebot, sich um Frieden zu bemühen; die Goldene Regel; die Pflicht, Versprechen und Verträge zu halten; die Pflicht, sich für empfangene Wohltaten dankbar zu erweisen; das Gebot, sich anderen nach Möglichkeit anzupassen; die Pflicht, Beleidigungen zu vergeben, wenn der Beleidiger dies reuevoll wünscht; und das Verbot, andere zu beleidigen. Siehe hierzu Hobbes, Leviathan (Anm. 7), S. 99 f.

13) Zur normativen Grundlage von Buchanans Ansatz (die mit der von Hobbes' Ansatz im wesentlichen übereinstimmt) siehe Buchanan, Limits of Liberty (Anm. 7), S. 1 f.; hinsichtlich der genannten Abweichungen seines Vertragsmodells gegenüber Hobbes siehe vor allem S. 25 f., 51 und 54 f.

14) Vgl. Buchanan, Limits of Liberty (Anm. 7), S. 23 ff.

15) Siehe Buchanan, Limits of Liberty (Anm. 7), S. 58 f.

16) Vgl. Buchanan, Limits of Liberty (Anm. 7), S. 60 ff.

17) So Buchanan, Limits of Liberty (Anm. 7), S. 59 f.

18) Siehe dazu Buchanan, Limits of Liberty (Anm. 7), S. 64 ff.

19) Eine erste Erläuterung dieses zweistufigen Vertragsprozesses findet sich bei Buchanan, Limits of Liberty (Anm. 7), S. 31 ff.

20) Für eine eingehendere Darstellung von Buchanans Vertragskonzeption siehe Peter Koller, J.M. Buchanans Versuch einer ökonomischen Begründung rechtlicher Institutionen (in Druck).

21) So auch Derek L. Phillips, Equality, Justice and Rectification. An Exploration in Normative Sociology, London — New York — San Francisco 1979 (Academic Press), S. 215.

22) Siehe hierzu Hobbes, Leviathan (Anm. 7), S. 98 f.; Buchanan, Limits of Liberty (Anm. 7), S. 21 ff.

23) Siehe John Locke, Two Treatises of Government, 1690, zitiert nach der von Walter Euchner hrsg. dt. Ausgabe: Zwei Abhandlungen über die Regierung, Frankfurt/M. 1977 (Suhrkamp), Zweite Abhandlung, S. 201 ff.

24) Vgl. Locke, Abhandlungen über die Regierung (Anm. 23), S. 207 f. u. 278 ff.

25) Siehe hierzu Robert Nozick, Anarchy, State, and Utopia, New York 1974 (Basic Books); dt.: Anarchie, Staat, Utopia, München o.J. (1976) (Moderne Verlagsgesellschaft), S. 25.

26) Vgl. Nozick, Anarchie, Staat, Utopia (Anm. 25), S. 167 ff.

27) Locke, Abhandlungen über die Regierung (Anm. 23), S. 203.

28) Locke, Abhandlungen über die Regierung (Anm. 23), S. 213.

29) Siehe dazu Locke, Abhandlungen über die Regierung (Anm. 23), S. 215 ff.

30) So Locke, Abhandlungen über die Regierung (Anm. 23), S. 127 ff.

31) Vgl. Nozick, Anarchie, Staat, Utopia (Anm. 25), S. 164 f.

32) Locke, Abhandlungen über die Regierung (Anm. 23), S. 222.

33) Locke, Abhandlungen über die Regierung (Anm. 23), S. 220.

34) Siehe Nozick, Anarchie, Staat, Utopia (Anm. 25), S. 167 ff.

35) Ausführlicher hierüber Peter Koller, Zur Kritik der libertären Eigentumskonzeption. Am Beispiel der Theorie von Robert Nozick, in: Analyse & Kritik 3 (1981), S. 139 - 154.

36) So Jean-Jacques Rousseau, Du contrat social ou principes du droit politique, 1762, zitiert nach der von Hans Brockard hrsg. dt. Ausgabe: Vom Gesellschaftsvertrag oder Grundsätze des Staatsrechts, Stuttgart 1977 (Reclam), 1. Buch, 6. Kapitel, S. 17 f.

37) Siehe hierzu Rousseau, Gesellschaftsvertrag (Anm. 36), S. 19 ff.

38) Rousseau, Gesellschaftsvertrag (Anm. 36), S. 17.

39) Vgl. Rousseau, Gesellschaftsvertrag (Anm. 36), S. 22 f.

40) Kant, Über den Gemeinspruch (Anm. 3), S. 145 (A 235 f.).

41) Kant, Über den Gemeinspruch (Anm. 3), S. 154 (A. 251 f.).

42) Siehe hierzu John Rawls, A Theory of Justice, Cambridge, Mass. 1971 (Harvard UP), Paperback London 1973 (Oxford UP); dt.: Eine Theorie der Gerechtigkeit, Frankfurt/M. 1975 (Suhrkamp), S. 34 ff.

43) So Rawls, Theorie der Gerechtigkeit (Anm. 42), S. 36 f. u. 159 ff.

44) Vgl. Rawls, Theorie der Gerechtigkeit (Anm. 42), S. 36 f.

45) Siehe hierzu Rawls, Theorie der Gerechtigkeit (Anm. 42), S. 166 ff.

46) Vgl. Rawls, Theorie der Gerechtigkeit (Anm. 42), S. 111 ff.

47) Siehe dazu Rawls, Theorie der Gerechtigkeit (Anm. 42), S. 30 f., 150 f. u. 167 f.

48) Vgl. hierzu Rawls, Theorie der Gerechtigkeit (Anm. 42), S. 168 f.

49) Für eine ausführlichere Diskussion von Rawls' Konzeption der Begründung von Gerechtigkeitsgrundsätzen einerseits und eines ihrer zentralen Ergebnisse andererseits siehe: Peter Koller, Die Konzeption des Überlegungs-Gleichgewichts als Methode der moralischen Rechtfertigung, in: Conceptus Bd. 15 (1981), Nr. 35/36, S. 129 - 142, sowie ders., Rawls' Differenzprinzip und seine Deutungen, in: Erkenntnis 20 (1983), S. 1 - 25

50) Siehe hierzu etwa folgende Arbeiten: P.H. Nowell-Smith, A Theory of Justice?, in: Philosophy of the Social Sciences 3 (1973), S. 315 - 329, dt.: Eine Theorie der Gerechtigkeit?, in: Otfried Höffe (Hrsg.), Über John Rawls' Theorie der Gerechtigkeit, Frankfurt/M. 1977 (Suhrkamp), S. 77 - 107; Benjamin Barber, Justifying Justice: Problems of Psychology, Politics and Measurement in Rawls, in: Daniels (Ed.), Reading Rawls (Anm. 4), S. 292 - 318, dt.: Die Rechtfertigung der Gerechtigkeit: Probleme der Psychologie, der Politik und der Messung bei Rawls, ebenfalls in: Höffe (Hrsg.), Über John Rawls' Theorie der Gerechtigkeit, S. 224 - 258; Brian Barry, The Liberal Theory of Justice. A Critical Examination of the Principal Doctrines in "A Theory of Justice" by John Rawls, Oxford 1973 (Clarendon Press), S. 10 ff.; Thomas Nagel, Rawls on Justice, in: The Philosophical Review 82 (1973), S. 220 - 234, wiederabgedruckt in: Daniels (Ed.), Reading Rawls (Anm. 4), S. 1 - 16; C.B. Macpherson, Rawls' Models of Man and Society, in: Philosophy of the Social Sciences 3 (1973), S. 341 - 347; Charles Frankel, Justice, Utilitarianism, and Rights, in: Social Theory and Practice 3 (1974), S. 27 - 46; Robert Paul Wolff, Understanding Rawls. A Reconstruction and Critique of "A Theory of Justice", Princeton, N.J. 1977 (Princeton UP), S. 119 ff.

51) Eine eingehendere Erörterung der Unterschiede zwischen universalistischen und individualistischen Konzeptionen der Moralbegründung unternehme ich in meinem Artikel: Rationalität und Moral, in: Grazer Philosophische Studien (in Druck).

52) Siehe hierzu Otfried Höffe, Diskussionsbemerkung im Rahmen einer Diskussion über Habermas' Ansatz der Normenbegründung, abgedruckt in: Materialien zur Normendiskussion, Bd. 1: Transzendentalphilosophische Normenbegründungen, hrsg. von Willi Oelmüller, Paderborn 1978 (UTB), S. 143.

53) Zum Konzept des moralischen Standpunkts siehe vor allem: Kurt Baier, The Moral Point of View, Ithaca — London 1958 (Cornell UP), dt.: Der Standpunkt der Moral, Düsseldorf 1974 (Patmos), S. 178 ff.; in ähnlichem Sinne bereits David Hume, An Enquiry Concerning the Principles of Morals, 1751, dt.: Eine Untersuchung über die Prinzipien der Moral, Hamburg 1972 (Meiner), IX. Abschn., S. 121; siehe auch: Richard B. Brandt, Ethical Theory, Englewood Cliffs, N.J. 1959 (Prentice-Hall), S. 244 ff.; David P. Gauthier, Practical Reasoning, Oxford 1963 (Clarendon Press), S. 81 ff.; William K. Frankena, Ethics, Englewood-Cliffs, N.J. 1963 (Prentice-Hall), dt.: Analytische Ethik, München 1972 (dtv), S. 136 ff.; Thomas Nagel, The Possibility of Altruism, Oxford 1970 (Clarendon Press), S. 99 ff.

54) Hierin zeigt sich auch die frappante Ähnlichkeit zwischen der universalistischen Konzeption des Sozialkontrakts und der Theorie des praktischen Diskurses von Habermas: dient in Rawls' Vertragsmodell die Vorstellung des Urzustandes als Ausgangspunkt einer fiktiven vertraglichen Einigung aller Betroffenen, so betrachtet Habermas die kontrafaktische Unterstellung einer idealen Sprechsituation, in der gleichberechtigte und vernünftige Gesprächspartner ohne Entscheidungsdruck einen Konsens über praktische Geltungsansprüche herbeizuführen versuchen, als normatives Ideal, das in jedem praktischen Diskurs immer schon vorausgesetzt wird und dem wir uns in realen Diskursen möglichst annähern sollen. Vgl. hierzu Jürgen Habermas, Wahrheitstheorien, in: Wirklichkeit und Reflexion. Walter Schulz zum 60. Geburtstag, hrsg. von Helmut Fahrenbach, Pfullingen 1973 (Neske), S. 211 - 265, sowie neuerdings ders., Moralbewußtsein und kommunikatives Handeln, Frankfurt/M. 1983 (Suhrkamp), darin vor allem das Kapitel: Diskursethik — Notizen zu einem Begründungsprogramm, S. 53 - 125. Für einen Vergleich von Rawls und Habermas siehe Herbert Kitschelt, Moralisches Argumentieren und Sozialtheorie. Prozedurale Ethik bei John Rawls und Jürgen Habermas, in: ARSP 66 (1980), S. 391 - 429.

DIE IDEE DES IMPLIZITEN GESELLSCHAFTSVERTRAGS

Karl Graf Ballestrem

Bei den Naturrechtstheoretikern des 17. und 18. Jahrhunderts galt der Gesellschaftsvertrag als Grundlage jeder Staatstheorie. Nachdem man die Menschen als von Natur aus freie und gleiche Rechtssubjekte ansah, war es nur konsequent, eine gute politische Ordnung als Übereinkunft freier und gleicher Bürger zu verstehen, die sich in Form eines gegenseitigen Versprechens dazu verpflichten, bestimmten Regeln zu folgen und eine diesen Regeln entsprechende Autorität anzuerkennen. Die Auffassungen darüber, wie man sich eine solche Übereinkunft zu denken habe, gingen freilich auseinander. Die einen dachten an einen *ursprünglichen Vertrag* (original contract) der Staatsgründer oder Verfassungsväter. Andere sprachen von der Idee eines *hypothetischen Vertrags* oder vom Ideal allgemeiner Zustimmung, das zur Beurteilung konkreter Verhältnisse herangezogen werden könnte. Daneben tauchte der Gedanke eines *impliziten Vertrags* auf, der aus der tatsächlichen, wenn auch nur stillschweigenden Zustimmung, der jeweils lebenden Bürger hervorgehen sollte.[1]

Ich will heute die Idee des impliziten Gesellschaftsvertrags etwas eingehender untersuchen. Es geht im folgenden also nicht um die Frage, ob einmal ursprünglich ein Gesellschaftsvertrag geschlossen wurde und was dies für die nachfolgenden Generationen bedeutet. Es geht auch nicht darum, eine hypothetische Vertragssituation zu konstruieren, aus der sich Kriterien zur Beurteilung politischer Verhältnisse ableiten lassen. Die Frage ist vielmehr, ob das tatsächliche Handeln der Bürger eines Staates nach Analogie eines Vertragsverhältnisses verstanden werden kann bzw. wie eine politische Ordnung beschaffen sein muß, damit das Zusammenleben der Bürger als realer Gesellschaftsvertrag: als gegenseitige Willenserklärung und als Versprechen, sich an die vereinbarten Grundregeln des Systems zu halten, interpretiert werden kann.

Die Idee des impliziten Gesellschaftsvertrags spielt innerhalb der Vertragstheorien bis heute eine untergeordnete Rolle. In der Tat muß diese Idee zunächst als unplausibel erscheinen, weil auch diejenigen, die in relativ freiheitlichen Staaten leben, gewöhnlich eine fertige Verfassung vorfinden und die Politik ihrer Regierungen nicht als ihr gemeinsames Werk ansehen. Vielmehr denken die meisten so, wie Locke die Meinung seiner Gegner charakterisiert, ,,that by being born under any government, we are naturally subjects to it'' (SToG, § 116). Mehrere Gründe sprechen dennoch dafür, die Idee des impliziten Gesellschaftsvertrags wieder aufzugreifen und weiterzudenken. Einmal kommt diese Idee dem Selbstverständnis moderner Demokratien nahe, nämlich eine Form der Herrschaft zu sein, die auf dem immer wieder erneuerten Konsens der Bürger beruht. Vielleicht kann sie dazu dienen, dieses Selbstverständnis zu konkretisieren und den darin enthaltenen Anspruch zu diskutieren. Zum anderen scheint der implizite Gesellschaftsvertrag gegenüber Einwänden immun zu sein, die gegen den ursprünglichen und gegen den hypothetischen Vertrag erhoben werden. *Erstens* der Einwand: Warum sollte ein Vertrag der Vorfahren spätere Generationen verpflichten? *Zweitens:* Nicht die mögliche Zustimmung hypothetischer Subjekte kann legitime Herrschaft begründen. Nicht ein mögliches Versprechen (andere Möglichkeiten lassen sich nicht ausschließen), sondern nur ein tatsächliches Versprechen kann Gehorsamspflichten begründen. Der implizite Gesellschaftsvertrag entgeht diesen Einwänden, weil er Herrschaftslegitimation und Gehorsamspflicht von der tatsächlichen, wenn auch nur stillschweigenden oder impliziten Zustimmung der jeweils lebenden Bürger eines Staates abhängig macht.

Ich beginne mit einigen Bemerkungen zur Ideengeschichte (Platon, Locke, Hume), um dann die Grundgedanken einer Theorie des impliziten Gesellschaftsvertrags systematisch darzustellen und zu diskutieren.

I. Bemerkungen zur Ideengeschichte

Platons *Kriton* ist wohl der früheste Text, in dem zumindest Elemente einer Theorie des impliziten Gesellschaftsvertrags auftauchen. Der Dialog zeigt Sokrates im Gefängnis, kurz vor seiner Hinrichtung. Sein Freund Kriton versucht, ihn zur Flucht zu überreden, die offenbar möglich wäre. Sokrates lehnt dieses Ansinnen ab und begründet seine Überzeugung in der Form eines Gesprächs mit den Gesetzen (der Verfassung) von Athen, die ihm — dem Flüchtenden — gegenübertreten, um ihn zu befragen, mit welchem Recht er sich seinem Urteil entziehe und damit gegen die Gesetze handle. Habe er ihnen nicht seine Geburt als Bürger von Athen, später seine Erziehung zu verdanken? Schulde er ihnen nicht, ebenso wie seinem Vater, Ehrfurcht und Dankbarkeit, unabhängig davon, ob er daraus gerade Nutzen zöge oder ob er sich gerecht behandelt fühle? Und habe er nicht durch sein Handeln gezeigt und damit versprochen, daß er ihnen in allem gehorchen wolle? Die Gesetze erlauben nämlich jedem Athener, das Seinige zu nehmen bzw. zu verkaufen und fortzugehen, etwa in eine der Kolonien Athens. Sokrates dagegen hat mehr als andere gezeigt, daß es ihm in seiner Heimatstadt gefällt. Er ist niemals in eine andere Stadt gereist, von seinem Recht auf Emigration hat er keinen Gebrauch gemacht. Wenn er jetzt fliehe, um sein Leben zu retten, so handle er ehrlos wie ein undankbarer Sohn oder wie einer, der sein Versprechen bricht.

Man muß sich davor hüten, aus der Perspektive neuzeitlicher Vertragstheorien zuviel in diesen Text hineinzulesen bzw. sich über Platons mangelnde Konsequenz zu wundern, wenn er die Pflicht, Versprechen zu halten, mit der Pflicht, sich Wohltätern gegenüber dankbar zu erweisen, vermischt. Denn Platon geht weder davon aus, daß legitime Herrschaft auf der Zustimmung freier und gleicher Bürger beruht, noch macht er die Gehorsamspflicht der Bürger davon abhängig, ob sie sich durch ein Versprechen selbst gebunden haben. Für den einzelnen ist der Staat der natürliche Ort und die Institution, der er seine Existenz als Grieche und Bürger, damit die Möglichkeit eines glücklichen und sinnvollen Lebens verdankt. Er schuldet diesem Staat mindestens ebensoviel Dankbarkeit und daher Gehorsam wie seinen Eltern und seiner Familie. Daß Sokrates durch sein Verhalten gezeigt hat, daß er den Gesetzen gehorchen wolle, daß er sich durch ein implizites Versprechen selbst gebunden hat, ist allenfalls ein Zusatzargument, um seine Gehorsamspflicht zu begründen.

Platon ist kein Vertragstheoretiker. Aber er entwickelt im Kriton Gedanken, die später als Bestandteile einer Theorie des impliziten Gesellschaftsvertrags wieder auftauchen. *Erstens,* daß die Bürger nicht nur mit Worten, sondern auch durch Taten ihre zustimmende oder ablehnende Haltung gegenüber den Gesetzen oder der politischen Ordnung ihres Staates klarmachen können (in juristischer Terminologie: die Begriffe „konkludentes Handeln" und „signifikantes Schweigen" finden nicht nur im privatrechtlichen, sondern auch im politischen Bereich Anwendung). *Zweitens,* daß ein Bürger, der durch sein Verhalten kontinuierlich Zustimmung und Kooperationsbereitschaft signalisiert, damit ein implizites Versprechen gibt, sich auch in Zukunft an die geltenden Gesetze zu halten und nicht aus Gründen des persönlichen Vorteils oder des privaten Interesses Widerstand zu leisten. *Drittens,* daß dort, wo Auswanderungsfreiheit oder Emigrationsrecht besteht, das Verbleiben im Land als Zustimmung zum bestehenden System und als implizites Versprechen, es nicht gegen den Willen der Obrigkeit zu verlassen, gedeutet werden kann.

Bei John Locke stehen diese Gedanken im Zentrum einer vertragstheoretischen Begründung legitimer Herrschaft. Nur durch die Übereinkunft Freier und Gleicher, die sich gegenseitig versprechen, bestimmte Regeln zu befolgen und eine entsprechende Autorität anzuerkennen, kann legitime Herrschaft zustandekommen. Locke denkt nicht nur an den historischen Urvertrag, durch den Staaten gegründet werden; entscheidend ist für ihn, daß staatliche Autorität auf der immer wieder erneuerten, wenn auch nur impliziten Zustimmung der jeweils lebenden Bürger und deren Gehorsamspflicht auf ihrer freiwilligen Selbstverpflichtung in Form eines Versprechens jedes Einzelnen beruht. Nach Locke signalisieren wir mit fast jeder beliebigen Handlung, sofern wir sie freiwillig unternehmen, Zustimmung zu den entsprechenden Regeln und Institutionen: Benütze ich die Straßen eines Landes, so gebe ich zu erkennen und andere können von mir erwarten, daß ich mich an die geltenden Verkehrsregeln halten werde; trete ich ein Erbe an, so bekunde ich die Absicht, die damit verbundenen Rechte und Pflichten anzuerkennen; nehme ich an Wahlen teil, so erkenne ich das geltende Wahlrecht (z.B. die Mehrheitsregel) an. Und bleibe ich in einem Staat, obwohl ich auswandern könnte, so gebe ich meine implizite Zustimmung zur Verfassung dieses Staates und mein Versprechen, den verfassungsmäßigen Autoritäten zu gehorchen. Freilich gilt diese Zustimmung nicht uneingeschränkt und das Versprechen nicht unbegrenzt: Locke legt Wert auf die Feststellung, daß nur ein ausdrückliches Versprechen (etwa in Form eines feierlichen Treueeids) mich auf immer an den bestehenden Staat binden könnte.

Hume gibt — wie immer kurz und geistreich — zu verstehen, was er von Lockes impliziter Vertragstheorie hält. Von einem einfachen Handwerker oder Bauern anzunehmen, sein Verbleiben im Lande sei ein Zeichen stillschweigender Zustimmung zum bestehenden System, sei ungefähr so, als brächte man jemanden schlafend an Bord eines Schiffes, führe mit ihm auf die hohe See und deutete tags darauf die Tatsache, daß er nicht über Bord springt, als Zeichen dafür, daß er der Befehlsgewalt des Kapitän zustimmt.

Hume will sagen: Der Durchschnittsbürger hat keine Wahl. Weder hat er sich das Land ausgesucht, in dem er geboren wurde, noch hat er in der Regel eine konkrete Möglichkeit, es ohne allzu großes Risiko zu verlassen. Man kann daher nicht sagen, er habe ein Wahl getroffen, indem er bleibt.

Hume hat sicher recht: allein aus der Tatsache, daß einer nicht emigriert, kann man nicht auf seine politischen Überzeugungen schließen und erst recht keine Pflichten ableiten. Hier, wie bei der Interpretation des menschlichen Handelns überhaupt, kommt es *erstens* darauf an, ob für den einzelnen konkret erkennbare und zumutbare Alternativen bestehen; und *zweitens* auch darauf, wie eine Handlung oder das Unterlassen einer Handlung im sozialen Kontext gewöhnlich gedeutet werden. Nur wenn es z.B. in einer Gegend oder innerhalb einer Gruppe zu einer bestimmten Zeit starke Auswanderungstendenzen gab, kann man bei denen, die bleiben, ein relativ klares Bewußtsein und den Willen, bleiben zu wollen, voraussetzen. Allerdings muß man Hume entgegenhalten: das Emigrationsrecht hatte zu seiner Zeit ebenso wie heute durchaus praktische Bedeutung. Um bei seinem Bild zu bleiben: viele — auch einfache Handwerker und Bauern — sind, wenn sie nur konnten, über Bord gesprungen. Und wenn man von denen, die oft unter schwierigsten Bedingungen auswandern oder fliehen, sagen kann, sie gäben damit ihre oppositionelle Haltung klar zu erkennen, warum sollte man dann nicht von den anderen, die bleiben (obwohl ihnen das Gehen relativ leicht gemacht wird), sagen können, sie brächten dadurch ihre implizite Zustimmung zum Ausdruck?

Dieser Umkehrschluß ist allerdings nicht so plausibel, wie er zunächst erscheinen mag. Denn es kann verschiedene gute Gründe dafür geben, in einem Staat bleiben zu wollen, auch wenn man die Politik der Regierung oder sogar die geltende Verfassung insgesamt ablehnt. Erstens besteht die Möglichkeit, daß man gerade deshalb im Staat bleibt, um gegen die Regierung zu kämpfen oder die Verfassung zu verändern. Zweitens muß es nicht die politische Ordnung sein, die Menschen mit ihrer Heimat verbindet. Denn jeder Mensch ist nicht nur Bürger eines Staates, sondern auch Mitglied einer Familie, Freund unter Freunden, Teil eines Volkes und einer Kultur, verwurzelt mit einer Landschaft und ihrer Geschichte. Sokrates hat das freilich nicht so gesehen, für ihn bildet seine *Polis* eine Einheit, die Unterscheidung von Staat und Gesellschaft würde ihm nichts bedeuten. Aber für den neuzeitlichen Menschen kann es viele Gründe geben, an einem Ort zu bleiben, auch wenn ihm die Verfassung mißfällt.

Es bleibt daher bei Humes These: allein aus der Tatsache, daß ein Mensch nicht emigriert, kann man nicht auf eine implizite Zustimmung zum bestehenden politischen System schließen und erst recht nicht folgern, er habe versprochen, auch in Zukunft im Land zu bleiben. Aber damit sind die beiden anderen Grundgedanken einer Theorie des impliziten Gesellschaftsvertrags, die wir bereits aus dem *Kriton* kennen, nicht widerlegt: 1. Die Begriffe „konkludentes Handeln" und „signifikantes Schweigen" finden auch im politischen Bereich Anwendung. — 2. Wer durch sein Verhalten kontinuierlich Zustimmung und Kooperation signalisiert, gibt damit ein implizites Versprechen, sich auch in Zukunft an die geltenden Gesetze zu halten. Die Plausibilität dieser Grundgedanken hängt allerdings wesentlich davon ab, daß die Menschen in einer freiheitlichen Ordnung leben, in der ihr Handeln als Ausdruck ihres Willens — und nicht als Zeichen der Furcht oder des Zwangs — angesehen werden kann. Daher wird man bei einer systematischen Ausarbeitung der Idee des impliziten Gesellschaftsvertrags darauf zu achten haben, neben dem Emigrationsrecht noch andere Freiheitsrechte und Formen der legalen Opposition als Voraussetzungen in die Theorie aufzunehmen, um sagen zu können, daß Schweigen und Kooperation tatsächlich Zeichen der Zustimmung sind.

II. Zur Systematik des impliziten Gesellschaftsvertrags

Die Grundgedanken einer Theorie des impliziten Gesellschaftsvertrags können zusammenfassend so formuliert werden:

> Eine politische Ordnung ist legitim, wenn alle, die unter ihr leben, immer wieder die Gelegenheit haben, sich für oder gegen sie zu entscheiden, Zustimmung oder Kritik zum Ausdruck bringen, im Staat zu bleiben oder zu emigrieren (prinzipielle Legitimation als freiheitliche Ordnung). In einer solchen Ordnung kann man das Verhalten derer, die kooperieren und nicht emigrieren, als stillschweigende Zustimmung und Anerkennung der bestehenden Verhältnisse verstehen (de facto Legitimation durch Zustimmung) ja sogar als eine Art Versprechen, auch in Zukunft zu kooperieren und nicht dann, wenn Gesetze für sie unangenehme Folgen haben, den Gehorsam zu verweigern (Gehorsamspflicht als Selbstverpflichtung). Umgekehrt ist nach dieser Konzeption eine Ordnung in dem Maße nicht legitim, wie sie entweder die Möglichkeit der Kritik, der Opposition und der Emigration nicht zuläßt (prinzipieller Legitimationsverlust), oder die Bürger tatsächlich protestieren bzw. Widerstand leisten (de facto Legitimationsverlust).

Diese Formulierung macht deutlich: Die Theorie des impliziten Gesellschaftsvertrags ist eine normative politische Theorie zur Beurteilung der Legitimation der Herrschenden und der Gehorsamspflicht der Bürger. Wie alle Vertragstheorien macht sie die Rechte der Herrschenden und die Pflichten der Bürger davon abhängig, ob die Bürger bereit sind, einer bestimmten politischen Ordnung zuzustimmen und Gehorsam zu versprechen. Sie unterscheidet sich dadurch von anderen Vertragstheorien, daß sie eine bestimmte Form der Zustimmung als Kriterium ansetzt, nämlich die *immer wieder erneuerte, wenn auch nur stillschweigende Zustimmung der jeweils lebenden Bürger eines Staates.*

Wenn man das Kriterium der Zustimmung so formuliert, wird deutlich, daß es eigentlich zwei Gedanken enthält, die nicht unbedingt zusammengehören: Einmal den Gedanken der *tatsächlichen,* immer wieder erneuerten *Zustimmung der Lebenden* (im Gegensatz zur Zustimmung der Vorfahren und zur Zustimmung rein hypothetischer Subjekte, wie in den Theorien des historischen und des hypothetischen Gesellschaftsvertrags angenommen wird); zum anderen den Gedanken, daß diese Zustimmung gewöhnlich *stillschweigend* erfolgt, also durch signifikantes Schweigen und konkludentes Handeln, nicht durch eine ausdrückliche Meinungs- oder Willensäußerung. Daß diese beiden Gedanken nicht notwendig zusammengehören, geht daraus hervor, daß auch ein realer Gesellschaftsvertrag, der von jeder Generation von neuem ausgehandelt und ausdrücklich beschlossen würde, an sich durchaus denkbar wäre. Das könnte z.B. so aussehen, daß im Abstand von 30 Jahren alle 20-50 Jährigen aufgerufen wären, über eine Revision der bestehenden Verfassung zu beraten und zu beschließen und zuletzt einen Treueeid auf diese Verfassung zu leisten.

Eine solche regelmäßige Verfassungsrevision als Ausdruck des politischen Willens einer Generation, bildet ein interessantes Denkmodell, um die Idee einer auf Konsens begründeten Herrschaft zu konkretisieren und dadurch zu problematisieren. Wenn wir einmal von den praktischen Problemen absehen, die damit verbunden wären, tritt das grundsätzliche Problem des *Zwangs zum Konsens* in den Vordergrund: Jeder muß sich entscheiden, muß zur Verfassung Stellung nehmen; eine Mehrheit setzt sich durch, die Minderheit erscheint als verfassungsfeindlich; wer nicht bereit ist, einen Treueid auf die (revidierte) Verfassung zu leisten, muß entweder auswandern oder eine Minderung seiner Rechte in Kauf nehmen.

Man könnte dagegen zu erwägen geben: Bedeutet es für den durchschnittlichen Bürger nicht dennoch einen Zuwachs an Freiheit, wenn er das Grundgesetz seines Staates mitgestalten kann, statt es einfach vorzufinden; oder wenn er sich einer Mehrheitsentscheidung fügt, statt gar nicht mitentscheiden zu dürfen; oder wenn er selbst erkennt und entscheidet, daß er nicht zu einem Staatsverband gehören will, statt in einem Zustand der Passivität und Unentschlossenheit, ohne Loyalität zur geltenden Verfassung, in einem Staat zu leben?

Demgegenüber ist aber auch folgendes zu bedenken: Die Bürger in modernen Staaten sind in ihrer großen Mehrheit relativ unpolitische Privatmenschen. Zwar wissen sie die Rechte, die sie besitzen, durchaus zu schätzen und reagieren empfindlich, wenn sie um diese Rechte fürchten müssen. Aber sie haben weder das Wissen, noch die Zeit oder den Ehrgeiz, die komplizierten Fragen einer Verfassungsrevision selbst zu beurteilen. Für viele wäre es eine große Belastung, in solchen Fragen Entscheidungen mit weitreichenden persönlichen Konsequenzen treffen zu müssen.

Die Theorie des impliziten Gesellschaftsvertrags, wie sie oben formuliert wurde, umgeht wenigstens einen Teil dieser Schwierigkeiten. Denn ihr zufolge legitimiert sich eine freiheitliche Ordnung durch die immer wieder erneuerte, wenn auch nur *stillschweigende* Zustimmung der Bürger. D.h. die Bürger werden nicht aufgefordert, über die Revision der Verfassung zu beraten und zu beschließen und zuletzt einen Treueid zu leisten. Der Einzelne *muß* sich nicht für oder gegen die Verfassung entscheiden, er kann seine politische Meinung verschweigen. Zugleich geht die Theorie davon aus, daß die Bürger in einer freiheitlichen Ordnung öffentliche Kritik formulieren, oppositionelle Politik betreiben und eine Verfassungsrevision anstreben *können,* wenn sie nur wollen und das, wenn sie genug Grund dafür haben, in der Regel auch tun. Wer von diesen Möglichkeiten keinen Gebrauch macht, der mag im Inneren denken, was er will. Er muß aber damit rechnen, daß er in den Augen seiner Mitbürger als einer erscheint, der die bestehenden Verhältnisse zumindest recht erträglich findet, ihnen im großen und ganzen zustimmt.

Die Behauptung, jemand habe seine oppositionelle Haltung zum Ausdruck bringen können, habe es jedoch vorgezogen zu schweigen — diese Behauptung ist im konkreten Fall sicher schwer zu beweisen. Zurecht kann man darauf hinweisen, daß das verfassungsmäßige Recht auf Opposition für den Einzelnen keine reale Möglichkeit sein muß. Wenn etwa in einer Gesellschaft das ganze Erziehungssystem und das Berufsleben darauf angelegt sind, oppositionelles Verhalten zu entmutigen und Anpassung zu fördern, so genügt der Hinweis auf garantierte Grundrechte nicht, um zu beweisen, daß Opposition möglich gewesen wäre. Allerdings muß deshalb der Gedanke, daß Stillschweigen und Kooperation in einer freiheitlichen Ordnung Zustimmung signalisieren, nicht aufgegeben werden. Vielmehr folgt daraus, daß der Begriff einer freiheitlichen Ordnung so ausgeweitet werden muß, daß nicht nur die rechtlichen, sondern auch die sozialpsychologischen und ökonomischen Bedingungen für Kritik und Opposition zu seiner Definition gehören. Zu den Bedingungen einer freiheitlichen Ordnung in diesem Sinne würde (um nur ein kleines Beispiel zu nennen) die — an amerikanischen Schulen geförderte, an deutschen Schulen kaum bekannte — Erziehung zum öffentlichen Reden und kontroversen Debattieren gehören.

Die Theorie des impliziten Gesellschaftsvertrags, wie sie oben zusammenfassend formuliert wurde, läßt viele Fragen offen, z.B.: Was heißt eigentlich „Stillschweigen und Kooperation"? An welche Art von Handeln oder Nicht-Handeln ist dabei gedacht? Nehmen wir einen Fall vollkommener politischer Abstinenz, einschließlich des Boykotts von Wahlen. Warum sollten wir im Verhalten eines Menschen, der keine politische Meinung äußert, keiner Partei angehört, nicht zu Wahlen geht, ansonsten friedlich seiner privaten und beruflichen Wege geht, eine Form der Zustimmung zu den bestehenden Verhältnissen sehen? Wenn das ein Fall von „Schweigen und Kooperation" ist, könnte man dies nicht ebenso gut als eine Form des schweigenden Protests interpretieren? Oder wäre nicht ebenso denkbar, daß hier ein Feind des Systems still und heimlich seinen Marsch durch die Institutionen geht?

Ich möchte auf diese Fragen mit drei Bemerkungen antworten:

1. Unter Schweigen und Kooperation verstehe ich die von empirischen Demokratieforschern oft beschriebene Tatsache, daß die große Mehrheit der Bürger in modernen Demokratien wenig Sinn zumindest für die „großen Fragen" der Politik hat: nämlich geringes Interesse, wenig Information, kaum begründete Meinungen, seltene Partizipation (allenfalls die relativ unbekümmerte Teilnahme an Wahlen). Sofern es dafür strukturelle Gründe gibt — z.B. Armut, geringe Bildungschancen, Ausschluß bestimmter Gruppen vom Wahlrecht — sind die Bedingungen einer freiheitlichen Ordnung nicht erfüllt, die ja eine Voraussetzung unserer Theorie sind. Ohne Zweifel machen aber auch viele von denen, für die ein politisches Engagement im Prinzip möglich wäre, von dieser Möglichkeit kaum Gebrauch. Gewiß, man liest die Zeitung, spricht zuweilen über Politik, man wählt eine der etablierten Parteien, aber man macht keinen Versuch, irgendwie gestaltend in die Politik einzugreifen. Darin liegt auch ein Stück Freiheit: Man kann von seinen politischen Rechten mehr oder weniger Gebrauch machen. In Zeiten der Krise steigt das Interesse für Politik. Aber in friedlichen Zeiten haben viele etwas Besseres zu tun und erfreuen sich hier, wie auch sonst, der Vorteile einer arbeitsteiligen Gesellschaft — die Politik überlassen sie den Politikern.

2. Schweigen und Boykott sind nur dort sinnvolle Formen des Protests und der Opposition, wo die Möglichkeiten der Kritik und der effektiven Opposition stark eingeschränkt sind. Ihr Sinn und Zweck besteht ja gerade darin, gegen die Einschränkung und Verfolgung der Opposition zu protestieren, den falschen Schein demokratischer Wahlen zu kritisieren. In einer freiheitlichen Ordnung können wir deshalb davon ausgehen, daß Schweigen und politische Abstinenz in der Regel keine oppositionelle Haltung signalisieren sollen.

3. Die Theorie des impliziten Gesellschaftsvertrags ist eine normative und nicht eine empirische Handlungstheorie. Wie jede normative Theorie geht sie auch von empirischen Annahmen aus, aber sie versucht nicht zu erklären, warum Menschen de facto auf eine bestimmte Weise handeln. Sie versucht vielmehr zu begründen, wozu sie berechtigt sind und wozu nicht. Sie kann daher auch nicht dazu beitragen, zu entdecken, ob derjenige, der dort als unauffälliger Privatmann sein Leben führt, in Wirklichkeit ein Feind des Systems ist. Sie kann allenfalls begründen, warum er in einer freiheitlichen Ordnung kein Recht dazu hat, seine Identität und seine wahren Absichten vor seinen Mitbürgern zu verbergen bzw. warum diese ein Recht haben, ihn für das zu halten, als was er sich ausgibt und die Erfüllung entsprechender Pflichten von ihm zu verlangen.

Wir können also als eine Schlußfolgerung unserer Theorie festhalten: Wer in einer freiheitlichen Ordnung von den real bestehenden Möglichkeiten der öffentlichen Kritik, der legalen Opposition oder der Emigration keinen Gebrauch macht, sondern schweigt und kooperiert, der sollte sich darüber klar sein, daß sein Verhalten von seinen Mitbürgern interpretiert werden darf, als stimme er der bestehenden Ordnung zumindest im wesentlichen zu. Ferner dürfen seine Mitbürger und seine Regierung von ihm erwarten, daß er ein gesetzestreuer Bürger ist und bleibt und auch in Zukunft den Teil der Pflichten erfüllen wird, der nach den Regeln des Systems auf ihn zukommt. Dies ist die Antwort, die innerhalb einer Theorie des impliziten Gesellschaftsvertrags auf das Problem der schweigenden Mehrheit gegeben werden kann.

Ebenso ergibt sich aber aus der Theorie auch folgendes: Wer ein Unrecht erkannt hat, soll dagegen öffentlich protestieren und sich politisch engagieren, um es abzuschaffen; denn Schweigen erweckt den Anschein der Zustimmung und bedeutet Mitverantwortung. Findet er keine oder nur ganz wenige Mitstreiter, so muß er sich fragen, ob das Unrecht wirklich so wichtig, so groß, so allgemein ist, wie es ihm erscheint. Findet er viele Mitstreiter, so kann er den Gesellschaftsvertrag modifizieren, entweder direkt durch Änderung von Gesetzen oder — wenn das nicht gelingt — indirekt durch eine Schwächung der herrschenden Regierung. Denn wie Schweigen und Kooperation Herrschaftslegitimation begründen, so bedeuten weitreichende Proteste und eine radikalisierte Opposition faktischen Legitimationsverlust.

Hier ergibt sich ein Problem hinsichtlich der Gehorsamspflicht der protestierenden Bürger in der Opposition, die ihre Meinung nicht durchsetzen können. Wenn die Gehorsamspflicht, wie es unsere Theorie tut, als freiwillige Selbstverpflichtung verstanden wird, die die Bürger durch ihre Zustimmung eingehen (wobei Schweigen und Kooperation als Zeichen der Zustimmung gelten), dann wären folglich diejenigen, die lauthals protestieren und opponieren, ihrem Staat weniger oder keinen Gehorsam schuldig. Diese absurde Konsequenz ist natürlich vollkommen unakzeptabel. Was das Vertragsrecht im allgemeinen zu diesem Punkt sagt, muß erst recht im Staat Geltung haben: Wer sich auf ein Vertragsverhältnis einläßt, wer einem Gesellschaftsvertrag beitritt, stimmt zu, im Streitfall den im Vertrag dafür festgelegten Bestimmungen zu folgen. Wer in einen Verein eintritt, stimmt zu, der satzungsmäßigen Autorität zu gehorchen, auch wenn seine Anträge in der Jahresversammlung keine Mehrheit finden.

Das Problem für eine vertragstheoretische Auffassung des Staates besteht natürlich darin, daß die meisten dem Staat weder freiwillig, nachdem sie die „Satzung" zur Kenntnis genommen haben, beigetreten sind, noch daß sie es so leicht finden, ihn wieder zu verlassen. Man kann daher schwerlich sagen, sie hätten sich freiwillig auf ein Vertragsverhältnis eingelassen. Vergleicht man die Staatsbürgerschaft mit der Mitgliedschaft in anderen Verbänden, so kann man allerdings auch sehen, daß es bei der Frage der Freiwilligkeit gar nicht in erster Linie auf den *Eintritt* ankommt. In vielen Verbänden (z.B. Kirchen oder Religionsgemeinschaften) ist es üblich, daß die Kinder der Mitglieder schon kurz nach der Geburt aufnommen werden, sofern das von den Eltern gewünscht wird. Sie haben anfangs nicht alle Rechte der Mitglieder, aber sobald sie ein bestimmtes Alter erreicht haben, werden sie entweder durch eine feierliche Zeremonie als Vollmitglieder aufgenommen, oder man schließt aus der Tatsache, daß sie nicht austreten und selbst ihre Beiträge zahlen, daß sie Mitglieder bleiben wollen.

Um sagen zu können, jemand sei freiwillig Mitglied und habe deshalb auch die Pflichten der Mitglieder freiwillig akzeptiert, kommt es also entscheidend auf die Möglichkeit des *Austritts* oder der Kündigung des Vertrags an. Wer nicht austritt, obwohl er könnte, möchte offenbar Mitglied bleiben. Der Hinweis darauf, wie schmerzlich der Austritt sein kann, ist hier kein entscheidender Einwand. Wir halten einen erwachsenen Menschen für fähig, einen solchen schmerzlichen Schritt zu tun und halten ihn dafür verantwortlich, wenn er ihn nicht tut. Wenn er z.B. zu einer Religionsgemeinschaft gehört, so nehmen wir an, daß er sich mit den wesentlichen Zielen und Überzeugungen dieser Gemeinschaft identifiziert und ihre Autoritäten achtet. Wenn er sagt: „Zwar teile ich ihre Überzeugungen nicht mehr, stimme mit ihren Zielen nicht mehr überein, ihre Autoritäten sind mir längst gleichgültig, aber ich konnte mich bisher nicht entschließen auszutreten" — so halten wir das für relativ charakterlos und inkonsequent, ja wir werden ihn darauf hinweisen, daß er einen Teil der Verantwortung trägt für das, was die Gemeinschaft tut.

All das scheint im Prinzip auch auf die Staatsbürgerschaft zuzutreffen. Wir werden als Bürger eines Staates geboren, später können wir uns entscheiden, ob wir bleiben oder gehen wollen. Eine solche Entscheidung ist schwierig und von objektiven Voraussetzungen abhängig (z.B. daß andere Staaten uns einwandern lassen), aber sie ist millionenfach getroffen worden. Deshalb können wir wohl sagen: Wer im Staat bleibt, obwohl er auswandern könnte, möchte offenbar Staatsbürger bleiben. Oder ist dieser Schluß voreilig?

Für eine vertragstheoretische Auffassung des Staates ist die Möglichkeit der Kündigung von zentraler Bedeutung. Darunter ist natürlich in erster Linie das Recht auf Emigration zu verstehen. Ein Staat, der die Auswanderung stark einschränkt oder verbietet, kann sicher nicht behaupten, vom Konsens freier und gleicher Rechtssubjekte getragen zu sein. Aber oben war im Anschluß an Hume davon die Rede, daß es verschiedene gute Gründe geben kann, im Territorium eines Staates bleiben zu wollen — Gründe, die mit dem Staat, wie er durch die Verfassung definiert ist, wenig zu tun haben können. Das Verbleiben im Staat muß daher nicht Zustimmung zum politischen System bedeuten. Es ist deshalb naheliegend, nach anderen Formen der Kündigung zu suchen, um den Charakter der Freiwilligkeit des Lebens im Staate noch klarer hervorzuheben.

Kein Staat kann dulden, daß Menschen, die auf seinem Territorium leben, seine Autorität miß-achten oder sich selbst von der allgemeinen Friedenspflicht ausnehmen. Aber der Staat kann Einzelnen bzw. Gruppen erlauben, ein Eigenleben zu führen, in dem sie ihre besonderen Über-zeugungen auf friedliche Weise verwirklichen können. Dabei müßte er nur in der Tradition libe-raler Grundrechte weiter fortfahren. Ebenso wie freiheitliche Staaten das Recht auf Wehrdienst-verweigerung schützen und religiöse Minderheiten tolerieren, ja religiöse Gemeinschaften von der Steuerpflicht befreien, so könnten sie auch andere — im Vergleich zur Mehrheit alternative — Gruppen , z.B. ökologisch motivierte Selbsthilfegruppen, schützen und steuerlich begünstigen. Man könnte noch weiter gehen und überlegen, ob Bürger nicht auf bestimmte Rechte verzich-ten, sich damit aber auch von bestimmten Pflichten gegenüber ihren Regierungen befreien kön-nen sollten. Z.B. könnten Selbsthilfegruppen mit ihren Regierungen bzw. deren Verwaltungen vereinbaren, daß sie auf einige soziale Leistungen des Staates verzichten und dafür entsprechen-de Steuern und Abgaben nicht zu zahlen hätten. Eine andere Möglichkeit wäre, daß Bürger für den Status eines „Halbbürgers" optieren könnten. Im Vergleich zum „Vollbürger" besäße der „Halbbürger" weniger Rechte (z.B. kein aktives oder passives Wahlrecht), aber auch weniger Pflichten (z.B. keine Wehrpflicht).

Wer von diesen Möglichkeiten der partiellen Kündigung oder der „inneren Emigration" keinen Gebrauch macht, gäbe damit einmal mehr kund, daß er den Grundsätzen der bestehenden poli-tischen Ordnung zustimmt. Wer von ihnen Gebrauch macht, dokumentiert auf seine Weise die Freiheitlichkeit eines Systems, das Minderheiten nicht einfach unter die Mehrheit zwingt. Ein solches System könnte in der Tat als ein wirklicher Gesellschaftsvertrag bezeichnet werden.

Anmerkungen

1) Einen Überblick über die verschiedenen vertragstheoretischen Ansätze und einige weitere Gedanken zur Theorie des impliziten Gesellschaftsvertrags enthält mein Artikel „Vertragstheoretische Ansätze in der poli-tischen Philosophie", in: Zeitschrift für Politik Jg. 30 (1983), 1, S. 1-17. — Zur Theorie des impliziten Ge-sellschaftsvertrags vgl. auch Th. Cornides: „Die Denkmöglichkeit einer 'realistischen' Theorie von Gesell-schaftsvertrag (contract social)", in: Reformen des Rechts, Festschrift zur 200-Jahr-Feier der Rechts-wissenschaft. Fakultät der Universität Graz, Graz 1979, S. 625-641.

'ORIGINAL POSITION' UND REFLEKTIVES GLEICHGEWICHT

Johannes Schmidt

I. Einführung

1. In seiner Theorie der Gerechtigkeit stellt John Rawls eine hypothetische Entscheidungssituation an den Anfang seiner Überlegungen. Mit dieser *original position,* der zentralen Konstruktion der gesamten Theorie, sind zwei grundlegende Probleme verbunden, die nach dem Erscheinen der *theory of justice* in zahllosen Beiträgen immer wieder diskutiert worden sind: Das erste Problem ist methodologischer Natur und bezieht sich auf die Frage, ob die *original position* als adäquater Ausgangspunkt für die Rechtfertigung moralischer Prinzipien anzusehen ist. Das zweite Problem ist logischer Natur und kommt in der Frage zum Ausdruck, ob die Bedingungen der *original position* eindeutig bestimmte Prinzipien der Gerechtigkeit erzeugen.

Die beiden genannten Probleme sind nun in der Literatur zwar sehr ausgiebig, zumeist aber unabhängig voneinander untersucht worden. Auf diesem Wege einer isolierten Analyse der logischen und methodologischen Probleme wurde zweifellos eine Vielzahl wichtiger Ergebnisse gewonnen. Andererseits geriet dabei aber Rawls' methodisches Ziel, im Zuge des zur endgültigen Beschreibung der *original position* führenden Reflexionsprozesses beide Probleme gleichzeitig zu lösen, etwas in Vergessenheit. Will man sich über Rawls' Verknüpfung der beiden Problemlösungen und die mit ihr verbundenen Schwierigkeiten Klarheit verschaffen, empfiehlt es sich, das Verhältnis zwischen *original position* und Rawls' methodologischer Konzeption des reflektiven Gleichgewichts zu untersuchen. Das soll im folgenden geschehen.

Zu Beginn wird Rawls' methodologische Konzeption des reflektiven Gleichgewichts vorgestellt (II). Auf dieser Grundlage werden die konzeptionelle Beziehung zwischen *original position* und reflektivem Gleichgewicht geklärt sowie die Schwierigkeiten erörtert, die sich daraus für die Interpretation der *original position* ergeben (III). Anschließend wird gezeigt, daß sich diese Schwierigkeiten verschärfen, wenn man das mit der *original position* formulierte Entscheidungsproblem und Rawls' Argumentation zur Lösung dieses Problems in die Analyse einbezieht. In diesem Zusammenhang wird insbesondere die praktische Relevanz der methodologischen Idee des reflektiven Gleichgewichts für Rawls' Argumentation diskutiert (IV). Eine Zusammenfassung der wichtigsten Ergebnisse schließt den Beitrag ab (V).

II. Reflektives Gleichgewicht

2. Rawls geht bei der Formulierung seiner methodologischen Konzeption von der Annahme aus, daß jeder Mensch unter normalen Umständen über moralische Fähigkeiten (*moral capacities*) verfügt, die in der ethischen Bewertung von Sachverhalten, in der Begründung dieser Bewertung

und im Verlangen zum Ausdruck kommen, einem moralischen Urteil entsprechend zu handeln. Die Moralphilosophie wird dann zunächst ganz einfach als Versuch definiert, diese moralischen Fähigkeiten zu beschreiben.[1] Das methodologische Problem der Rechtfertigung moralischer Prinzipien besteht nun darin, daß sie nicht unmittelbar an unseren moralischen Alltagsurteilen ansetzen kann, weil diese die moralischen Fähigkeiten jedes Individuums nur in verzerrter Weise widerspiegeln. Um einer Lösung des Rechtfertigungsproblems näher zu kommen, geht es daher zunächst einmal darum, aus der Menge unserer moralischen Alltagsurteile diejenigen Urteile herauszufiltern, die unsere moralischen Fähigkeiten noch am ehesten unverzerrt zum Ausdruck bringen. Zu diesen „wohlüberlegten Urteilen" (*considered judgments*) gelangt man dadurch, daß man aus der Menge der moralischen Alltagsbewertungen eines Zeitgenossen alle Urteile ausschließt, die er nur zögernd oder in Aufregung fällt, in die er nur geringes Vertrauen hat etc., sowie alle Urteile über Sachverhalte, die die Interessen des betreffenden Individuums berühren.

Da die Menge der wohlüberlegten Urteile die verläßlichste Information über unsere moralischen Fähigkeiten enthält, muß die Rechtfertigung ethischer Prinzipien nach Rawls' Überzeugung an den *considered judgments* ansetzen. Sie sind im Rahmen der von ihm entwickelten methodologischen Konzeption zumindest vorläufig als Fixpunkte der Analyse (*provisional fixed points*) zu betrachten. Allerdings gibt es keine Gewähr dafür, daß nicht auch unsere wohlüberlegten Urteile vielfältigen Unregelmäßigkeiten bzw. Verzerrungen unterliegen. Deshalb kann die Lösung des methodologischen Problems nicht einfach darin bestehen, unsere wohlüberlegten Urteile zu beschreiben. Es ist vielmehr ein Verfahren zu entwickeln, das eine kritische Überprüfung der *considered judgments* gewährleistet und ihre grundsätzliche Revidierbarkeit berücksichtigt. Das von Rawls vorgeschlagene Verfahren ist ein systematisch konzipierter Reflexionsprozeß, dem sich grundsätzlich jedes Individuum unterziehen kann. Den Endpunkt dieses Reflexionsprozesses bezeichnet Rawls als „reflektives Gleichgewicht". Die von einem Individuum im reflektiven Gleichgewicht vertretenen wohlüberlegten Urteile zeichnen sich dadurch aus, daß sie entweder der kritischen Überprüfung standgehalten haben oder aber im Verlauf des Reflexionsprozesses korrigiert worden sind. Das reflektive Gleichgewicht ist daher als ein Zustand zu verstehen, in dem sich die Verläßlichkeit der *considered judgments* als Indikatoren unserer moralischen Fähigkeiten nicht weiter steigern läßt. Der Moralphilosophie wird daher von Rawls die Aufgabe zugewiesen, unsere wohlüberlegten Urteile im reflektiven Gleichgewicht abzubilden.

Der spezifische Charakter der Rawls'schen Methodologie hängt nun offenkundig davon ab, wie er den Reflexionsprozeß konzipiert, dem die wohlüberlegten Urteile unterworfen werden sollen. Die Beantwortung der Frage, was man sich unter einem „reflektiven Gleichgewicht" vorzustellen hat, erfordert präzise Aussagen über Art und Umfang des anvisierten Reflexionsprozesses. Dabei ist zu beachten, daß unterschiedliche Beschreibungen dieses Prozesses alternative Interpretationen des reflektiven Gleichgewichts (und damit: des Rawls'schen Rechtfertigungsansatzes!) nach sich ziehen.

3. Eine relativ einfache Lösung des methodologischen Problems bestünde darin, die wohlüberlegten Urteile eines Individuums mit alternativen Mengen moralischer Prinzipien zu konfrontieren und diejenige Menge moralischer Grundsätze für gerechtfertigt zu erklären, die am besten
geeignet erscheint, die *considered judgments* des Individuums in einen geschlossenen, wider-
spruchsfreien Zusammenhang zu bringen. Folgt man dieser Position einer „reinen Kohärenztheorie", so geht es bei der Rechtfertigung moralischer Prinzipien lediglich um das Aufspüren
einer allgemeinen, systematischen Grundlage unserer wohlüberlegten Urteile.[2]

Dennoch kann bereits das Ergebnis reiner Kohärenzüberlegungen, nämlich die Übereinstimmung
zwischen allgemeinen Prinzipien und wohlüberlegten Einzelurteilen, als reflektives Gleichgewicht interpretiert werden. Die Menge der von einem Individuum vertretenen *considered judgments* wird nämlich in aller Regel nicht frei von Inkonsistenzen sein, also Urteile enthalten, die
auf sich widersprechenden allgemeinen Grundsätzen beruhen. Im Zuge der systematischen Fundierung unserer *considered judgments* wird es daher unumgänglich sein, eine Reihe von Einzelurteilen im Lichte konfligierender Prinzipien zu überdenken und den Widerspruch dadurch zu
eliminieren, daß bestimmte Urteile zugunsten ihnen entgegenstehender Prinzipien aufgegeben
werden (vgl. dazu Rawls, 1951, S. 188 f.).

Schon das bloße Bemühen um die Konsistenz unserer *considered judgments* impliziert also einen
Reflexionsprozeß, in dessen Verlauf zumindest einige unserer wohlüberlegten Urteile revidiert
werden. Nach dem reinen Kohärenzmodell ist allerdings eine kritische Prüfung der *considered
judgments* nur insoweit erforderlich, als Konfliktfälle der genannten Art auftauchen, und die
Korrektur einzelner Urteile dient lediglich der Ausschaltung von Widersprüchen. Eine grundsätzliche, von ihrer bloßen Vereinbarkeit mit einem festen Satz allgemeiner Prinzipien unabhängige, Überprüfung der wohlüberlegten Urteile findet dagegen nicht statt. Das auf dem Wege
reiner Kohärenzüberlegungen gewonnene reflektive Gleichgewicht ist daher nur in einem be-
scheidenen Sinne als „reflektiv" zu bezeichnen.[3]

4. Nun ist es überaus wichtig festzuhalten, daß die von Rawls in der *theory of justice* formulierte methodologische Konzeption keineswegs dem reinen Kohärenzmodell entspricht.[4] Der
von Rawls zur kritischen Prüfung der wohlüberlegten Urteile konzipierte Reflexionsprozeß geht
weit über das bei Anwendung der reinen Kohärenztheorie praktizierte Verfahren hinaus (vgl.
dazu Rawls, 1972, S. 48 - 50 und Rawls, 1974/75, S. 7 f.). Um zu gerechtfertigten moralischen
Prinzipien zu gelangen, muß jedes Individuum seine wohlüberlegten Urteile nicht nur mit alternativen moralischen Konzeptionen (Mengen moralischer Prinzipien) konfrontieren, sondern
darüber hinaus die relevanten philosophischen Argumente berücksichtigen, die sich zugunsten
jeder dieser Konzeptionen anführen lassen. Der von Rawls ins Auge gefaßte Reflexionsprozeß
kann durchaus Elemente reiner Kohärenzüberlegungen aufweisen. So wird wohl jedes Individuum versuchen, sich zunächst einmal über die seinen wohlüberlegten Urteilen zugrundeliegende
moralische Konzeption und die sie stützenden Argumente Klarheit zu verschaffen. Während
jedoch das methodologische Ziel der reinen Kohärenztheorie mit dieser Überlegung bereits
erreicht ist, bildet die individuelle Klärung der „eigenen" moralischen Konzeption lediglich
den Startpunkt des von Rawls vorgeschlagenen Reflexionsprozesses.

In einem zweiten Schritt nämlich müßte das betrachtete Individuum auch alternative Moralkonzeptionen und die zu ihren Gunsten vorgebrachten philosophischen Argumente einer ernsthaften Prüfung unterziehen. Das zentrale Problem des von Rawls konzipierten Reflexionsprozesses besteht dann in einer kritischen Abwägung zwischen den (zu Beginn des Prozesses vertretenen) wohlüberlegten Urteilen, allen in Erwägung gezogenen moralischen Konzeptionen und den sie stützenden philosophischen Argumenten. Es ist durchaus möglich, daß das Individuum auch nach Durchlaufen dieses Prozesses an den zu Beginn vertretenen moralischen Prinzipien festhält. Dazu könnten es etwa ein intensives Vertrauen in seine wohlüberlegten Urteile oder die Sicherheit bewogen haben, über die „besseren" Argumente zu verfügen. Ebensogut aber mag sich das Individuum durch die Anerkennung der Überlegenheit alternativer Argumente veranlaßt sehen, seine wohlüberlegten Urteile zu revidieren und die zunächst vertretenen moralischen Prinzipien zu modifizieren bzw. aufzugeben.

Folgt man Rawls' methodologischer Konzeption, so ist das Problem der Rechtfertigung moralischer Prinzipien gelöst, wenn das Individuum im Zuge des komplexen Abwägungsprozesses ein reflektives Gleichgewicht erreicht. Dieser Zustand ist gekennzeichnet durch die Übereinstimmung zwischen einer Menge philosophischer Argumente, einer Menge moralischer Prinzipien und einer Menge wohlüberlegter Urteile (zu einer alternativen Formulierung vgl. Daniels, 1979, S. 258). Als gerechtfertigt gilt dann die moralische Konzeption, die das Individuum im reflektiven Gleichgewicht vertritt. Sie enthält eine Reihe allgemeiner Prinzipien, die zum einen den vom Individuum nach Abwägung aller Alternativen letztlich akzeptierten philosophischen Argumenten entsprechen und zum anderen die im Verlauf des Reflexionsprozesses überdachten (und eventuell korrigierten) *considered judgments* auf einen gemeinsamen Nenner bringen. Da Rawls' methodologische Konzeption des reflektiven Gleichgewichts offensichtlich auf die Herstellung eines konsistenten Systems aus philosophischen Argumenten, moralischen Prinzipien und wohlüberlegten Urteilen abzielt, kann man auch in diesem Fall von einer Kohärenztheorie sprechen (vgl. dazu Rawls, 1972, S. 21 und S. 579 sowie Rawls, 1974/75, S. 8), wenn man gleichzeitig ihre grundsätzliche Verschiedenheit vom reinen Kohärenzmodell im Auge behält.

Nun ist mit Rawls' Rechtfertigungsansatz im Vergleich zum reinen Kohärenzmodell offensichtlich nicht viel gewonnen, wenn sich ein Individuum nur mit moralischen Konzeptionen (und den entsprechenden Argumenten) auseinandersetzt, die seine vorgefaßten wohlüberlegten Urteile im wesentlichen bestätigen (vgl. Rawls, 1972, S. 49), bzw. wenn die vom Individuum im reflektiven Gleichgewicht akzeptierten Argumente von der Übereinstimmung einer moralischen Konzeption mit seinen vorgefaßten *considered judgments* nicht unabhängig sind (vgl. Daniels, 1979, S. 259). In beiden Fällen wird kein ernsthafter Versuch unternommen, die wohlüberlegten Urteile infrage zu stellen. Das resultierende reflektive Gleichgewicht ähnelt dem des reinen Kohärenzmodells und wird von Rawls als *narrow reflective equilibrium* klassifiziert (vgl. Rawls, 1974/75, S. 8). Eine umfassende Überprüfung der wohlüberlegten Urteile findet dagegen nur statt, wenn sich das Individuum mit einer möglichst großen Vielfalt konkurrierender Moralkonzeptionen (und den zugehörigen Argumenten) beschäftigt,[5] und wenn darüber hinaus die im reflektiven Gleichgewicht akzeptierten Argumente von der Übereinstimmung der favorisierten

Prinzipien mit den vorgefaßten *considered judgments* grundsätzlich unabhängig sind. Nur unter diesen beiden Voraussetzungen wird der Typus des reflektiven Gleichgewichts realisiert, für den Rawls in seinen methodologischen Äußerungen plädiert. Er bezeichnet ihn als *wide reflective equilibrium* (vgl. Rawls, 1974/75, S. 8).

Der Unterschied zwischen Rawls' methodologischer Konzeption und dem reinen Kohärenzmodell liegt offenkundig darin, daß Rawls die wohlüberlegten Urteile durch die Forderung der zusätzlichen Berücksichtigung philosophischer Argumente grundsätzlich zur Disposition stellt. Da den philosophischen Argumenten demnach in Rawls' Rechtfertigungsansatz eine zentrale Bedeutung zukommt, muß man die Frage stellen, von welcher Art diese Argumente sind und wie ihre Unabhängigkeit gewährleistet werden kann. Zur Beantwortung dieser Frage empfiehlt es sich, Rawls' Kennzeichnung der *considered judgments* etwas genauer unter die Lupe zu nehmen. Er unterscheidet nämlich verschiedene Arten wohlüberlegter Urteile, die nach dem Grad ihrer Allgemeinheit abgestuft werden (vgl. dazu Rawls, 1974/75, S. 8). Demnach enthalten unsere *considered judgments* grundsätzlich zwei verschiedene Sorten moralischer Urteile:

(1) Urteile, in denen spezifische Handlungen, Situationen bzw. Institutionen (etwa als „gut" oder „gerecht") bewertet werden. Es handelt sich dabei also um „materiale" Einzelurteile. Dieser Typus moralischer Urteile war bisher immer gemeint, wenn von „wohlüberlegten Urteilen" die Rede war, und diese Diktion soll auch im folgenden beibehalten werden.

(2) Urteile, die in abstrakter Weise die erwünschten Eigenschaften (etwa: Verallgemeinerbarkeit) moralischer Prinzipien zum Ausdruck bringen. Diese moralischen Urteile werden im folgenden als „formale Bedingungen" bezeichnet.

Rawls löst nun das Problem der Rechtfertigung moralischer Grundsätze dadurch, daß er den beiden Typen moralischer Urteile grundsätzlich das gleiche Gewicht, aber unterschiedliche Funktionen zumißt. Die Akzeptierbarkeit moralischer Prinzipien hängt demnach ab von ihrer Übereinstimmung mit

(1) unseren materialen, aufgeklärten Alltagsurteilen, also den *considered judgments* im engeren Sinne. Diese materialen Einzelurteile lassen sich als konkrete „moralische Daten" interpretieren, an denen sich die Rechtfertigung allgemeiner Prinzipien zu orientieren hat.

(2) unseren Überzeugungen in bezug auf die allgemeinen Eigenschaften moralischer Grundsätze. Diese „formalen Bedingungen" sind als wesentlicher Bestandteil der argumentativen Stützung moralischer Prinzipien zu interpretieren und spielen daher bei der Lösung des Rechtfertigungsproblems eine ebenso gewichtige Rolle wie die materialen Einzelurteile.

Will nun ein Individuum zu gerechtfertigten Moralprinzipien gelangen, muß es versuchen, auf der Grundlage eines Reflexionsprozesses ein kohärentes System von formalen Bedingungen, allgemeinen Grundsätzen und materialen *considered judgments* zu formulieren (vgl. Rawls, 1974/75, S. 8). Das zu erreichende reflektive Gleichgewicht zeichnet sich also dadurch aus, daß die vom Individuum favorisierte moralische Konzeption durch einen festen Satz letztlich akzeptierter formaler Bedingungen gestützt wird und die am Ende des Reflexionsprozesses vertretenen (materialen) wohlüberlegten Urteile auf einen gemeinsamen, allgemeinen Nenner bringt.

In Rawls' methodologischer Konzeption fällt den formalen Bedingungen offenbar die entscheidende Aufgabe zu, die grundsätzliche Revidierbarkeit der wohlüberlegten Urteile zu gewährleisten. Mit der Berücksichtigung der formalen Bedingungen gehen in die Rechtfertigung moralischer Prinzipien nämlich Argumente ein, die zwar nicht ethisch neutral, von der Übereinstimmung einer moralischen Konzeption mit materialen Einzelurteilen aber grundsätzlich unabhängig sind (vgl. dazu Daniels, 1979, S. 259 f.).

Ebenso wie die vorgefaßten wohlüberlegten Urteile müssen aber auch die vom Individuum zu Beginn des Reflexionsprozesses als wünschenswert erachteten Eigenschaften moralischer Prinzipien einer kritischen Prüfung unterzogen werden. Auch dafür sorgt indes der Rawls'sche Reflexionsprozeß, da er vom Individuum verlangt, die zunächst akzeptierten formalen Bedingungen gegen die eigenen (materialen) *considered judgments* und alternative formale Anforderungen an moralische Grundsätze abzuwägen. Rawls' methodologische Konzeption gewährleistet somit die grundsätzliche Revidierbarkeit sowohl der materialen Einzelurteile als auch der formalen Bedingungen (vgl. Rawls, 1974/75, S. 8).

Obwohl nun die Einbeziehung der formalen Bedingungen in den Reflexionsprozeß die grundsätzliche Möglichkeit einer unabhängigen Korrektur der wohlüberlegten Urteile gewährleistet, wäre das resultierende reflektive Gleichgewicht immer noch als *narrow reflective equilibrium* einzustufen, wenn sich das Individuum darauf beschränkte, die von ihm zunächst akzeptierten formalen Bedingungen mit seinen vorgefaßten (materialen) *considered judgments* zu konfrontieren. In diesem Falle würde sich das Individuum nämlich ausschließlich mit seinen eigenen moralischen Standards auseinandersetzen, und die Revision der formalen Bedingungen bzw. einzelner materialer Urteile wäre im wesentlichen das Ergebnis seines Bemühens um Widerspruchsfreiheit. Ein *wide reflective equilibrium* wird dagegen erst realisiert, wenn das Individuum seine eigenen moralischen Standards dadurch fundamental infragestellt, daß es die von ihm im *narrow reflective equilibrium* bevorzugten allgemeinen Prinzipien mit alternativen moralischen Konzeptionen konfrontiert und die ihnen zugrundeliegenden Argumente (und das heißt hier eben: die zu ihren Gunsten formulierbaren formalen Bedingungen!) einer ernsthaften Prüfung unterzieht. Nur auf diesem Wege ist eine umfassende Korrektur der (formalen wie materialen) wohlüberlegten Urteile möglich.

III. 'Original Position' und reflektives Gleichgewicht

5. Geht man davon aus, daß sich eine große Gruppe von Individuen dem beschriebenen Reflexionsprozeß unterzieht, so werden sich die in den reflektiven Gleichgewichten vertretenen, also individuell als gerechtfertigt erachteten, Moralkonzeptionen vermutlich erheblich unterscheiden (vgl. Rawls, 1974/75, S. 9). An einem solchen Ergebnis kann Rawls aber nicht gelegen

sein, wenn es um die Rechtfertigung von Gerechtigkeitsprinzipien geht. Das Hauptanliegen der *theory of justice* besteht ja gerade darin, eine bestimmte Konzeption der sozialen Gerechtigkeit für alle (oder doch zumindest: möglichst viele) Individuen der Gesellschaft zu rechtfertigen. Um dieses spezielle Problem zu lösen, kommt Rawls nicht umhin, seine allgemeine methodologische Konzeption in gewisser Weise zu standardisieren. Zur Vereinfachung des Rechtfertigungsverfahrens führt er nämlich die Idee einer hypothetischen Entscheidungssituation (*initial choice situation*) ein, die aufgrund ihrer spezifischen Bedingungen als geeignet erscheint, zur Wahl von Gerechtigkeitsprinzipien zu führen. Die *original position* ist nur eine von zahllosen denkbaren Beschreibungen dieser Entscheidungssituation, allerdings diejenige, von der behauptet wird, sie verkörpere *"the most philosophically favored interpretation of this initial choice situation for the purposes of a theory of justice"* (Rawls, 1972, S. 18).

Nun ist die *original position* als spezifische Beschreibung der Ausgangssituation offenkundig selbst rechtfertigungsbedürftig. Zur Lösung dieses Problems greift Rawls auf die allgemeine Konzeption des reflektiven Gleichgewichts zurück. Die Konstruktion der *original position* dient nämlich dem Ziel, für alle (bzw. möglichst viele) Individuen der Gesellschaft ein identisches reflektives Gleichgewicht zu erzeugen. Folgt man Rawls' allgemeiner methodologischer Konzeption, so bemißt sich die Akzeptierbarkeit von Gerechtigkeitsprinzipien an ihrer Übereinstimmung mit

(1) unseren wohlüberlegten, materialen Gerechtigkeitsurteilen (*considered judgments of justice*)

(2) unseren Überzeugungen in bezug auf die formalen Eigenschaften, denen Prinzipien der Gerechtigkeit genügen sollten (*reasonable conditions*).

Da diese beiden Typen wohlüberlegter Urteile in das von Rawls konzipierte Rechtfertigungsverfahren eingehen, müssen sie auch bei der Konstruktion der *original position* eine bedeutende Rolle spielen (vgl. dazu und zum folgenden Rawls, 1972, § 4). Um nun zu einer allgemein (oder doch wenigstens weithin) akzeptierten Beschreibung der *original position* zu kommen, faßt Rawls eine Gruppe von Individuen (im Idealfall: alle Mitglieder der Gesellschaft) ins Auge, von denen er annimmt, daß sie

(1) eine homogene Menge (materialer) wohlüberlegter Gerechtigkeitsurteile vertreten,

(2) einen identischen Satz formaler Bedingungen akzeptieren. Diese *reasonable conditions* sind im vorliegenden Zusammenhang als Bedingungen zu interpretieren, die sich auf das Verfahren zur Wahl von Gerechtigkeitsprinzipien beziehen.

Nur unter diesen Annahmen kann Rawls den zur endgültigen Beschreibung der Entscheidungssituation führenden Reflexionsprozeß stellvertretend aus der Sicht eines einzigen Individuums betrachten. Die für die Konstruktion der *original position* vorgeschlagene Methode läßt sich dann in folgender Weise beschreiben: Die *initial choice situation* wird zunächst durch eine Reihe allgemein akzeptierter formaler Bedingungen gekennzeichnet. Erzeugen diese Prämissen eine eindeutig bestimmte Konzeption der Gerechtigkeit, so ist diese mit der Menge der materialen Gerechtigkeitsurteile zu konfrontieren.

Bei diesem Vergleich wird sich in aller Regel herausstellen, daß die hergeleiteten Prinzipien mit den *considered judgments of justice* nicht übereinstimmen. In diesem Fall steht das betrachtete (repräsentative) Individuum vor dem Problem, die von ihm akzeptierten formalen Bedingungen sowie seine wohlüberlegten Gerechtigkeitsurteile zu überdenken und entsprechend der erfolgten Abwägung entweder die eingangs formulierten Prämissen oder aber seine materialen Gerechtigkeitsurteile zu modifizieren. Damit beginnt ein komplizierter Prozeß der wechselseitigen Anpassung der formalen Bedingungen (zugunsten der Herleitung von mit den *considered judgments of justice* übereinstimmenden Prinzipien) und der wohlüberlegten Gerechtigkeitsurteile (an die auf der Basis akzeptierter Verfahrensregeln hergeleiteten Grundsätze), der erst zum Stillstand kommt, wenn das Individuum ein reflektives Gleichgewicht erreicht hat. Dieser Zustand ist durch die Kohärenz von Verfahrensregeln, Gerechtigkeitsprinzipien und wohlüberlegten Gerechtigkeitsurteilen gekennzeichnet.

Gelingt es nun, in der skizzierten Weise für alle Individuen der betrachteten Gruppe (bzw. der Gesellschaft) ein identisches reflektives Gleichgewicht zu erzeugen, so sind alle wesentlichen immanenten Probleme der Rawls'schen Theorie gelöst:

(1) Wenn sich die individuellen reflektiven Gleichgewichte nicht unterscheiden, existiert eine allgemein akzeptierte Beschreibung der *initial choice situation*. Die Bedingungen der *original position* sind dann nämlich durch die Menge der von allen Individuen im reflektiven Gleichgewicht favorisierten Verfahrensregeln gegeben.

(2) Mit der Konstruktion der *original position* wird offenbar das spezielle Problem der Rechtfertigung von Gerechtigkeitsprinzipien in einer Weise gelöst, die Rawls' allgemeiner methodologischer Konzeption vollkommen entspricht. Die Methode, nach der die endgültige Beschreibung der hypothetischen Entscheidungssituation gewonnen werden soll, gibt nämlich den formalen Bedingungen und materialen Gerechtigkeitsurteilen das gleiche Gewicht und gewährleistet daher die grundsätzliche Möglichkeit einer unabhängigen Korrektur der *considered judgments of justice*[6] ebenso wie die prinzipielle Revidierbarkeit der akzeptierten Verfahrensregeln. Sie läßt sich darüber hinaus ohne weiteres als Reflexionsprozeß interpretieren, in dessen Verlauf eine Abwägung zwischen wohlüberlegten Gerechtigkeitsurteilen, alternativen Konzeptionen der Gerechtigkeit und den zu ihren Gunsten vorgebrachten Argumenten stattfindet (vgl. dazu Rawls, 1972, S. 49 f.). Geht man nämlich mit Rawls davon aus, daß für jede traditionelle Gerechtigkeitskonzeption eine sie favorisierende Beschreibung der *initial choice situation* existiert, so lassen sich die im Reflexionsprozeß zu berücksichtigenden philosophischen Argumente offenbar auf unterschiedliche Formulierungen der Verfahrensregeln zurückführen (vgl. dazu Rawls, 1972, S. 121 f.). Da nun neben den von Rawls

formulierten Gerechtigkeitsprinzipien alle wesentlichen, in der Tradition der Moralphilosophie vertretenen Konzeptionen der Gerechtigkeit (zusammen mit den relevanten Argumenten) in den Abwägungsprozeß eingehen sollen (vgl. Rawls, 1972, S. 49), dient die Konstruktion der *original position* offenkundig dem Ziel, ein *wide reflective equilibrium* zu erzeugen.
Dieses ist insofern spezifischer Natur, als es die letztlich akzeptierten formalen Bedingungen
in der Beschreibung einer hypothetischen Entscheidungssituation zusammenfaßt und sich
auf die Lösung des Problems der sozialen Gerechtigkeit beschränkt (vgl. dazu auch Daniels,
1980, S. 87 - 89).

(3) Endet der skizzierte Abwägungsprozeß in einem reflektiven Gleichgewicht, so ist mit der
endgültigen Beschreibung der Entscheidungssituation gleichzeitig auch das logische Problem
der Theorie gelöst. Die Prämissen der *original position* (also die im reflektiven Gleichgewicht akzeptierten formalen Bedingungen) erzeugen dann nämlich eindeutig bestimmte
Prinzipien der Gerechtigkeit.

Die Anwendung der methodologischen Konzeption des reflektiven Gleichgewichts auf die Kennzeichnung einer hypothetischen Entscheidungssituation hat offenbar zur Folge, daß sich Rawls'
Unterfangen einer universellen Rechtfertigung von Gerechtigkeitsprinzipien auf das Problem reduziert, zu einer allgemein akzeptierten Beschreibung der *original position* zu kommen. Existiert
nämlich eine Beschreibung der *initial choice situation,* die die von allen Individuen im reflektiven
Gleichgewicht favorisierten Verfahrensregeln repräsentiert, so ist die *original position* nicht nur
im Sinne der Rawls'schen Methodologie gerechtfertigt, sondern erzeugt darüber hinaus eindeutig bestimmte Prinzipien der Gerechtigkeit. Mit der für die Konstruktion der *original position*
vorgeschlagenen Methode ist also der Versuch verbunden, das logische und methodologische
Problem der Theorie gleichzeitig zu lösen.

Um eine universelle Rechtfertigung der Prinzipien zu ermöglichen, muß Rawls allerdings einen
weitreichenden empirischen Konsens voraussetzen (vgl. dazu grundsätzlich Rawls, 1972, S. 580
f.). Die erforderliche Übereinstimmung erstreckt sich unmittelbar lediglich auf die Prämissen
der *original position.* Da die von den Individuen letztlich akzeptierten Verfahrensregeln jedoch
aus einem komplizierten Reflexionsprozeß hervorgehen, muß Rawls diesen Prozeß extrem standardisieren, um zu einer allgemein akzeptierten Beschreibung der *original position* zu kommen.
Die angestrebte Übereinstimmung aller individuellen reflektiven Gleichgewichte wird nämlich
zwingend nur erreicht, wenn alle Individuen

(a) zu Beginn des Prozesses die gleichen *considered judgments of justice* vertreten,

(b) vor Beginn der geschilderten Abwägung die gleiche Menge formaler Bedingungen akzeptieren,

(c) ihrer kritischen Prüfung die gleiche Menge alternativer Konzeptionen der Gerechtigkeit zu-
grundelegen (zu (a) - (c) vgl. Rawls, 1972, S. 580 - 583),

(d) die geschilderte Abwägung zwischen wohlüberlegten Gerechtigkeitsurteilen, alternativen Gerechtigkeitskonzeptionen und akzeptierten Verfahrensregeln in genau der gleichen Weise durchführen.

Nimmt man Rawls' methodologische Konzeption ernst, so würde also nur ein vollkommener Konsens, der sich sowohl auf das „Material" (a - c) wie den Verlauf (d) des Reflexionsprozesses erstreckt, die Existenz einer allgemein akzeptierten Beschreibung der *original position* (und damit: die universelle Rechtfertigung einer Gerechtigkeitskonzeption) zuverlässig gewährleisten. In diesem Fall wären die resultierenden Prinzipien insofern „intersubjektiv begründet", als eine nach kritischer Prüfung allgemein akzeptierte Prozedur in für jedermann nachvollziehbarer Weise zu eindeutigen Ergebnissen führte.[7] Geht man nun davon aus, daß ein derart vollkommener Konsens faktisch nicht vorliegt, so ist die Existenz einer allgemein akzeptierten Beschreibung der *original position* zwar logisch nicht ausgeschlossen, angesichts der Komplexität des beschriebenen Reflexionsprozesses aber empirisch doch höchst unwahrscheinlich. Es ist daher zu vermuten, daß die von Rawls präsentierte Kennzeichnung der *original position* keineswegs die Zustimmung aller Individuen finden wird, die sich dem geforderten Reflexionsprozeß unterzogen haben.[8]

6. Nach allem, was bisher gesagt wurde, ist klar, daß Rawls mit der *original position* keine ethisch neutrale Konstruktion zu liefern beabsichtigt (vgl. Rawls, 1972, S. 579). Die Relevanz der *original position* beruht vielmehr gerade darauf, daß in die Formulierung ihrer Bedingungen moralische Urteile eingehen. Der Einfluß moralischer Urteile auf die Kennzeichnung der Entscheidungssituation ist durch die methodologische Konzeption des reflektiven Gleichgewichts allerdings präzise geregelt. So dürfen in die Beschreibung der *original position* unmittelbar nur moralische Urteile eingehen, die sich auf das Verfahren zur Wahl von Gerechtigkeitsprinzipien bzw. auf allgemeine Eigenschaften dieser Grundsätze beziehen („formale Bedingungen"). Die (materialen) wohlüberlegten Gerechtigkeitsurteile sollen dagegen die Kennzeichnung der Entscheidungssituation insofern nur mittelbar beeinflussen, als sie eine Anpassung der zunächst formulierten Verfahrensregeln erforderlich machen können. Eine Beschreibung der *original position,* die nicht nur eine Reihe formaler Bedingungen, sondern darüber hinaus auch materiale Urteile enthielte, würde demnach Rawls' methodologische Konzeption verletzen. Die als Prämissen der Entscheidungssituation formulierten materialen Urteile hätten dann nämlich im Rechtfertigungsprozeß gleichzeitig die Funktionen „moralischer Daten" und relevanter Argumente zu erfüllen. Eine solche Vorgehensweise würde jedoch eine Teilmenge der materialen Gerechtigkeitsurteile immunisieren, da sie der von Rawls geforderten kritischen Prüfung entzogen wäre. Exklusive *provisional fixed points* würden mithin zu unumstößlichen Fixpunkten des Rechtfertigungsverfahrens erhoben.

Nun gibt Rawls in seinen Äußerungen zur Kennzeichnung und Interpretation der *original position* klar zu verstehen, daß die von ihm präsentierte Beschreibung der Entscheidungssituation keine materialen Gerechtigkeitsurteile enthält:

(1) Er sieht in der *original position* eine Konstruktion, die ein klar definiertes Problem der rationalen Entscheidung mit den für die Wahl von Gerechtigkeitsprinzipien als relevant erach-

teten ethischen Prämissen verknüpft (vgl. Rawls, 1972, S. 584). Wenn Rawls (gelegentlich) auf diese ethischen Prämissen zu sprechen kommt, nennt er regelmäßig nur formale Bedingungen, nämlich den *veil of ignorance* und die *formal constraints of the concept of right* (vgl. etwa Rawls, 1972, S. 585).

(2) Die vollständige Auflistung der für die *original position* formulierten Bedingungen enthält keine materialen Gerechtigkeitsurteile (vgl. Rawls, 1972, S. 145 - 147).

(3) Rawls interpretiert die *original position* als *"attempt to unify the more formal and abstract elements of moral thought"* (Rawls, 1974a, S. 639).[9]

Wenngleich nun die endgültige Beschreibung der *original position* keine materialen Urteile enthält, so ist doch zu beachten, daß Rawls diese Abstinenz nicht mit grundsätzlichen methodologischen Erwägungen begründet (vgl. zum folgenden Rawls, 1972, S. 584 f.). Er kann sich nämlich durchaus akzeptable Modifikationen der *original position* vorstellen, die auf der Annahme einer „ethischen Motivation" der Individuen beruhen und mit der Spezifizierung dieser Motivationsprämisse explizit materiale Gerechtigkeitsurteile in die Beschreibung der Entscheidungssituation einführen. Eine solche Vorgehensweise hält Rawls für grundsätzlich unbedenklich, wenn die allgemeine Akzeptierbarkeit der den Individuen in der *original position* unterstellten ethischen Überzeugungen als gesichert betrachtet werden kann. Da die *original position* bereits in der ursprünglichen Formulierung nicht ethisch neutral sei, könnten derartige Modifikationen auch nicht mit dem Argument abgelehnt werden, sie transformierten eine nicht-moralische in eine moralische Konstruktion. Die Vermeidung einer solchen Lösung begründet Rawls rein pragmatisch mit dem Hinweis, er habe mit der Ausklammerung einer ethischen Motivation die Klarheit der Problemformulierung erhalten wollen.

Rawls' Diskussion „ethischer Variationen" der *original position* muß vor dem Hintergrund seiner methodologischen Konzeption verwirren. Zwar ist es richtig, daß die *original position* bereits in der ursprünglichen Formulierung moralische Urteile enthält. Ebenso unbestreitbar ist aber auch, daß jede der von Rawls angedeuteten Modifikationen den „ethischen Gehalt" dieser Konstruktion grundlegend verändern würde. Denn jede „ethische Variation" der *original position* würde, wenn sie die moralischen Überzeugungen der Individuen inhaltlich bestimmte (und nicht einfach offen ließe), den rein formalen Kriterien, die Rawls für die Wahl der Prinzipien formuliert, explizit materiale Urteile hinzufügen. Dies aber bliebe für Rawls' Rechtfertigungsansatz keineswegs folgenlos, denn die in die Beschreibung der *original position* eingebrachten materialen Urteile würden vom geforderten Reflexionsprozeß ausgenommen und als unrevidierbar betrachtet. Da die derart ausgezeichneten ethischen Überzeugungen gleichzeitig als „moralische Daten" und relevante Argumente fungierten, wäre zudem die genannte Unabhängigkeitsbedingung verletzt. Die methodologischen Implikationen dieser Vorgehensweise sind klar zu erkennen, wenn man annimmt, daß die als Prämissen der Entscheidungssituation formulierten materialen Urteile hinreichend präzise sind, um die gewählten Grundsätze vollständig zu determinieren. In diesem Falle würde nämlich mit der (in geeigneter Weise modifizierten) *original position* praktisch das Rechtfertigungsmodell der reinen Kohärenztheorie verwirklicht und die

Idee des *wide reflective equilibrium* völlig preisgegeben. Da sich reine Kohärenzüberlegungen ebensogut auf der Grundlage einer unmittelbaren Konfrontation von allgemeinen Prinzipien und (materialen) wohlüberlegten Gerechtigkeitsurteilen anstellen lassen, wäre die Konstruktion einer hypothetischen Entscheidungssituation unter diesen Umständen völlig überflüssig. Die Einführung materialer Gerechtigkeitsurteile in die Beschreibung der *initial choice situation* birgt demnach die Gefahr, daß die *original position* in zunehmendem Maße ihrer methodologischen Funktion beraubt wird und zum bloßen Vehikel reiner Kohärenzüberlegungen degeneriert. Der von Rawls unterstellte Konsens in bezug auf die genannten Urteile ändert an diesem Befund überhaupt nichts, da auch allgemein akzeptierte materiale Gerechtigkeitsurteile grundsätzlich nicht als verzerrungsfrei zu betrachten und daher dem skizzierten Reflexionsprozeß zu unterwerfen sind.

7. Die Diskussion um die Einbeziehung materialer Urteile in die Kennzeichnung der Entscheidungssituation verweist auf ein allgemeineres und sehr heikles Problem, nämlich auf die Frage, ob die endgültige Beschreibung der *original position* tatsächlich als Endpunkt der Bemühungen um ein reflektives Gleichgewicht (im umfassenden Sinne) zu betrachten ist. In diesem Zusammenhang lohnt es sich, zunächst einen Blick auf zwei alternative, extreme Interpretationen der *original position* zu werfen, die in der Literatur vertreten worden sind:

(1) Nach der ersten Interpretation dient die Konstruktion der *original position* ausschließlich dem Ziel, die (materialen) wohlüberlegten Gerechtigkeitsurteile einer (nicht näher bezeichneten, Rawls selbst aber jedenfalls einschließenden) Gruppe von Zeitgenossen zu bestätigen. Danach hat also bei der Kennzeichnung der Entscheidungssituation der bloße Wunsch Pate gestanden, mit den resultierenden Prinzipien einen von Anfang an favorisierten Bestand an materialen Urteilen abzubilden. Folgt man dieser Interpretation, so setzt Rawls' Rechtfertigung allgemeiner Prinzipien ausschließlich an den materialen *considered judgments of justice* an, während den *reasonable conditions* eine rein instrumentelle Funktion zukommt. Die Konstruktion der *original position* wird daher folgerichtig als taktisches Manöver entlarvt, das der vertragstheoretischen Verschleierung eines „reinen Kohärenzarguments" (zu dieser Diktion vgl. Lyons, 1975, S. 149) dienen soll.[10] — Diese Interpretation ist nun insofern zu beachten, als sie sich nicht schon durch den bloßen Hinweis entkräften läßt, daß die von Rawls präsentierte Beschreibung der *original position* keine materialen Urteile enthält. Der mit der Einführung einer ethischen Motivation verbundene „Kohärenzeffekt" läßt sich nämlich grundsätzlich auch durch eine geeignete Wahl der (ethisch relevanten) formalen Bedingungen bzw. der zur vollständigen Beschreibung des Entscheidungsproblems erforderlichen Zusatzprämissen[11] erzielen.

(2) Eine ganz andere Deutung der *original position* ergibt sich, wenn man die Idee der reinen Verfahrensgerechtigkeit auf das Problem der Rechtfertigung von Gerechtigkeitsprinzipien anwendet. Von reiner Verfahrensgerechtigkeit wird gesprochen, wenn sich ein normatives Problem (etwa ein Verteilungsproblem) dadurch auszeichnet, daß zwar kein unabhängiges (materiales) Kriterium für eine „richtige" („gerechte") Lösung existiert, sich aber ein Verfahren formulieren läßt, das nach allgemeiner Überzeugung das „richtige" Ergebnis zuver-

lässig erzeugt. Man geht dabei offenbar von der grundlegenden Idee aus, daß sich die normative Qualität der gewählten Prozedur (also etwa ihre „Fairneß") auf die Resultate des Verfahrens überträgt, falls dessen Regeln präzise eingehalten werden (vgl. dazu allgemein Rawls, 1972, S. 86 f.). Nimmt man nun an, daß Rawls das methodologische Problem der *theory of justice* auf diesem Wege zu lösen versucht, so sind die Bedingungen der *original position* als Regeln zu interpretieren, die nach allgemeiner Überzeugung ein faires bzw. korrektes Verfahren zur Identifizierung gerechtfertigter Prinzipien definieren.[12] Da die Idee der reinen Verfahrensgerechtigkeit aber nur greift, wenn sich kein materiales Kriterium für eine gerechte Lösung angeben läßt, spielen die *considered judgments of justice* — folgt man dieser zweiten Interpretation — in Rawls' Rechtfertigungsansatz überhaupt keine Rolle. Die Verfahrensregeln (also die „formalen Bedingungen") tragen vielmehr die ganze Last der Rechtfertigung, und das Problem der Konstruktion der *original position* besteht allein darin, ein faires Verfahren zu beschreiben, das nach jedermanns Überzeugung nur korrekt durchlaufen werden muß, um zu gerechten Ergebnissen zu kommen. Weil Rawls dieses Verfahren in Anlehnung an klassische Theorien des Gesellschaftsvertrags konzipiert, soll die *original position* der skizzierten Interpretation zufolge offenbar ein „reines Vertragsargument" zugunsten der Prinzipien erzeugen.

Ruft man sich nun Rawls' methodologische Konzeption ins Gedächtnis zurück, so ist klar zu erkennen, daß die skizzierten extremen Interpretationen der *original position* seinem Rechtfertigungsansatz widersprechen, da in den beiden „reinen" Argumenten jeweils ein Typus der von Rawls als relevant erachteten wohlüberlegten Urteile verabsolutiert, der andere hingegen völlig vernachlässigt (bzw. instrumentalisiert) wird. Nach der Konzeption des reflektiven Gleichgewichts kommt jedoch den beiden Sorten wohlüberlegter Gerechtigkeitsurteile im Rechtfertigungsverfahren grundsätzlich das gleiche Gewicht zu. Was Rawls bei der Konstruktion der *original position* offenkundig vorschwebt, ist eine Verknüpfung von reinem Kohärenzargument und reinem Vertragsargument, wobei die Ergebnisse beider Argumentationstypen einander im Verlaufe des Reflexionsprozesses kontrastiert und wechselseitig über- bzw. untergeordnet werden, bis schließlich eine Beschreibung der *initial choice situation* resultiert, bei der Vertragsargument und Kohärenzargument zu identischen Ergebnissen führen.[13] Das ist im reflektiven Gleichgewicht der Fall.

Trotz dieser scheinbaren konzeptionellen Klarheit bleibt jedoch ein erhebliches Interpretationsproblem bestehen: Da Rawls nämlich den zur endgültigen Beschreibung der *original position* führenden Prozeß der wechselseitigen Anpassung von *reasonable conditions* und materialen Gerechtigkeitsurteilen nur in allgemeiner Weise kennzeichnet, über seinen konkreten Verlauf (und das vorausgesetzte Material) aber kein Wort verliert, bleibt das relative Gewicht der beiden Argumente völlig im Dunkeln (vgl. dazu Höffe, 1977, S. 30). Aus diesem Grunde lassen sich auch die mit den beiden extremen Interpretationen der *original position* verbundenen Rechtfertigungsansätze nicht nur als Perversionen, sondern auch als zulässige Ergebnisse der methodologischen Konzeption des reflektiven Gleichgewichts deuten. Es ist ja nicht auszuschließen, daß Rawls' Beschreibung der *original position* ein Reflexionsprozeß zugrundeliegt, in dessen Verlauf die *reasonable conditions* (bzw. umgekehrt: die materialen Gerechtigkeitsurteile) ständig den *considered judgments of justice* (bzw. den formalen Bedingungen) angepaßt und daher im resultierenden reflektiven Gleichgewicht lediglich die vorausgesetzten materialen Überzeugungen (bzw. die zu Beginn akzeptierten Verfahrensregeln) bestätigt wurden. Unter diesen Umständen würde die *original position* faktisch ein reines Kohärenz- bzw. Vertragsargument erzeugen, obwohl man sich dem geforderten Abwägungsprozeß ernsthaft unterzogen hätte.

Aus der genannten Unklarheit muß man daher schließen, daß die beiden extremen Interpretationen der *original position* ein Kontinuum möglicher Deutungen definieren, wobei jeder Interpretation eine (sich aus dem konkreten Verlauf des Reflexionsprozesses ergebende) spezifische relative Gewichtung von Vertrags- und Kohärenzargument entspricht. Während offenkundig jede dieser Deutungen mit der methodologischen Idee des reflektiven Gleichgewichts zu vereinbaren ist, sind Rawls' Äußerungen zur Konstruktion der *original position* viel zu vage, um auch nur eine zulässige Interpretation auszuschließen. Allenfalls läßt sich sagen, daß er persönlich wohl eine zwischen den beiden Extremen angesiedelte Deutung favorisieren würde.

8. Das Dilemma hat seine Ursache, wie bereits erwähnt, letztlich darin, daß Rawls zwar die Konstruktion der *original position* an seine methodologische Konzeption anbinden will, nicht aber im Detail den Reflexionsprozeß beschreibt, der zur gewählten Kennzeichnung der Entscheidungssituation führt:

"I shall not, of course, actually work through this process. Still, we may think of the interpretation of the original position that I shall present as the result of such a hypothetical course of reflection."
(Rawls, 1972, S. 21)

Liest man diese Aussage wohlwollend, so wird die *original position* zum Endpunkt eines Reflexionsprozesses erklärt, der zwar nicht im einzelnen ausgeführt ist, aber grundsätzlich angebbar bzw. rekonstruierbar wäre. Damit ist jedoch für die Interpretation der *original position* nichts gewonnen, denn den von Rawls formulierten Bedingungen sieht man nicht an, welcher konkreten Art von Reflexionsprozeß sie entstammen. Weil die „Startpunkte" dieses Prozesses (d.h. die vor Beginn der geforderten Abwägung akzeptierten Verfahrensregeln und materialen Urteile) nicht geklärt sind, ist insbesondere nicht auszuschließen, daß im Zuge dieser Abwägung die *considered judgments of justice* restlos den formalen Bedingungen geopfert, bzw. daß umgekehrt die *reasonable conditions* ausnahmslos den materialen Gerechtigkeitsurteilen untergeordnet wurden.

Eine weniger wohlwollende Lesart drängt sich auf, wenn man darüber hinaus die folgende Aussage betrachtet:

"On the other hand, this conception (gemeint ist die *original position,* J.S.) is also an intuitive notion that suggests its own elaboration, so that led on by it we are drawn to define more clearly the standpoint from which we can best interpret moral relationships."
(Rawls, 1972, S. 21 f.)

Diese Formulierung weckt den Verdacht, daß Rawls mit der *original position* ganz einfach ad hoc und unbekümmert um seine methodologischen Äußerungen eine für die Rechtfertigung moralischer Prinzipien intuitiv plausible Entscheidungssituation präsentiert. Folgt man dieser skeptischen Einschätzung, so wäre der *moral point of view* nicht mehr als Ergebnis eines aufwendigen Reflexionsprozesses zu konstruieren, sondern ließe sich bereits durch unmittelbare Intuition identifizieren. Da Rawls' Beschreibung der *original position* nach dieser Interpretation von seiner methodologischen Konzeption völlig unabhängig wäre,[14] vereinfachte sich auch die Lösung des Rechtfertigungsproblems: Die Schwierigkeit bestünde dann nämlich nur noch darin, einen unmittelbaren Konsens über die Kennzeichnung der *original position* als Ausgangspunkt der Theorie herzustellen, während der lange Weg zum reflektiven Gleichgewicht allen Beteiligten erspart bliebe. Offenkundig nähert man sich mit dieser Interpretation wieder der Idee der reinen Verfahrensgerechtigkeit, denn man darf wohl getrost unterstellen, daß die intuitive Attraktivität der *original position* auf den in ihren Prämissen enthaltenen Verfahrensregeln (insbesondere dem *veil of ignorance*) beruht.

IV. 'Original Position', individuelle Entscheidung und reflektives Gleichgewicht

9. Mit der *original position* formuliert Rawls, technisch gesprochen, ein spezifisches Problem der rationalen individuellen Entscheidung bei Ungewißheit.[15] Jedes Individuum, das sich Rawls' hypothetischen Bedingungen unterwirft, steht nämlich vor der Aufgabe, sich aufgrund eines rationalen Kalküls für bestimmte Prinzipien der gesellschaftlichen Ordnung zu entscheiden, ohne zu wissen, welche konkreten Auswirkungen die gewählten Grundsätze auf sein Wohlergehen als Mitglied einer realen Gesellschaft haben werden. Nimmt man nun Rawls' methodologische Fundierung der *original position* ernst, so ist auf jeden Fall zu erwarten, daß die rationale Entscheidung der Individuen unter den gewählten Prämissen determiniert ist, also zugunsten einer eindeutig bestimmten Konzeption der Gerechtigkeit ausfallen wird. Das der *original position* zugrundeliegende reflektive Gleichgewicht müßte sich ja nach Rawls' methodischen Äußerungen unter anderem dadurch auszeichnen, daß die Menge der letztlich akzeptierten Verfahrensregeln einen festen Satz allgemeiner Prinzipien erzeugt. Gelänge es nun nachzuweisen, daß sich rationale Individuen unter den skizzierten Bedingungen tatsächlich für eine bestimmte Konzeption der Gerechtigkeit entscheiden würden, so wäre für die Logik der Rawls' schen Argumentation zwar viel gewonnen, der präzise methodologische Status der *original position* bliebe aber nach wie vor im Dunkeln. Da die Prämissen der *original position* nicht als Ergebnis eines konkreten Reflexionsprozesses ausgewiesen werden, ließe sich nämlich nicht entscheiden, ob die resultierenden Prinzipien ein (durch gegenseitige Korrektur der Verfahrensregeln und materialen Urteile zustande gekommenes) reflektives Gleichgewicht repräsentieren, faktisch lediglich einem reinen Kohärenz- bzw. Verfahrensargument entstammen oder gar einer intuitiv plausiblen Konstruktion entspringen, die mit Rawls' methodologischer Konzeption nichts zu tun hat.

Tatsächlich ist nun aber vielfach gezeigt worden, daß die Entscheidung rationaler Individuen unter den Bedingungen der *original position* grundsätzlich indeterminiert ist und Rawls nur deswegen zwei klar umrissene Gerechtigkeitsprinzipien als Ergebnis dieser Entscheidung präsentieren kann, weil er im Zuge seiner Argumentation die zuvor formulierten Prämissen systematisch unterläuft.[16] Die „Herleitung" der beiden Grundsätze fußt nämlich wesentlich

(1) auf Argumenten, die spezifische Informationen über das entscheidende Individuum (Präferenzen) bzw. die relevante Gesellschaft (Verteilungsergebnisse) voraussetzen, während der *veil of ignorance* derlei konkretes Wissen doch gerade verhüllen sollte.

(2) auf Annahmen, die zwar nicht gegen die Bedingungen der *original position* verstoßen, aus ihnen aber auch nicht begründbar sind (Rationalität einer extremen Risikoaversion).

Die von Rawls präsentierte Beschreibung der *original position* hat demnach zwei ganz erhebliche Mängel: zum einen eröffnet ihre methodologische Fundierung eine Fülle von Interpretationsmöglichkeiten, zum anderen erzeugt sie keine eindeutig bestimmten Prinzipien der Gerechtigkeit.

10. Der Nachweis, daß keine eindeutige Lösung des skizzierten Entscheidungsproblems existiert, fügt dem unter methodologischen Aspekten festgestellten Interpretationsdilemma eine weitere Schwierigkeit hinzu. Offenbar kann nämlich mit der von Rawls gewählten Beschreibung der *original position* keine der bisher als möglich bzw. zulässig erachteten methodologischen Konzeptionen vollends realisiert sein, wenn die Prämissen der Entscheidungssituation keine eindeutig bestimmten Prinzipien erzeugen:

(1) Geht man davon aus, daß mit der *original position* ein faires Verfahren für die Wahl von Gerechtigkeitsprinzipien formuliert werden soll, so ist dieser Versuch als mißlungen zu betrachten, weil die gewählten Verfahrensregeln offenkundig zu schwach sind, um ein bestimmtes Ergebnis zu erzeugen.

(2) Da die rationale Entscheidung der Individuen unter Rawls' Prämissen indeterminiert ist, kann der gewählten Beschreibung der *original position* kein reflektives Gleichgewicht zugrundeliegen. Nimmt man daher an, daß hinter der Kennzeichnung der Entscheidungssituation das ernsthafte Bemühen steht, zwischen materialen Gerechtigkeitsurteilen, alternativen Konzeptionen der Gerechtigkeit und relevanten philosophischen Argumenten abzuwägen,[17] so muß man schließen, daß mit den von Rawls formulierten formalen Bedingungen allenfalls ein Zwischenstadium, nicht aber der angestrebte Endpunkt des Reflexionsprozesses erreicht ist.

(3) Sieht man in der Konstruktion der *original position* ein taktisches Manöver, das der vertrags- bzw. entscheidungstheoretischen Verkleidung eines reinen Kohärenzarguments dienen soll,[18] so kann man nicht umhin, den beabsichtigten Kunstgriff als Fehlschlag zu betrachten, weil die von Rawls formulierten Prämissen offensichtlich nicht stark genug sind, um die abzubildende Menge der materialen Gerechtigkeitsurteile zu implizieren.

Wirft man nun angesichts der vielfältigen Probleme, die die methodologische Fundierung der *original position* aufwirft, einen Blick auf Rawls' praktische Verwendung dieser Konstruktion, so gewinnt man ein überraschend eindeutiges Bild. Es stellt sich nämlich heraus, daß die *original position* im Zuge der Argumentation, mit der Rawls die rationale Wahl seiner Gerechtigkeitsprinzipien begründet, den Zwecken eines reinen Kohärenzarguments unterworfen wird. Wie auch immer die methodologische Konzeption aussehen mag, die der (als endgültig ausgegebenen!) Beschreibung der *original position* zugrundeliegt: Rawls wählt diese Beschreibung nur als vorläufigen Startpunkt seiner Argumentation, um dann — von der intuitiven Plausibilität der *original position* zehrend — die ursprünglich formulierten Bedingungen ad hoc und selektiv so zu modifizieren bzw. anzureichern, daß sie das favorisierte Ergebnis erzeugen.

Da Rawls die Prämissen der *original position* letztlich nicht ernst nimmt, sondern sie — dem Diktat der bevorzugten materialen Gerechtigkeitsurteile folgend — in gezielter Weise verletzt, erweist sich die Untersuchung der Frage, welche methodologische Konzeption der *original position* zugrundeliegt, als ein völlig müßiges Unternehmen. Der in der *theory of justice* realisierte Rechtfertigungsansatz wird nämlich keineswegs durch Rawls' Äußerungen zur methodologischen Fundierung der *original position* bestimmt, sondern kommt erst in der praktischen Verwendung dieser Konstruktion zur argumentativen Stützung der beiden Gerechtigkeitsprinzipien zum Vorschein. Da sich Rawls zur Rechtfertigung seiner Gerechtigkeitskonzeption faktisch eines reinen Kohärenzarguments bedient, braucht man sich über die konzeptionellen Unklarheiten, die der diffuse methodologische Status der *original position* aufwirft, nicht mehr den Kopf zu zerbrechen. Angesichts der skizzierten Argumentationsstrategie liegt es allerdings nahe, die *original position* — der methodologischen Idee des reflektiven Gleichgewichts zum Trotz — einfach als *intuitive notion* zu interpretieren, die dann Zug um Zug so „elaboriert" wird, daß die gewünschten Prinzipien resultieren.

Selbst wenn man jedoch davon ausgeht, daß der *original position* ein Reflexionsprozeß der beschriebenen Art zugrundeliegt, bleibt die Idee des *wide reflective equilibrium* für die Theorie letztlich ohne Folgen. Die gewählte Beschreibung der Entscheidungssituation repräsentiert dann nämlich nur ein Zwischenstadium des Abwägungsprozesses, der nicht konsequent fortgeführt, sondern durch das Bemühen um reine Kohärenz konterkariert wird. Rawls' Strategie, die Wahl der favorisierten Prinzipien durch eine gezielte Modifikation der Prämissen zu sichern, hat unter methodologischem Aspekt den gleichen Effekt wie die unmittelbare Einführung materialer Gerechtigkeitsurteile in die Beschreibung der *original position:*[19] Die Idee des (umfassenden) reflektiven Gleichgewichts wird durch die Immunisierung der *considered judgments of justice* pervertiert, und die resultierende Übereinstimmung zwischen wohlüberlegten Urteilen und allgemeinen Grundsätzen hat lediglich den Charakter eines *narrow reflective equilibrium*.

V. Ergebnis

11. Die wichtigsten Ergebnisse der Untersuchung lassen sich in wenigen Punkten zusammenfassen:

(1) Nach Rawls' methodologischer Konzeption sind diejenigen Moralprinzipien als individuell gerechtfertigt zu erachten, die ein Individuum im *wide reflective equilibrium* vertritt.

(2) Die Konstruktion der *original position* dient dem Ziel, ein identisches *wide reflective equilibrium* möglichst vieler (im Idealfall: aller) Gesellschaftsmitglieder zu erzeugen, um eine möglichst weitreichende (im günstigsten Fall: universelle) Rechtfertigung bestimmter Gerechtigkeitsprinzipien zu ermöglichen.

(3) Rawls' Äußerungen zur methodologischen Fundierung der *original position* sind so abstrakt und unverbindlich, daß die gewählte Beschreibung der *original position* mit einem breiten Spektrum konkurrierender Rechtfertigungsmodelle zu vereinbaren ist.

(4) Da Rawls' Prämissen keine eindeutig bestimmten Prinzipien erzeugen, kann mit der präsentierten Beschreibung der *original position* keines der unter (3) genannten Rechtfertigungsmodelle vollends realisiert sein. Das bedeutet insbesondere, daß die Bedingungen der *original position* kein (umfassendes) reflektives Gleichgewicht repräsentieren.

(5) Im Zuge der Argumentation, mit der Rawls die rationale Wahl seiner Gerechtigkeitsprinzipien begründet, werden die Prämissen der *original position* in gezielter Weise den Zwecken eines reinen Kohärenzarguments dienstbar gemacht. Die Idee des *wide reflective equilibrium* bleibt daher — auch ungeachtet der Probleme, die bereits die methodologische Fundierung der *original position* aufwirft — für den in der *theory of justice* praktizierten Rechtfertigungsansatz völlig folgenlos.

Anmerkungen

1) Eine Theorie der Gerechtigkeit hat demnach die Aufgabe, unseren Gerechtigkeitssinn (*sense of justice*) zu beschreiben. Vgl. dazu und zum folgenden Rawls (1972), § 9. Mittlerweile bevorzugt Rawls im vorliegenden Zusammenhang den Begriff „Moraltheorie". Zur Bestimmung dieses Begriffs vgl. Rawls (1974/75), S. 5.

2) Zu den Verfechtern einer reinen Kohärenztheorie zählte in früheren Jahren auch Rawls selbst. Vgl. die ausführliche Formulierung seiner methodologischen Konzeption in Rawls (1951). Zur Kennzeichnung dieser Konzeption vgl. auch Hoerster (1977). Die spätere Veränderung der von Rawls vertretenen methodologischen Position wird in Delaney (1977) nachgezeichnet.

3) Zu einer grundsätzlichen Kritik reiner Kohärenzbegründungen, die hier nicht weiter verfolgt werden soll, vgl. Lyons (1975), S. 146 f.

4) Dies wird nicht nur von harten Rawls-Kritikern, sondern auch von ihm freundlich gesonnenen Autoren allzu oft übersehen. Vgl. etwa Hare (1973), S. 82 - 86 und Singer (1974), S. 493 f. für die erste sowie Ballestrem (1977), S. 117 - 119 und Hoerster (1977), S. 61 f. für die zweite Gruppe von Autoren.

5) Im Idealfall hätte sich jedes Individuum mit allen denkbaren Moralkonzeptionen und allen zu ihren Gunsten formulierbaren philosophischen Argumenten zu befassen. Rawls begnügt sich jedoch mit einer Annäherung an dieses Ideal und schlägt vor, nur die traditionell einflußreichsten moralischen Konzeptionen (und Argumente) in den Reflexionsprozeß einzubeziehen. Vgl. Rawls (1972), S. 49 und Rawls (1974/75), S. 8.

6) Zu einer ausführlichen Untersuchung der Frage, ob Rawls' Konstruktion der *original position* die genannte Unabhängigkeitsbedingung tatsächlich erfüllt, vgl. Daniels (1980), S. 89 ff.

7) In diesem Zusammenhang ist darauf hinzuweisen, daß mit Rawls' methodologischer Konzeption kein Anspruch auf die Begründung objektiver moralischer Wahrheiten verbunden ist. Rawls sieht selbst in der Übereinstimmung aller individuellen reflektiven Gleichgewichte kein Indiz dafür, einer objektiven moralischen Wahrheit auf der Spur zu sein und empfiehlt, die Suche nach derlei Wahrheiten (zumindest vorläufig) aufzugeben. Vgl. dazu Rawls (1974/75), S. 9 f. und ausführlich Rawls (1980), S. 554 ff. Zu einem Versuch, aus der Übereinstimmung aller Individuen im *wide reflective equilibrium* eine Evidenz für die Begründung objektiver moralischer Wahrheiten abzuleiten, vgl. Daniels (1979), S. 276 ff.

8) Rawls ist in dieser Hinsicht optimistischer: "*. . . the conditions embodied in the description of the original position are ones that we do in fact accept. Or if we do not, then perhaps we can be persuaded to do so by philosophical reflection.*" (Rawls, 1972, S. 21)

9) Rawls' methodologische Intention wird daher verfehlt, wenn man — wie Dworkin (1973) das tut — den mit der *original position* verbundenen Rechtfertigungsansatz auf der Grundlage individueller Rechte zu rekonstruieren versucht. Zur Kritik an Dworkin vgl. Daniels (1980), S. 96 - 98.

10) Die Verfechter dieser Interpretation, zu denen Hare (1973), Nagel (1973), Singer (1974) und (mit Abstrichen) auch Scanlon (1975) zu zählen sind, stützen sich meist auf die folgende Textstelle: "*We want to define the original position so that we get the desired solution.*" (Rawls, 1972, S. 141)

11) Mit „Zusatzprämissen" sind hier Annahmen gemeint, die nicht (wie die „formalen Bedingungen") als Ausdruck wohlüberlegter Gerechtigkeitsurteile zu interpretieren sind und (zumindest auf den ersten Blick) einen rein technischen Charakter zu haben scheinen. Unter diese Kategorie fallen etwa Annahmen, die sich auf die Motivation (Rationalität, Risikoneigung) bzw. die Präferenzen der Individuen beziehen.

12) Diese, von Lyons (1975) entwickelte, Interpretation kann sich auf eindeutige Textstellen berufen: "*The idea of the original position is to set up a fair procedure so that any principles agreed to will be just. The aim is to use the notion of pure procedural justice as a basis of theory.*" (Rawls, 1972, S. 136); "*. . . justice as fairness is able to use the idea of pure procedural justice from the beginning.*" (Rawls, 1972, S. 120)

13) Beide Argumente büßen im Verlauf des Reflexionsprozesses offenbar ihre „Reinheit" ein. So kann etwa von reiner Verfahrensgerechtigkeit keine Rede mehr sein, wenn die Akzeptierbarkeit eines Verfahrens auch davon abhängt, ob die resultierenden Ergebnisse mit unseren materialen *considered judgments* übereinstimmen. Vgl. dazu Lyons (1975), S. 158 und Pence (1977), S. 142 f. Zur Verteidigung der Rawls'schen Kombination von Vertrags- und Kohärenzargument vgl. Koller (1981).

14) Zur Relevanz der Unterscheidung zwischen Rawls' methodologischer Konzeption und der Praxis seiner Argumentation vgl. Ballestrem (1977), S. 117 f.

15) Die von Rawls zur Präzisierung des Entscheidungsproblems formulierten Prämissen können hier nicht im Detail erörtert werden. Sie finden sich im wesentlichen in Rawls (1972), §§ 21, 23 - 25. Zu einer formalen Kennzeichnung des für die *original position* charakteristischen Wahlproblems vgl. Schmidt (1984). An die Interpretation der *original position* als einer hypothetischen Entscheidungssituation bei Ungewißheit wäre im übrigen der häufig geäußerte Einwand zu knüpfen, die Idee des Gesellschaftsvertrags sei für Rawls' Theorie völlig irrelevant. Zur Kritik des Vertragsaspekts der *theory of justice* vgl. Alexander (1974) und Schaefer (1974/75), vor allem aber Hampton (1980).

16) Dies ist der gemeinsame Ertrag zahlloser Arbeiten, die sich mit der Herleitung der Rawls'schen Prinzipien beschäftigen. Vor allem Rawls' Maximin-Argumentation hat eine Fülle kritischer Beiträge nach sich gezogen. Vgl. dazu vor allem Barber (1975), Barry (1973, Kap. 9), Fishkin (1975), Gardner (1975), Hare (1973), Harsanyi (1975), Hubin (1980), Mueller/Tollison/Willett (1974) und Musgrave (1974). Zu einer systematischen Analyse der tatsächlichen und möglichen Bedeutung dieser Argumentation für Rawls' Theorie vgl. Schmidt (1984). Rawls' Argument zugunsten der Priorität der gleichen Freiheit wird am überzeugendsten in Hart (1973) kritisiert. Vgl. dazu aber auch Nowell-Smith (1973), S. 321 f. und Raphael (1974), S. 124 - 126.

17) Als Ergebnis einer solchen Abwägung ließe sich etwa Rawls' Annahme interpretieren, daß die Individuen in der *original position* keine Wahrscheinlichkeiten ansetzen (vgl. dazu Rawls, 1972, S. 146 und S. 168 ff.). Man braucht sich nur vorzustellen, daß im Verlauf des Reflexionsprozesses ein (egalitäres) wohlüberlegtes Gerechtigkeitsurteil mit dem Durchschnittsnutzenprinzip, dessen Begründung aus einer der *original position* analogen Entscheidungssituation um spezifisches Wahrscheinlichkeitskalkül voraussetzt, konfrontiert und dem materialen Urteil nach reiflicher Überlegung der Vorzug gegeben wird. Zur entscheidungstheoretischen Begründung des Durchschnittsnutzenprinzips vgl. vor allem Harsanyi (1955).

18) Auch diese Interpretation kann sich im übrigen auf Rawls' Entscheidung berufen, in der *original position* keine Wahrscheinlichkeitskalkulationen zuzulassen. Die genannte Prämisse läßt sich nämlich (ebenso wie die von Rawls gewählte Dichte des *veil of ignorance*) nicht nur als Ergebnis einer sorgsamen Abwägung deuten, sondern auch als Konsequenz des gezielten Bemühens, eine utilitaristische Lösung des Entscheidungsproblems um jeden Preis zu vermeiden. Vgl. dazu Hare (1973), S. 90 f. und S. 101 - 104.

19) So ließe sich etwa die (ad hoc-) Annahme, daß sich rationale Individuen in der *original position* durch eine extreme Risikoaversion auszeichnen, mühelos durch ein Gerechtigkeitsurteil ersetzen, das die extreme Gewichtung der Interessen der am schlechtesten gestellten Gesellschaftsmitglieder fordert. Vgl. dazu Alexander (1974), S. 616 - 618. In diesem Zusammenhang ist es interessant, darauf hinzuweisen, daß Rawls das Differenzprinzip wesentlich mit normativen Argumenten begründet, die mit der individuellen Entscheidung in der *original position* nichts zu tun haben. Vgl. vor allem Rawls (1974b), S. 144 f.

Literatur

Alexander, S.S., Social Evaluation through Notional Choice, in: Quarterly Journal of Economics, 88 (1974), S. 597 - 624

Ballestrem, K.G., Methodologische Probleme in Rawls' Theorie der Gerechtigkeit, in: Höffe (1977), S. 108 - 127

Barber, B.R., Justifying Justice: Problems of Psychology, Measurement, and Politics in Rawls, in: American Political Science Review, 69 (1975), S. 663 - 674, wiederabgedruckt in: Daniels (1975), S. 292 - 318

Barry, B., The Liberal Theory of Justice, Oxford 1973

Daniels, N., Hrsg., Reading Rawls, Oxford 1975

Daniels, N., Wide Reflective Equilibrium and Theory Acceptance in Ethics, in: Journal of Philosophy, 76 (1979), S. 256 - 282

Daniels, N., Reflective Equilibrium and Archimedean Points, in: Canadian Journal of Philosophy, 10 (1980), S. 83 - 103

Delaney, C.F., Rawls on Method, in: Canadian Journal of Philosophy, Supplementary Volume III (1977), S. 153 - 161

Dworkin, R., The Original Position, in: University of Chicago Law Review, 40 (1973), S. 500 - 533, wiederabgedruckt in Daniels (1975), S. 16 - 53

Fishkin, J., Justice and Rationality: Some Objections to the Central Argument in Rawls's Theory, in: American Political Science Review, 69 (1975), S. 615 - 629

Gardner, M.R., Rawls on the Maximin Rule and Distributive Justice, in: Philosophical Studies, 27 (1975), S. 255 - 270

Hampton, J., Contracts and Choices: Does Rawls Have a Social Contract Theory? , in: Journal of Philosophy, 77 (1980), S. 315 - 338

Hare, R.M., Rawls' Theory of Justice, in: Philosophical Quarterly, 23 (1973), S. 144 - 155 und S. 241 - 252, zitiert nach dem Wiederabdruck in: Daniels (1975), S. 81 - 107

Harsanyi, J.C., Cardinal Welfare, Individualistic Ethics, and Interpersonal Comparisons of Utility, in: Journal of Political Economy, 63 (1955), S. 309 - 321

Harsanyi, J.C., Can the Maximin Principle Serve as a Basis for Morality? A Critique of John Rawls's Theory, in: American Political Science Review, 69 (1975), S. 594 - 606

Hart, H.L.A., Rawls on Liberty and Its Priority, in: University of Chicago Law Review, 40 (1973), S. 534 - 555, wiederabgedruckt in: Daniels (1975), S. 230 - 252

Höffe, O., Kritische Einführung in Rawls' Theorie der Gerechtigkeit, in: Höffe (1977), S. 11 - 40

Höffe, O., Hrsg., Über John Rawls' Theorie der Gerechtigkeit, Frankfurt 1977

Hoerster, N., John Rawls' Kohärenztheorie der Normenbegründung, in: Höffe (1977), S. 57 - 76

Hubin, D.C., Minimizing Maximin, in: Philosophical Studies, 37 (1980), S. 363 - 372

Koller, P., Die Konzeption des Überlegungs-Gleichgewichts als Methode der moralischen Rechtfertigung, in: Conceptus, 15 (1981), S. 129 - 142

Lyons, D., Nature and Soundness of the Contract and Coherence Arguments, in: Daniels (1975), S. 141 - 167

Mueller, D.C.; R.D. Tollison und T.D. Willett, The Utilitarian Contract: A Generalization of Rawls' Theory of Justice, in: Theory and Decision, 4 (1974), S. 345 - 367

Musgrave, R.A., Maximin, Uncertainty, and the Leisure Trade-Off, in: Quarterly Journal of Economics, 88 (1974), S. 625 - 632

Nagel, T., Rawls on Justice, in: Philosophical Review, 82 (1973), S. 220 - 234; wiederabgedruckt in: Daniels (1975), S. 1 - 16

Nowell-Smith, P.H., A Theory of Justice? , in: Philosophy of the Social Sciences, 3 (1973), S. 315 - 329

Pence, G.E., Fair Contracts and Beautiful Intuitions, in: Canadian Journal of Philosophy, Supplementary Volume III (1977), S. 137 - 152

Raphael, D.D., Critical Notice: 'A Theory of Justice' by John Rawls, in: Mind, 83 (1974), S. 118 - 127

Rawls, J., Outline of a Decision Procedure for Ethics, in: Philosophical Review, 60 (1951), S. 177 - 197

Rawls, J., A Theory of Justice, Oxford 1972

Rawls, J., Reply to Alexander and Musgrave, in: Quarterly Journal of Economics, 88 (1974), S. 633 - 655 (1974a)

Rawls, J., Some Reasons for the Maximin Criterion, in: American Economic Review, 64 (1974), Papers and Proceedings, S. 141 - 146 (1974b)

Rawls, J., The Independence of Moral Theory, in: Proceedings and Addresses of the American Philosophical Association, 48 (1974/75), S. 5 - 22

Rawls, J., Kantian Constructivism in Moral Theory, in: Journal of Philosophy, 77 (1980), S. 515 - 572

Scanlon, T.M., Rawls' Theory of Justice, in: Daniels (1975), S. 169 - 205

Schaefer, D.L., A Critique of Rawls' Contract Doctrine, in: Review of Metaphysics, 28 (1974/75), S. 89 - 115

Schmidt, J., Maximin und Rawls' Prinzipien, unveröffentlichtes Papier, München 1984

Singer, P., Sidgwick and Reflective Equilibrium, in: The Monist, 58 (1974), S. 490 - 517

2.
VERTRAG UND DISKURS

DER PERMANENTE GESELLSCHAFTSVERTRAG

ZUR KOLLEKTIVEN KONSTRUKTION EINER SOZIALEN ORDNUNG[1]

Klaus Eder

1. Vorbemerkungen

Die Vertragsmetapher kennt seit dem Beginn des vertragstheoretischen Denkens zwei konkurrierende Ausdeutungen. In der einen Deutung schließen freie Individuen einen Vertrag, um ihre „Interessen" verfolgen zu können. Der Vertrag ist Mittel zum Zweck der Begrenzung irrationaler Leidenschaften. In der anderen Deutung schließen freie Individuen miteinander einen Vertrag, um die irrationalen „Leidenschaften", zu denen auch die Habsucht, also die „Interessen" gehören, in ein kollektives Gut (Ordnung, Gerechtigkeit, Frieden) zu transformieren.[2] Der Vertrag ist Mittel zum Zweck der Einigung auf gemeinsam geteilte Normen zur Begrenzung der Leidenschaften.

Aus diesen beiden Deutungen ergeben sich kontradiktorische Handlungslogiken. Der Vertrag, mit dem konkurrierende Interessen koordiniert werden, folgt der Logik strategischen Handelns. Der Vertrag, der Leidenschaften (einschließlich der Interessen) koordiniert, folgt der Logik moralischen Handelns. Im ersten Fall geht es um Rechte (insbes. Eigentumsrechte), im zweiten Falle um moralische Prinzipien.

Die Differenz dieser beiden Traditionen vertragstheoretischen Denkens reproduziert sich in der jüngsten Renaissance der Vertragstheorien in den Sozialwissenschaften. Die Wiederaufnahme der alten vertragstheoretischen Diskussion hat die Kategorien dieser beiden Deutungstraditionen modernisiert. Die alten Metaphern des Interesses und der Leidenschaft werden durch die Begriffe des rationalen Handelns bzw. des kommunikativen Handelns ersetzt. Die Vertragsmetapher wird auf die Logik der „rational choice" oder der „kommunikativen Einigung" gegründet.

Diese Renaissance verstellt jedoch zugleich in einer eigentümlichen Weise den Blick auf die Gesellschaft selber. Sie führt zu einer Rekonstruktion von Handlungslogiken unter *idealisierten* Randbedingungen. Das genuin soziologische Problem, wie sich diese Handlungslogiken *in* der Gesellschaft artikulieren, wie sie zur Produktion und Reproduktion eines sozialen Handlungsfeldes beitragen, gerät aus dem theoretischen Blickfeld. Der Gegenstand Gesellschaft geht verloren. Die zentrale Frage einer soziologischen Theorie: wie ist soziale Ordnung möglich? wird auf eine sekundäre Ebene verschoben. Sie wird zu einer Frage der nicht-intendierten Konsequenzen bzw. zu einer Frage der nicht-gelingenden Koordination von Handlungen.

Warum kommt es dennoch zur Renaissance der Vertragstheorie in den Sozialwissenschaften? Die objektive Bedeutung der Vertragsmetapher ist weniger in ihrer inhaltlichen Ergiebigkeit für soziologische Theoriebildung, sondern eher in der Umstellung des theoretischen „Blicks" zu suchen. Diese Umstellung des Blicks bedeutet eine Kampfansage an den „funktionalistischen" theoretischen Blick in der Soziologie, für den sich das Problem, daß Handlungszusammenhänge selber wieder durch Handeln hergestellt werden, nicht mehr stellt. Die Vertragsmetapher ist also ein Mittel, den dominierenden theoretischen Diskurs infragezustellen.

Der theoretische Blick, den das Anknüpfen an die vertragstheoretische Tradition ermöglicht, verläßt die Perspektive des an Normen orientierten Handelns und erlaubt es, das gemeinsame Handeln im Rahmen einer Theorie kollektiven Handelns zu reformulieren. Dies ist das genuin „Neue" an den jüngeren „rational choice"-Theorien einerseits, den Theorien „kommunikativen Handelns" andererseits.

Daraus ergibt sich eine eigenartige Diskussionslage. Die Renaissance der Vertragstheorien in den Sozialwissenschaften führt einerseits die handlungstheoretische Diskussion über ihre individualistischen Prämissen hinaus. Sie fällt andererseits insofern hinter den Diskussionsstand soziologischer Theoriebildung zurück, als sie die objektive Strukturiertheit kollektiven Handelns und dessen Funktion im Produktions- und Reproduktionsprozeß von sozialen Systemen nicht mehr fassen kann. Sie muß diese objektive Strukturiertheit einer zweiten — systematisch von ihr unabhängigen — Theorie überlassen (dafür hat sich das Label „Systemtheorie" eingebürgert). Diese Doppelung der Theorie erinnert an jene Frühphase des vertragstheoretischen Denkens, in der zum Gesellschaftsvertrag noch ein Herrschaftsvertrag hinzugefügt worden ist, der die Erklärung (und Rechtfertigung) all jener sozialen Phänomene zu übernehmen hatte, die sich aus der freien und gleichen Einigung aller ganz offensichtlich ergeben würden.

Ich möchte im folgenden auf dieses selbst erzeugte immanente Theorieproblem eingehen und zunächst genauer zeigen, daß die funktionalistische Analyse kollektiven Handelns voraussetzen muß, was eigentlich zu erklären wäre. Auf diese Kritik bauen dann Überlegungen zu einer Theorie kollektiven Handelns auf. Dabei werden zwei konkurrierende Handlungslogiken rekonstruiert: die Logik der Aggregation individueller Handlungen zu einem kollektiven Handeln im Rahmen der Theorie rationaler Wahl und die Logik gemeinsamen Handelns im Rahmen der Theorie kommunikativen Handelns. In einem weiteren Argumentationsschritt wird der Versuch gemacht, die Annahmen über die menschliche Natur in beiden Theoriestrategien zu „soziologisieren". Das soll der Rekurs auf einen „Grundvertrag", in dem man sich auf die Bedingungen der Vertragsschließung einigt, und dessen Reformulierung als eines „permanenten Gesellschaftsvertrags" leisten. In einem abschließenden Teil schließlich wird der Versuch gemacht, diesen permanenten Gesellschaftsvertrag als einen kollektiven Lernprozeß zu deuten, in dem eine soziale Ordnung zugleich produziert und reproduziert wird.

Die kritische Auseinandersetzung mit den genannten Positionen versteht sich — in der soziologischen Reflexion auf sich selbst — als Teil einer Auseinandersetzung um theoretische Positionen. Insofern hat die Darstellung der jeweils „gegnerischen" Positionen nicht die Aufgabe, diesen Positionen gerecht zu werden. Sie ist vielmehr nur Mittel der Darstellung der eigenen Position. Die Kritik an dieser Kritik setzt deshalb den realen Diskussionszusammenhang (und nicht den als Dialog kaschierten Monolog des einsamen Kritikers) voraus.[3]

2. Eine Kritik der „Theory of collective behavior"

Daß die traditionelle soziologische Theorie Schwierigkeiten mit dem Phänomen des kollektiven Handelns hat, zeigt sich daran, daß das, was als Handlungstheorie in der Soziologie angeboten wird, das soziale Handeln von Individuen zum Gegenstand hat, also individuelles und nicht kollektives Handeln zu erklären sucht. Man versucht, das Individuelle aus dem Sozialen zu erklären. Das Problem der Koordination von Handlungen bleibt in dieser Perspektive zweitrangig. Handlungstheorien, die nicht auf das *Intraindividuelle,* sondern auf das *Interindividuelle* abzielen, haben unter dem Sammelbegriff „Theorien kollektiven Verhaltens" (Heinz/ Schöber 1972) eine eher marginale Rolle in der soziologischen Theoriebildung gespielt.[4]

Der einzige bedeutendere Versuch, im Rahmen der traditionellen soziologischen Handlungstheorie das Problem des kollektiven Handelns anzugehen, ist Smelsers „Theory of Collective Behavior" (Smelser 1962). Smelser versucht, das zentrale Problem kollektiven Handelns, nämlich das *Koordinationsproblem,* durch den Rekurs auf gemeinsam geteilte Normen und Werte, an denen sich die einzelnen Handelnden orientieren, zu lösen. Individuelles Handeln wird dadurch zu kollektivem Handeln hochaggregiert, daß individuelle Handlungen sich an vorgegebenen Normen und Werten orientieren. Das Koordinationsproblem wird durch eine Prämisse „gelöst" (oder besser: eskamotiert), die ich die *Konformitätsprämisse* nennen möchte. Kollektives Handeln entsteht dadurch, daß soziale Akteure sich den Normen einer Gruppe oder den institutionellen Normen der Gesellschaft insgesamt unterwerfen. Kollektives Handeln wird durch die Zugehörigkeit zu einem sozialen System, durch die Orientierung an einer gemeinsam geteilten normativen Welt konstituiert.

Smelser unterscheidet in Rahmen der Parsonianischen Handlungstheorie kollektive Handlungen nach dem Typus der gemeinsamen Glaubensvorstellungen, die sie konstituieren. Diese gemeinsame Vorstellungswelt kann unterschiedlich entwickelt sein. Zu den einfachsten Formen gemeinsamer Glaubensvorstellungen rechnet Smelser *Hysterie* und *Wunscherfüllungsphantasien.* Sie machen die Ressourcen Angst und Abwehrverhalten für kollektives Handeln verfügbar. *Feindselige Glaubensvorstellungen* (hostile beliefs) enthalten eine zusätzliche Komponente: sie definieren den Gegner, auf den sich Angst und Wunscherfüllung beziehen. Die Ressourcen Angst und Abwehr erhalten so eine mobilisierende Komponente, nämlich Aggression. Erst mit dem dritten Typ gemeinsamer Glaubensvorstellungen kommen Normen ins Spiel. Smelser nennt sie ganz einfach *normorientierte Glaubensvorstellungen.* Diese Glaubensvorstellungen führen im Falle einer negativen Einstellung zur normativ geregelten Welt zu einem reformistischen kollektiven Verhalten, im Falle einer positiven Einstellung zur normativ geregelten Welt zu einer kollektiven Betonung des Rechts (von Recht und Ordnung). Erst der vierte Typ gemeinsamer Glaubensvorstellungen ist im Sinne des Handlungsschemas von Parsons vollständig. Smelser nennt diese Glaubensvorstellungen *wertorientierte Glaubensvorstellungen.* Im negativen Falle führen solche Wertvorstellungen zur Ablehnung einer herrschenden moralischen Ordnung, im positiven Fall zur Idealisierung einer bestehenden moralischen Ordnung.

Die Smelsersche Theorie kollektiven Verhaltens setzt also gemeinsam geteilte Normen und Werte bzw. die (Zwangs-)Mitgliedschaft in einer organisierten sozialen Gruppe, also Kollektivität, voraus, um kollektives Handeln zu erklären. Gegen diese funktionalistische Sichtweise richtet sich die Idee eines kollektiven Handelns als eines sich selbst regulierenden und organisierenden Handeln. Kollektives Handeln wird in dieser nicht-funktionalistischen Perspektive nicht durch die Konformität mit Regeln, sondern durch die Fähigkeit, Regeln des Zusammenhandelns im Prozeß des Zusammenhandelns selbst zu erzeugen, erklärt. Die Theorie kollektiven Handelns, die auf der Konformitätsprämisse aufbaut, nimmt das soziale System als gegeben an. In der Theorie des sich selbst organisierenden kollektiven Handelns wird das soziale System zum Medium und zugleich zum Ergebnis kollektiven Handelns.

Diese theoretische Alternative kann man am besten als „genetisches" Modell (Moscovici 1979) bezeichnen. Kollektives Handeln wird dadurch erzeugt, daß soziale Akteure ihre Differenzen und Widersprüche auszutragen versuchen. In diesem Prozeß bildet sich eine Form der Kooperation heraus, die die Gemeinsamkeit der Akteure (also kollektives Handeln) erst herstellt. Das Kriterium für das Bestehen kollektiven Handelns ist dann nicht mehr die Konformität mit vorgegebenen Werten und Normen, sondern die Fähigkeit kollektiver Konfliktlösung.

3. Von der funktionalistischen zur genetischen Perspektive

3.1. Das Koordinationsproblem in der Moderne

In der Moderne hat sich zum ersten Male das Problem gestellt, wie individuelle Handlungen dann, wenn sie nicht mehr in traditionelle Glaubenswelten eingebunden sind, miteinander koordiniert werden können. Wenn es keine überlieferte gemeinsame Lebenswelt mehr gibt, dann bedarf es eines Substituts. Der theoretische Optimismus einiger Sozialphilosophen, daß das moralisch neutralisierte Handeln von Individuen von selbst zu einem gesellschaftlichen Zustand führe (was bis zum Optimismus Mandevilles reichte, der meinte, daß selbst aus bösen Handlungen Gutes in Form von Gesellschaftlichkeit entstehen könne, was er am Beispiel des Verbrechers erläutert, der gesellschaftliche Arbeit, hier Polizei- und Richterarbeit, erzeuge und so das Kollektivleben intensiviere), hat sich als unbegründet erwiesen. Die marktmäßige Koordination individueller Interessen reicht allein nicht aus; sie bedarf einer kollektiv verbindlichen Korrektur. Das führt dazu, nach „politischen" Lösungen des Problems kollektiven Handelns zu suchen. Dafür bieten sich zwei Medien an: das Recht und die Moral.

Das erste Medium der Korrektur marktmäßiger Koordination von individuellen Handlungen ist das moderne Recht. Zur unsichtbaren Hand des Marktes tritt die sichtbare Hand des Rechts (Mestmäcker 1978) hinzu. Das von den optimistischen Sozialphilosophen unterschätzte Problem der politischen und rechtlichen Koordination moralisch neutralisierter Handlungen gibt der politischen Theorie eine zentrale Bedeutung für eine Theorie kollektiven Handelns. Um den Gesellschaftszustand zu sichern, bedarf es einer politischen Ordnung, die die *Verfahren* festlegt, mit denen strittige Fragen gelöst werden können. In der modernstaatlichen Entwicklung sind verschiedene Verfahren der Konfliktregelung hintereinandergeschaltet worden. Die Letztinstanz in dieser Hierarchie von Verfahren hat man dann Verfassung genannt.[5]

Moral ist ein zweites Medium der Korrektur marktmäßiger Koordination von Handlungen. Dieser Koordinationsmodus ist charakteristisch für außerinstitutionelles Handeln, etwa das Handeln sozialer Bewegungen. Das Recht bindet korporative Akteure, aber nicht soziale Bewegungen. Soziale Bewegungen berufen sich auf eine Moral, die vor allem Recht steht. Die „Verfassung", die korporatives Handeln bindet, steht im kollektiven Handeln sozialer Bewegungen zur Disposition. In diesem Handeln wird auf eine moralische Welt Bezug genommen, die dem herrschenden Recht entgegengesetzt wird und die — in historischen Schlüsselereignissen wie etwa der Französischen Revolution — das Recht auf eine neue moralische Grundlage stellt (und so wieder Recht wird!).

In beiden Fällen handelt es sich um den Versuch, eine gemeinsame Welt zu definieren, die das Zusammenhandeln regeln soll. In beiden Fällen geht es um die Herstellung des kollektiven Gutes „Verfassung".

3.2. Der Gesellschaftsvertrag als genetisches Modell

Die Herstellung eines kollektiven Gutes verlangt ein gemeinsames Handeln der Beteiligten. Dies entsteht nicht dadurch, daß sie dieses kollektive Gut bereits anerkannt haben, sondern dadurch, daß sie es durch ihr Handeln erst erzeugen. Der Vertrag ist eine Metapher genau für diesen Typus gemeinsamen Handelns. Er enthält eine implizite Theorie kollektiven Handelns.

Mit der Renaissance der Vertragsmetapher ist die Renaissance alter theoretischer Kontroversen um die logische Struktur des Gesellschaftsvertrags verbunden. Die alte sozialphilosophische Auseinandersetzung zwischen Utilitaristen und Aprioristen wiederholt sich in der Auseinandersetzung zwischen „ökonomischen" und „kommunikationstheoretischen" Ansätzen.[6] Wenn in der ökonomischen Tradition von kollektivem Handeln die Rede ist, dann ist der Begriff *kollektiv* gleichbedeutend mit *korporativ* (Traxler 1982; Vanberg 1983). Jedes kollektive Handeln impliziert eine „Verfassung" (Coleman 1984), in der die Regeln der Koordination individueller Handlungen festgelegt sind. Insoweit in den kommunikationstheoretischen Ansätzen von kollektivem Handeln die Rede ist, wird es als gemeinsames Handeln auf der Grundlage gegenseitiger Verständigung konzeptualisiert. Dieses kollektive Handeln ist gerade nicht institutionell koordiniert, es ist „vorkonstitutioneller" Natur. Im Unterschied zum korporativen Handeln, das durch formale Verfahrensregeln („Verfassungen") koordiniert wird, wird dieses kollektive Handeln durch Regeln kommunikativer Verständigung koordiniert. Aus diesen konkurrierenden Ansatzpunkten ergeben sich unterschiedliche Konzeptionen von sozialen Kollektiven, die ihrerseits sozial situiert sind.

Ein exemplarischer Fall korporativen kollektiven Handelns sind *Interessengruppen* (etwa „Verbände"). Solche Gruppen enthalten einen Typus von Assoziation, in dem nur das moralisch neutralisierte strategische Handeln zählt. Solche Gruppen minimieren dialogische Entscheidungsfindungsprozesse, konzentrieren die Machtausübung in einer funktionalen Führung, minimieren normative Einklagen gegenüber technischen Argumenten (Sachzwänge). Sie haben vor allem aber im System sozialer Ungleichheit bereits eine privilegierte Position inne, besitzen also bereits Macht unabhängig von ihrer Organisation als Interessengruppe (Offe/Wiesenthal 1980, S. 87).

Ein examplarischer Fall nicht-korporativen kollektiven Handelns sind *soziale Bewegungen.* Diese Formen kollektiven Handelns sind von besonderer Bedeutung für gesellschaftlichen Wandel (Moscovici 1979; Touraine 1973, 1982). Das damit verbundene Modell kollektiven Handelns geht von der Vorstellung eines dem Individualbewußtsein vorausgesetzten Kollektivbewußtseins einer Gruppe aus. Diese Gruppenrealität artikuliert sich einmal als von den Individuen unabhängige Phasenstruktur des Gruppenlebens selber, dann als gemeinsam geteiltes Weltbild einer Gruppe; sie wird objektiviert als eine (sozial erkennbare und erkannte) Gruppenidentität (Spencer 1975, S. 206 ff.).[7]

Diese Typen kollektiven Handelns enthalten somit Modelle von kollektiven Akteuren, die sich selbst real antagonistisch zueinander verhalten. Die aus der „ökonomischen" Tradition stammende Konzeption eines „corporate actor", die den Hobbesschen Menschen generalisiert, deutet soziale Gruppen als eine Ansammlung von Individuen und führt das „Kollektive" als Aggregationseffekte individueller Handlungen ein. Die aus der kommunikationstheoretischen Tradition stammende Konzeption eines „Kollektivsubjekts" geht von der Annahme einer Gruppenrealität aus, die —zwar von den beteiligten Akteuren erzeugt — diesen doch zugleich wieder gegenübersteht. Beiden Ansätzen ist gemeinsam die Vorstellung kollektiver Effekte von individuellen Handlungen. Beide Positionen trennen sich dann, wenn es darum geht, diesen kollektiven Effekt theoretisch zu benennen. In der utilitaristischen Tradition ist er nicht-intendierte Konsequenz. In der aprioristischen Tradition erhält der kollektive Effekt intentionale Qualitäten.

Das Modell eines nicht-korporativen kollektiven Handelns läßt sich vom Modell des korporativen kollektiven Handelns systematisch folgendermaßen unterscheiden:

(1) korporatives kollektives Handeln ist definiert

    a) durch legitimierte Verfahrensregeln (von Wahlverfahren bis zu Diskussionsregeln);

    b) durch einen legitimen Handlungsbereich, auf den diese Verfahrensregeln legitimerweise angewendet werden dürfen;

    c) durch eine ihre legitimen Interessen organisierende Gruppe.

(2) nichtkorporatives kollektives Handeln ist definiert

    a) durch gegenseitig unterstellte Regeln moralischer Kompetenz;

    b) durch die Herstellung einer gemeinsam geteilten normativen Welt, die im Prozeß der Einigung auf kollektiv geltende Normen hergestellt wird;

    c) durch ein ein Allgemeininteresse konstituierendes Kollektivsubjekt.

3.3. Zwei Logiken kollektiven Handelns

Diese beiden Typen begründen konkurrierende und inkompatible Handlungslogiken. Ihnen liegen fundamental verschiedene Modelle kollektiven Handelns zugrunde. Diese beiden Modelle lassen sich als „rationalistisches" und „normativistisches" Modell kollektiven Handelns bezeichnen.

Das *rationalistische* Modell kollektiven Handelns unterstellt, daß man sich auf eine gemeinsame Verfassung deswegen einigt, weil sie im Interesse jedes einzelnen ist. Rationales Handeln zwingt — wenn es wirklich rational ist — zur Anerkennung der Regeln einer Verfassung. Es zwingt zur Anerkenntnis von Verfahrensregeln unabhängig von der Moralität der zu koordinierenden Handlungen. Eine solche rationale Motivation zu einem Gesellschaftsvertrag über eine Verfassung bedarf keiner zusätzlichen moralischen Motive mehr.

Verfahrensregeln stellen die Koordination egoistischen — d.h. moralisch neutralisierten — Handelns auch im Konfliktfalle her. Sie erfordern prinzipiell nicht eine moralische Einstellung zum anderen (Luhmann 1968). Das ist *der* große Vorteil von Verfahrensregeln. Wer sich auf politische Wahlen einläßt, der muß bestimmte Regeln des politischen Spiels akzeptieren. Wer einen notariellen Kaufvertrag schließt, der akzeptiert damit die Verfahrensregeln des bürgerlichen Vertragsrechts.

Solange man am Modell der Koordination egoistischen Handelns festhält, muß man Verfahrensregeln voraussetzen, die einen — aus der Rationalitätsprämisse sich ergebenden — Vorteil bieten. Doch diese Voraussetzung ist mit einer soziologischen Idealisierung verbunden: man muß so tun, als ob Verfassungen gleichermaßen im Interesse aller seien. Doch dies kann realiter nur für diejenigen gelten, die bereits vorteilhafte Positionen in der Gesellschaft einnehmen. Das rationalistische Modell unterschlägt insofern den Zwangscharakter, den eine Verfassung für die schlechter Gestellten annehmen muß. Es gibt somit einen engen Zusammenhang zwischen dem Zwangscharakter von Verfahrensregeln einerseits und der Vorstellung eines moralisch neutralisierten sozialen Handelns andererseits.

Im *normativistischen* Modell stellt sich das Problem der Motivierung zu einem Gesellschaftsvertrag in einer grundlegend anderen Weise. Es geht von der Prämisse aus, daß man deswegen einen Vertrag schließt, weil man als soziales Wesen zur Kooperation mit anderen gezwungen ist. Dieser Zwang zu Kooperation erfordert die Etablierung von Regeln des Zusammenhandelns.

Solche Regeln koordinieren individuelle Handlungen nicht über die nicht-intendierten Effekte dieser Handlungen (was einen Koordinationsmodus impliziert, der den Handlungsintentionen der Beteiligten prinzipiell äußerlich ist), sondern über die Herstellung einer gemeinsam geteilten Welt, die die Beteiligten dazu zwingt, sie entweder zu akzeptieren oder ihr mit Gründen zu widersprechen und damit den Umbau dieser gemeinsam geteilten Welt zu betreiben. Die Erzeugung einer gemeinsam geteilten moralischen Welt ist somit Medium und Ergebnis kollektiven Handelns.[8]

73

Es gibt also zwei Logiken kollektiven Handelns. Als idealisierte – vom gesellschaftlichen Kontext abstrahierende – Handlungslogiken sind sie inkompatibel. Wenn man jedoch diesen Kontext mitberücksichtigt, dann erscheinen diese Modelle als theoretische Beschreibungen für die Handlungslogik von Gruppen, die in differentieller Weise in einem Gesellschaftssystem plaziert sind, als Gruppen, deren Positionen im Gesellschaftssystem ungleich sind. Dieses Übersehen ihrer sozialen Strukturiertheit und Bedingtheit gehört zum (eingangs bereits konstatierten) strukturellen Defizit dieser Theorien kollektiven Handelns.

In beiden Modellen kollektiven Handelns wird die Genese einer sozialen Ordnung unter idealisierten Bedingungen erklärt. Doch die alte Frage: wie ist soziale Ordnung möglich? wird damit nicht beantwortet. Sie wird einer anderen Theorie oder ,,Randbedingungen" unterschiedlich komplexer Art zugeordnet.

Für diese ,,Doppeltheorien" gibt es ein historisches Modell. Die Gesellschaftsvertragstheorien haben zu erklären versucht, wie aus dem Zusammenhandeln von Individuen, die zu Kooperation gezwungen sind, eine soziale Ordnung entsteht. Die Schwierigkeiten dieser Theorie mit dem Phänomen sozialer Ungleichheit und politischer Herrschaft haben die Zusatzannahme eines ,,Herrschaftsvertrags" notwendig gemacht. Die aus dem Gesellschaftsvertrag nicht erklärbaren Phänomene hat der Herrschaftsvertrag zu erklären übernommen.

Das im alten Gesellschaftsvertragsmodell angelegte und in den neueren Vertragstheorien reproduzierte Problem eines doppelten Theorieansatzes (und der damit verbundenen Strategie, die Theorie durch beliebig variierbare Randbedingungen zu immunisieren) dürfte jedoch eine theoretische Sackgasse sein. Ausgangspunkt dieser Überlegungen ist die Annahme einer ungenügenden Soziologisierung der theoretischen Grundannahmen.

Diese Theorien sind in letzter Instanz auf Annahmen über die Natur des Menschen und nicht auf Annahmen über die Natur der Beziehungen zwischen Menschen aufgebaut. Sie gründen also auf anthropologischen, nicht soziologischen Annahmen. Das rationalistische Modell unterstellt Selbstevidentes: eine menschliche Natur, die gleichbedeutend mit rationalem Verhalten ist. Das normativistische Modell unterstellt eine andere rationale Natur des Menschen: das zu moralischem Handeln und Denken fähige Individuum. Beide Traditionen beenden ihre theoretische Einsicht dort, wo die Annahmen über die menschliche Natur ihrerseits erklärt werden müßten. Der empiristische und der aprioristische Ausweg sind nichts als Vermeidungsstrategien des Problems, den kollektiven Konstitutionsprozeß dieser Naturen zu entziffern. Eine genuin soziologische Theorie kann sich die Sache nicht so leicht machen. Sie muß auch noch die anthropologischen Grundannahmen soziologisch auflösen, zum Ergebnis von kollektivem Handeln machen.

Sie muß sie – um die alte Sprechweise zu benutzen – ,,vertragstheoretisch" auflösen, aus zwei Gesellschaftsverträgen, dem eigentlichen und dem Herrschaftsvertrag, einen Vertrag machen. Diesen Vertrag möchte ich ,,Grundvertrag" nennen, in dem man sich auf die nichtkontraktuellen Elemente des Vertrags einigt.

Im folgenden soll versucht werden, diese Vorstellung eines Grundvertrags (in dem sich die konkurrierenden Handlungslogiken möglicherweise in Beziehung setzen lassen) zu explizieren. Ziel dieser Überlegungen soll es sein, die Bedingungen der Möglichkeit einer sozialen Ordnung jenseits idealisierender handlungstheoretischer Annahmen zu rekonstruieren.

4. Die Idee eines „Grundvertrags"

Die Vorstellung eines Gesellschaftsvertrags, den die Menschen miteinander schließen, um sich eine Verfassung zu geben (oder soziologisch gesprochen: eine institutionelle Ordnung zu geben), setzt die Idee eines Konsensus über die nicht-kontraktuellen Grundlagen des Vertrags voraus. Damit läßt sich die theoretische Problemstellung reformulieren: In welcher Weise kann ein solcher Konsens hergestellt werden? Was sind die Eigenschaften des Gesellschaftsvertrags, die dazu führen, daß die am Gesellschaftsvertrag Beteiligten auch die Ergebnisse dieses Vertrags akzeptieren?

Das erste Kriterium für die Gültigkeit des Gesellschaftsvertrags ist, daß ihm alle Beteiligten *zugestimmt* haben. Diese zuerst von Hobbes in ihrer Radikalität gedachte Idee geht davon aus, daß die Verfolgung des individuellen Eigeninteresses, insbesondere des Interesses auf Selbsterhaltung, zu Kooperation zwingt. Entscheidend in seiner Konstruktion ist jedoch nicht dieses Nützlichkeitsmotiv der Selbsterhaltung, sondern die Bedingung, daß alle Beteiligten als gleiche und freie Subjekte sich auf etwas einigen, was er dann den Gesellschaftsvertrag nennt.

Diese Konstruktion weist eine Schwierigkeit auf, nämlich zu erklären, wie die Einigung von freien und gleichen Menschen dann, wenn sie nur ihren Nützlichkeitsmotiven folgen, die moralische Gültigkeit der Regeln, die im Gesellschaftszustand gelten sollen, garantieren kann. Kant hat dieses Problem wohl am klarsten gesehen und eine zusätzliche Bedingung für die Gültigkeit von Einigungsprozeduren vorgeschlagen: nur solche Ergebnisse von Einigungsprozessen sollten Gültigkeit haben (also gerecht oder gut sein können), wenn jeder der Beteiligten sein Handeln nach der Regel ausrichten würde, daß die Maxime seines Handelns idealiter die Maxime aller anderen sein könnte. Was Kant hier hinzufügt, ist die Bedingung der *Unparteilichkeit*. Die Zustimmung aller garantiert nur unter den idealen Bedingungen der unparteilichen Einstellung jedes Beteiligten die moralische Geltung einer selbstgesetzten Verfassung.

Rawls hat nun Hobbes und Kant in einer originellen Weise miteinander kombiniert (Rawls 1971). Das Einigungsverfahren, das er vorschlägt, sichert die Unparteilichkeit durch den „veil of ignorance", also durch eine Überlegungsprozedur, die auf hypothetischem Nichtwissen beruht. Diese „hypothetische Überlegungsprozedur" gründet letztlich auf dem individuellen Interesse, daß man dann, wenn man nicht weiß, was man bekommt, darauf achtet, daß man im schlechtesten aller Fälle doch noch soviel als möglich erhält. Rawls laviert hier zwischen Hobbes und Kant: von Hobbes übernimmt er das utilitaristische Grundmotiv, von Kant die Idee, daß nur unter der Bedingung von Unparteilichkeit die Gerechtigkeit eines Einigungsprozesses gewährleistet werden kann. Das hat zwar gegenüber Kant den Vorteil einer größeren Realitätsnähe für sich, bringt aber neue Schwierigkeiten mit sich. Denn die hypothetische Unparteilichkeitsüberlegung, die Rawls fordert, geht von einer unwahrscheinlichen empirischen Prämisse aus: nämlich daß *ich* in der von mir unter dem veil of ignorance vorgenommenen Überlegungen von einer für alle gleichen Bedürfnis- und Interessenlage ausgehen kann. Die Prämisse ist also, daß ich mich über die Interessen und Bedürfnisse der anderen gar nicht täuschen kann (Tugendhat 1980). Rawls hat insofern einen Schritt über Kant hinaus getan, als er die Komplexität empirischer Randbedingungen in den Kantischen Formalismus einzuführen versucht hat. Allerdings ist dieser Schritt unzureichend. Denn er bleibt an eine hypothetische Überlegungsprozedur gebunden. Er reduziert das genuin Soziale eines Verständigungs- und Einigungsprozesses auf einen Akt individuell durchzuführender Überlegung. Der Gesellschaftsvertrag wird zu einem Akt eines einsamen Bewußtseins.

Wie kann man diese Reduktion des Sozialen auf das Individuelle korrigieren? Wie kann man das kollektiv Geltende in Kants kategorischem Imperativ so reformulieren, daß es in die hypothetische Unparteilichkeitsüberlegung wieder zurückgeführt werden kann? Dadurch — so der Vorschlag — daß man die *hypothetische* Unparteilichkeitsüberlegung als eine *reale* Unparteilichkeitsüberlegung durchführt. Der Unterschied zu Rawls bestünde darin, daß die Unparteilichkeitsüberlegung nicht als Monolog, sondern als Dialog gefaßt wird.

Was aber ist die spezifische Leistung des Dialogs? In den Dialog ist ein spezifischer Mechanismus eingebaut, der einen Zwang zu Unparteilichkeit ausübt: dies ist der Widerspruch, den ich erfahren kann, wenn ich ein vermeintlich gerechtes Urteil der Prüfung durch andere aussetze. Die Forderung nach der Unparteilichkeit des einsam Überlegenden bürdet dem Monolog zuviel auf: das Subjekt in Einsamkeit und Freiheit muß seiner Überlegung aus der Erst-Person-Perspektive zugleich die Qualität einer Dritt-Person-Perspektive zumuten. Diese Dritt-Person-Perspektive setzt jedoch voraus, den Kontext, in dem man selbst steht, von außen zu betrachten, sich also kontextunabhängig zu verhalten. Die Vorstellung vom unparteilichen Monolog enthält also ein theoretisch aufzulösendes Dilemma.

Dieses Dilemma wird dann aufgelöst, wenn man die Objektivität eines Unparteilichkeitsurteils nicht im Individuum, sondern in der sozialen Beziehung zwischen überlegenden Individuen lokalisiert. Damit ein unparteiliches Urteil überhaupt entstehen kann, müssen die Beteiligten sich über mögliche Urteile auseinandersetzen. In diesem interindividuellen (und nicht mehr bloß intraindividuellen) Prozeß stellt sich — idealiter — ein gemeinsames moralisches Urteil her, in dem zumindest die egoistischen Interessen der Beteiligten neutralisiert werden können. Das, was Rawls mit dem veil of ignorance zu erreichen versucht hat, wird — idealiter — allein durch den Zwang zu argumentativer Auseinandersetzung erreicht.

Doch inwiefern ist die argumentative Verständigung weniger fiktiv als der veil of ignorance? Kann man nicht durch geschicktes rhetorisches Vorgehen die anderen, am Ende gar sich selbst täuschen? Dieser Einwand enthält eine formale und eine empirische Frage. Die formale Frage läßt sich dahingehend beantworten, daß — im Gegensatz zum veil of ignorance — derjenige, der sich in eine argumentative Auseinandersetzung über Interessen, Bedürfnisse, Motive, Tatsachen einläßt, dabei uno actu die Regeln argumentativer Auseinandersetzung, die Logik argumentativen Streits akzeptieren *muß*. Nichts zwingt den Monologisierenden, den veil of ignorance sich überzustülpen. Alles zwingt den, der sich auf den Dialog einläßt, die Logik argumentativen Streits zu akzeptieren (Miller 1984). Der empirische Einwand, daß man auch die Regeln argumentativen Streits strategisch einsetzen kann, trifft nicht die Annahme, daß man an der Logik argumentativer Verständigung dann, wenn man sich dem Urteil anderer aussetzt, nicht herumkommt. Die „Korrektur" des Rawls'schen Vorschlags führt also zu der theoretischen Vorstellung, daß ein Gesellschaftsvertrag nur dann zu einer moralischen Ordnung führt, wenn der Prozeß der Einigung auf ein gemeinsames Normensystem (auf eine gemeinsame Verfassung) den impliziten Regeln rationaler Einigung durch Argumente, also der Logik argumentativer Auseinandersetzung folgt.

Diese „Korrektur" des Rawls'schen Vorschlags erlaubt einen sinnvollen Anschluß soziologischer Theoriebildung an das vertragstheoretische Denken. Die Idee, die formalen Bedingungen, die zur Schließung eines Gesellschaftsvertrages notwendig sind, als Regeln argumentativer Auseinandersetzung zu konzeptualisieren, eröffnet eine Methodologie, die notwendig zu sozialwissenschaftlicher Theoriebildung führt.

Diese Korrektur führt erstens zu einer neuartigen empirischen Forschungsfrage. Man kann nun fragen, unter welchen empirischen Bedingungen eine Neutralisierung dieser Logik möglich ist. Diese Frage ist nichts anderes als die empirische Frage nach dem Grad von Herrschaft und Gewalt in einer Gesellschaft.

Diese Korrektur löst zweitens die Doppeldeutigkeit der Gesellschaftsvertragstheorie, die ihr von Anfang an anhaftete, soziologisch auf. In den frühen Gesellschaftsvertragstheorien war es offen geblieben, ob sie nur von einer Fiktion oder von einem tatsächlichen historischen Ereignis ausgingen. In der Geschichte der Gesellschaftsvertragstheorien hat sich dann die Vorstellung herauskristallisiert, daß man den Gesellschaftsvertrag so zu betrachten hätte, *als ob* er stattgefunden hätte. Er sollte also eine Fiktion sein. In der soziologischen Reformulierung erhält das Nicht-Fiktive am Gesellschaftsvertrag wieder eine neue Relevanz. In einer Gesellschaft kann nur das normativ verbindlich sein, worauf sich die Beteiligten real einigen können.

5. Der permanente Gesellschaftsvertrag als kollektiver Lernprozeß

Die formalen Strukturen eines Gesellschaftsvertrags haben eine spezifische Eigenschaft: sie sind zugleich Bedingung der Möglichkeit der Revision des Vertrags. Der Prozeß, in dem Verträge durch immer wieder stattfindende Einigungsprozesse revidiert werden, ist ein kollektiver Lernprozeß. In einem solchen kollektiven Lernprozeß wird eine gemeinsame Welt aufgebaut, die die Beteiligten dazu zwingt, das Ergebnis dieses gemeinsamen Lernens for the time being zu akzeptieren oder ihm mit Gründen zu widersprechen. Dieser Widerspruch ist selbst wiederum ein Beitrag zu einer Revision dessen, was als gemeinsame Welt gelten soll.

Die soziologische Umformulierung der Gesellschaftsvertragstheorie kulminiert somit in der Idee eines *permanenten Gesellschaftsvertrags,* der real als kollektiver Lernprozeß in der Gesellschaft stattfindet und dessen empirische Form abhängig ist vom Grad der Repression freier und gleicher Einigung auf das, was kollektiv gelten soll.

Die Vorstellung einer in kollektiven Lernprozessen sich konstituierenden sozialen Ordnung ist in der soziologischen Theoriediskussion bislang kaum von Bedeutung gewesen. Diese Vorstellung ist eher in jenen jüngeren sozialhistorischen Arbeiten zum Tragen gekommen, die sich mit der Geschichte der bürgerlichen und der sozialen Bewegung in der modernen Gesellschaft befaßt haben.[9]

In der soziologischen Theoriediskussion sind solche Denkansätze bislang kaum aufgenommen worden. Die Theoriediskussion ist vielmehr am Gegensatz von Außenperspektive versus Innenperspektive hängengeblieben. In der Außenperspektive wird die Umsetzung von Ideen/Normen in Institutionen als — von den Individuen unabhängiger — Selektionsprozeß gedeutet. Daß nicht alle Ideen zum Zuge kommen, liegt dann daran, daß Selektionsfilter (die „Umwelt") vor die institutionelle Verkörperung vorgeschaltet sind. Man argumentiert in dieser Außenperspektive vom Ergebnis her, nämlich dem, was in der Gesellschaft sich als normativ verbindlich durchgesetzt hat.

Man hat gegen diese Außenperspektive die Alternative einer Innenperspektive gesetzt. In ihr ist die institutionelle Verkörperung von Ideen nichts anderes als die Durchsetzung einer irgendwie qualifizierten individuellen Handlung (sei es einer normativ als gut, moralisch, stark oder intelligent definierten Handlung). Die soziale Welt wäre in diesem Falle das intentionale Ergebnis von individuellen Handlungen.

Weder die reine Außenperspektive noch die reine Innensperspektive können den Transformationsprozeß von individuellen Ideen in eine normativ verbindliche Ordnung, in eine soziale Ordnung erklären. Dies setzt vielmehr eine Rekonstruktion des Prozesses voraus, der der sozialen Konstruktion einer gemeinsamen moralischen Welt zugrundeliegt. Dieser Prozeß hat eine eigenartige Natur: er ist weder subjektiver Natur noch objektiver Natur. Die Ideen der einzelnen Beteiligten sind nur Beiträge zu einem Prozeß, der nicht individueller, noch überindividueller Natur ist, der vielmehr *interindividueller* Natur ist. Die Beiträge der einzelnen Individuen werden also nicht einfach selektiv von einer sozialen Umwelt behandelt. Denn diese soziale Umwelt wird durch die Beiträge der einzelnen Individuen ja erst konstituiert. Sie setzen sich auch nicht aufgrund der Intentionen der Beteiligten durch. Man muß also erklären, wie durch die Handlungsbeiträge der Individuen hindurch eine den Beteiligten gemeinsame soziale Welt überhaupt erst entsteht. Erst diese gemeinsame Welt kann unter der objektivierenden Perspektive der institutionellen Selektion bzw. unter der subjektivierenden Perspektive der individuellen Kompetenz und der individuellen Lernfähigkeit betrachtet werden.

Zwischen der subjektiven (voluntaristischen) Realität des Individuums und der objektiven (zwanghaften) Realität organisierter Sozialsysteme befindet sich die für die Soziologie konstitutive Realitätsebene, nämlich die Ebene der interindividuellen Realität. Wenn die Soziologie als Wissenschaft einen ihr spezifischen Gegenstand hat, dann ist es diese weder subjektive noch objektive Realität, eine Welt, die weder auf objektive Zwänge noch auf subjektive Intentionen reduziert werden kann. Diese Welt zwischen der Objektivität der Tatsachen und der Subjektivität von Intentionen ist die Welt kollektiven Handelns, in der die Regeln der Koordination und des Zusammenhandelns von Individuen erzeugt werden und diese den Individuen zugleich als objektive Gewalt gegenübertreten. Der Begriff des kollektiven Lernens kennzeichnet nichts anderes als den Prozeßcharakter dieser Welt kollektiven Handelns: die Beteiligten sind in einen Lernprozeß eingebunden, in dem sie als Individuen in unterschiedlicher Weise lernen. Dieser kollektive Lernprozeß erzeugt eine neue „Umwelt" für die vorgegebene soziale Welt der institutionellen Tatsachen, die dann neuartige Probleme institutioneller Integration provoziert.

Mit dieser theoretischen Konzeption kann man den Fallstricken des Objektivismus wie des Subjektivismus entgehen. Die nicht-intendierten Folgen von individuellen Handlungen können nicht — und das ist der zentrale Einwand gegen individualistische Erklärungen — einem Aktor zugerechnet werden; sie sind unabhängig von den individuellen Wünschen. Doch man kann diese Folgen nicht einfach als eine externe objektive Welt den Aktoren gegenüberstellen. Die nicht-intendierten Folgen haben *auch* eine intentionale Qualität (Schotter 1981). Jeder Handelnde weiß, daß sein Handeln auch nicht-intendierte Folgen haben kann. Ja er müßte, wenn er einigermaßen rational überlegen würde, sogar damit rechnen, daß er durch die Folgen seiner Absichten eines Besseren belehrt werden könnte. Das bedeutet, daß derjenige, der sich auf gemeinsames Handeln und damit auf mögliche nicht-intendierte Wirkungen seines individuellen Handlungsbeitrags einläßt, sich darauf einzustellen hat, daß er zu Lernprozessen gezwungen sein könnte.

Dies ist ein genuin gesellschaftlicher Zwang. Idealiter ist Gesellschaft nichts anderes als ein kollektiver Lernprozeß. Realiter ist Gesellschaft jedoch ein objektiver Zusammenhang, der die Chancen zu solchen kollektiven Lernprozessen ungleich verteilt. Mit der Idee der Gesellschaft als eines kollektiven Lernprozesses ist zwar ein Schritt weg von der traditionellen funktionalistisch/individualistischen Theorietradition in der Soziologie getan. Doch das ist nur ein erster Schritt. Der zweite Schritt bestünde nun darin, die objektiven Bedingungen der Reproduktion solcher kollektiver Lernprozesse und deren antagonistische Verlaufsformen zu klären.

Anmerkungen

1) Dies ist eine stark überarbeitete und mit Anmerkungen versehene Version meines Vortrages über „Kollektives Handeln und Moral" auf der Tagung der Sektion Soziologische Theorien über „Vertragstheorien in den Sozialwissenschaften".

2) Die Unterscheidung von Leidenschaften und Interessen ist — wie Hirschman (1984) gezeigt hat, von großer Bedeutung für die Entwicklung der Sozialphilosophie gewesen. Erst der Sieg des Kapitalismus hat den Primat der „Interessen" ermöglicht. Mit der Durchstaatlichung des Kapitalismus und noch mehr mit der kulturellen Infragestellung der „kapitalistischen" Kultur bietet es sich auch aus historisch-sozialen Gründen an, an die Diskussion um die „Leidenschaften" wiederanzuschließen und das Problem der Koordination der Leidenschaften einschließlich der „Habsucht" zu stellen, also eine von Interessen unabhängige und dennoch rationale Koordination von Leidenschaften zu denken.

3) Die genuin theoretische Bedeutung dieser letzten Bemerkung wird am Ende des Abschnitts 4 expliziert. Der sozialwissenschaftliche Diskurs entgeht ebenso wie jeder andere Diskurs nicht den Bedingungen der Koordination, die er selbst zu klären sucht.

4) Das scheint sich allerdings in der jüngeren Theoriediskussion zu ändern. Vgl. insbes. die Arbeiten von Touraine sowie die Flut an neuer Literatur zu den „Neuen sozialen Bewegungen".

5) Wie kompliziert solche rechtlichen Hierarchien gebaut sind, kann man am Problem der sog. Drittwirkung der Grundrechte auf das bürgerliche Gesetzbuch sehen (Scheuner 1978, S. 743 f.).

6) Die ökonomische Tradition, in der das Problem kollektiven Handelns gestellt wird, ist vor allem mit dem Namen Olson verbunden (Olson 1968). Die kommunikationstheoretische Tradition ist vor allem in den Arbeiten von Habermas (Habermas 1981) entwickelt worden. Ihre unmittelbare Relevanz für eine Theorie kollektiven Handelns zeigt Miller (1984).

7) Touraine hat die Phasenstruktur des Gruppenlebens selber zum Schlüssel seiner Methode der Untersuchung sozialer Bewegungen gemacht. Die sog. Methode der „Intervention" erzeugt den und folgt zugleich dem Konstitutionsprozeß einer Gruppe im Prozeß ihrer normativen und politischen Auseinandersetzungen (Touraine 1978, S. 213 ff.).

8) In der Tradition dieses „normativistischen" Modells hat Miller (1984) das Problem des kollektiven Handelns angegangen. Dieses bei Habermas selbst offen gebliebene Problem wird von Miller am Beispiel des gemeinsamen Befolgens von Regeln moralischer Argumentation und der im gemeinsamen Argumentieren erzeugten Moral (die gerade durch die Gemeinsamkeit der Erzeugung kollektive Geltung beanspruchen kann) diskutiert.

9) Zu den Arbeiten, die im Rahmen der Rekonstruktion der Arbeiterbewegung sich am Modell kollektiver Lernprozesse orientiert haben, gehören Thompson (1968), Vester (1970) und Na'aman (1978). Die historische Herkunft dieses Modells ist jedoch im Selbstverständnis der bürgerlichen Aufklärungsbewegung zu suchen. Vgl. dazu generell die Arbeiten von Koselleck (1959) und Habermas (1962). Als neuere Arbeiten, die in der Rekonstruktion der bürgerlichen Aufklärungsbewegung explizit das Modell kollektiven Lernens benutzen, vgl. Schindler/Bonß (1980) und Eder (1982).

Literatur

Coleman, James S., 1984: Notes Toward a Social Theory of Constitutions. Ms.

Eder, Klaus, 1984: Struktur und Genese einer gesellschaftlichen Pathologie. Zur Entwicklungsgeschichte der politischen Kultur in Deutschland. München: Repro-Druck.

Giddens, Anthony, 1979: Central Problems in Social Theory. Action, Structure and Contradiction in Social Analysis. Berkeley: University of California Press.

Habermas, Jürgen, 1962: Strukturwandel der Öffentlichkeit. Untersuchungen zu einer Kategorie der bürgerlichen Gesellschaft. Neuwied: Luchterhand.

Habermas, Jürgen, 1981: Theorie des kommunikativen Handelns. Frankfurt: Suhrkamp.

Heinz, Walter R./Schröder, Peter, 1972: Theorien kollektiven Verhaltens. Beiträge zur Analyse sozialer Protestaktionen und Bewegungen. Darmstadt/Neuwied: Luchterhand.

Hirschman, Albert O., 1984: Leidenschaften und Interessen. Politische Begründungen des Kapitalismus vor seinem Sieg. 2. Aufl. Frankfurt: Suhrkamp.

Koselleck, Reinhard, 1959: Kritik und Krise. Ein Beitrag zur Pathogenese der bürgerlichen Welt. Freiburg/München: Alber.

Laver, Michael, (o.J.): Political Solutions to the Collective Action Problem. Ms.

Luhmann, Niklas, 1968: Legitimation durch Verfahren. Darmstadt/Neuwied: Luchterhand.

Mestmäcker, Ernst-Joachim, 1978: Die sichtbare Hand des Rechts. Baden-Baden: Nomos Verlagsgesellschaft

Miller, Max, 1984: Kollektive Lernprozesse. Studien zur Grundlegung einer soziologischen Lerntheorie (im Erscheinen). Frankfurt: Suhrkamp.

Moscovici, Serge, 1979: Sozialer Wandel durch Minoritäten. München: Urban & Schwarzenberg.

Na'aman, Shlomo, 1978: Zur Entstehung der deutschen Arbeiterbewegung. Lernprozesse und Vergesellschaftung 1830 - 1868. Hannover: SOAK.

Offe, Claus/Wiesenthal, Helmut, 1980: Two Logics of Collective Action: Theoretical Notes on Social Class and Organizational Form. Political Power and Social Theory 1: 67 - 115.

Olson, Jr. Mancur, 1968: Die Logik des kollektiven Handelns. Kollektivgüter und die Theorie der Gruppen. Tübingen: Mohr.

Rawls, John, 1971: A Theory of Justice. Oxford: University Press.

Scheuner, Ulrich: 1978: Staatstheorie und Staatsrecht. Gesammelte Schriften. Berlin: Duncker & Humblot.

Schindler, Norbert/Bonß, Wolfgang, 1980: Praktische Aufklärung — ökonomische Sozietäten in Süddeutschland und Österreich im 18. Jahrhundert. S. 225 - 353 in: R. Vierhaus (Hrsg.), Deutsche patriotische und gemeinnützige Gesellschaften. Heidelberg: Lambert Schneider.

Schotter, John, 1981: Vico, Moral Worlds, Accountability and Personhood. S. 265 - 284 in: P. Heelas/A. Lock (Hrsg.), Indigenous Psychologies. The Anthropology of the Self. London: Academic Press.

Smelser, Neil, 1962: Theory of Collective Behavior. New York: The Free Press.

Spencer, Martin E., 1972: Contractual Legitimacy in Organizations and Governments. Archives Européennes de Sociologie 13, S. 18 - 33.

Spencer, Martin E., 1975: Images of Groups. Archives Européennes de Sociologie 26, S. 194 - 214.

Thompson, Edward, 1968: The Making of the English Working Class. Harmondsworth: Penguin.

Touraine, Alain, 1973: Production de la société. Paris. Seuil.

Touraine, Alain, 1978: La voix et le régard. Paris: Seuil.

Touraine, Alain, 1982: Mouvements sociaux d'aujourd'hui. Acteurs et analystes. Paris: les éditions ouvrières.

Traxler, Frank, 1982: Zur Entwicklung kooperativer Arbeitsbeziehungen: Versuch einer Prozeßanalyse. Zeitschrift für Soziologie 11, S. 335 - 352.

Tugendhat, Ernst, 1980: Zur Entwicklung von moralischen Begründungsstrukturen im modernen Recht. Archiv für Rechts- und Sozialphilosophie. Beiheft Neue Folge 14, S. 1 - 20.

Vanberg, Viktor, 1983: Organisationsziele und individuelle Interessen. Soziale Welt 34, S. 171 - 185.

Vanberg, Viktor, 1983: Organisationen als konstitutionelle Systeme. Beitrag zur Arbeitstagung „Vertragstheorien" der Sektion Soziologische Theorien der DGS am 14. - 15.11.1983; vgl. den Beitrag in diesem Band.

Vester, Michael, 1970: Die Entstehung des Proletariats als Lernprozeß. Die Entstehung antikapitalistischer Theorie und Praxis in England 1792 - 1848. Frankfurt: Europäische Verlagsanstalt.

VON HABERMAS ZU RAWLS

PRAKTISCHER DISKURS UND VERTRAGSMODELL IM ENTSCHEIDUNGSLOGISCHEN VERGLEICH

Lucian Kern

1. Einleitung

In einem lesenswerten Beitrag zur Diskussion um John Rawls hat Karl Graf Ballestrem vor einiger Zeit darauf hingewiesen, daß es neben interessanten Ähnlichkeiten einen wichtigen Unterschied zwischen dem Diskursmodell von Habermas und dem Rawlsschen Vertragsmodell gebe. Während Rawls, um die Fairneß und Unparteilichkeit und damit die ethische Qualität der resultierenden Entscheidungen zu sichern, in seine Entscheidungssituation (die *original position*) den „Schleier des Nicht-Wissens" einführe, sei der Diskurs, die Beratungssituation bei Habermas, gerade nicht durch die Unwissenheit der Diskursbeteiligten gekennzeichnet.[1]

Wenn das auch insoweit richtig ist, so werden wir im folgenden dennoch argumentieren, daß es sich dabei nicht um einen entscheidenden Unterschied handelt. Die entscheidungslogische Rekonstruktion des praktischen Diskurses deckt vielmehr Annahmen und Voraussetzungen auf, die eine Entkopplung der Argumentation im Diskurs von persönlicher Alltagserfahrung, direkter Interessenwahrnehmung und egoistischer Präferenzformulierung oder, in den Worten von Habermas, die Handlungsentlastung, Erfahrungsfreiheit und Freisetzung von äußeren Zwängen bewirken. Sie erfüllen damit, wenn auch auf andere Weise, dieselbe Funktion wie die Annahme des Nicht-Wissens bei Rawls: durch Sicherung von Unparteilichkeit die ethische Relevanz des Diskursresultats zu garantieren.

Der eigentliche Unterschied zwischen Habermas und Rawls ist denn auch woanders zu suchen. Verfolgen wir die entscheidungslogische Rekonstruktion des Diskurses weiter, dann ergibt sich bei adäquater Formulierung einer Diskursfunktion und der dazugehörigen Bedingungen, daß nicht die Konsensfähigkeit des Diskursresultats, sondern das, was Habermas den „Zwang des besseren Arguments" nennt und was wir als „Prinzip des besten Arguments" formulieren werden, ausschlaggebend, d.h. notwendig *und* hinreichend für die ethische Relevanz des Diskursresultats ist (der Konsens ist dazu notwendig, nicht aber auch schon hinreichend).

Nun liefert der Diskurszusammenhang, so wie er von Habermas konzipiert wird, keinerlei Hinweis, worauf das bessere Argument beruht. Das Prinzip des besten Arguments postuliert lediglich, daß es im Diskurs stets ein Argument gibt, das ethisch gesehen Priorität genießt und daher das Diskursresultat sein wird, ohne daß wir wissen, welches Argument das ist.

Demgegenüber läßt sich aus dem Rawlsschen Vertragszusammenhang ein Kriterium für die ethische Priorität bestimmter Argumente vor anderen ableiten, das sich auf die Situation der niedrigsten sozialen Position bezieht. Man kann mithin das Rawlssche Differenzprinzip als eine Spezifizierung des Prinzips des besten Arguments auffassen, so daß ersteres ein Spezialfall des letzteren ist.

Ist in dieser Weise der Unterschied zwischen Diskurs- und Vertragsmodell geklärt, so könnte man, einer Anregung im Beitrag von Ballestrem folgend, Rawls vom Standpunkt von Habermas aus kritisieren. Diese Kritik hätte zu zeigen, daß das „Prioritätskriterium" von Rawls zu spezifisch ist, d.h. aus zusätzlichen Annahmen resultiert, die in den Vertragszusammenhang eingeführt werden, ohne eine ausreichende Begründung zu haben.

Es wäre aber umgekehrt auch denkbar, Habermas vom Standpunkt von Rawls aus zu kritisieren. Eine solche Kritik könnte daran anknüpfen, daß die Konstruktion des praktischen Diskurses in Ermangelung eines „Prioritätskriteriums" zu einem letztlich „leeren" Prinzip führt, das uns nur sagt, daß es für jeden Diskurs eine Lösung gibt, weil ein besseres Argument vorliegt, nicht aber, wie diese Lösung aussehen wird. Erst ein — wie immer geartetes — Prioritätskriterium kann diese Frage beantworten.

Um den Vergleich mit dem Vertragsmodell anstellen zu können, werden wir in den folgenden beiden Abschnitten den praktischen Diskurs entscheidungslogisch rekonstruieren, wobei wir zunächst in Abschnitt 2 die diskursive Einlösung von Geltungsansprüchen als eine Meta-Ordnung von Geltungsansprüchen herausarbeiten und, darauf fußend, den Diskurs als eine Funktion darstellen, die eine Ordnung von (individuellen) Meta-Ordnungen in eine gemeinsame Ordnung der Geltungsansprüche überführt.

In Abschnitt 3 werden die Voraussetzungen, unter denen nach Habermas der Diskurs steht, als Bedingungen an die Diskursfunktion formuliert, um zu zeigen, daß das Prinzip des besten Arguments eine zwingende Folgerung aus diesen Bedingungen ist. Der Abschnitt 4 vervollständigt den Gedankengang, indem diesem Prinzip ein Prioritätskriterium gegenübergestellt wird, das den Rawlsschen Gedanken der Besserstellung der niedrigsten sozialen Position aufnimmt.

2. Geltungsansprüche im Diskurs

Nach Habermas geht es im Diskurs um die argumentative Einlösung von Geltungsansprüchen, d.h. die ethische Begründung der Geltung bestimmter Gebote (Handlungsanweisungen) oder Bewertungen.[2] Letztere beziehen sich zum Beispiel auf bestimmte Bedürfnisse oder Interessen. Geltungsansprüche in diesem Sinne stellen offenbar eine Relation zwischen alternativen Möglichkeiten der Bedürfnisbefriedigung oder Interessenverwirklichung her und zwar derart, daß eine Möglichkeit der Bedürfnisbefriedigung für besser gehalten wird als eine andere. Entsprechend werden bei Geboten bestimmte Handlungsalternativen höher eingeschätzt als andere.

Sollen die Geltungsansprüche ethisch begründet werden, so wird dabei mit Hilfe ethischer Argumente eine Relation zwischen Geltungsansprüchen in der Weise hergestellt, daß bei entsprechender Argumentation ein Geltungsanspruch als ethisch mindestens so gut oder besser begründet gelten kann als ein anderer. Diskursive Einlösung von Geltungsansprüchen heißt demnach, formal gesprochen, eine Relation zwischen Geltungsansprüchen herzustellen, die ihrerseits Relationen (zwischen alternativen Möglichkeiten) darstellen.[3]

Nehmen wir als Beispiel die Handlungsalternativen Rauchen oder Nichtrauchen. Ersteres dem Letzteren vorzuziehen, wäre ein Geltungsanspruch, wie ihn ein Raucher vertreten könnte, während ein Nicht-Raucher sicher für den umgekehrten Geltungsanspruch wäre, Nichtrauchen dem Rauchen vorzuziehen. Eine Relation zwischen diesen beiden Geltungsansprüchen herzustellen, heißt nun, sich eine Ansicht darüber zu bilden, ob Rauchen dem Nichtrauchen vorzuziehen, besser zu begründen ist, als Nichtrauchen dem Rauchen vorzuziehen, oder nicht.

Mit dieser Überlegung ist erkennbar eine neue Stufe erreicht, auf der es nicht mehr um die individuelle Vorliebe geht, sondern darum, ob es Gründe dafür gibt, daß eine persönliche Präferenz für alle relevant ist. Daher kann ein Raucher trotz seiner individuellen Präferenz zu dem Ergebnis kommen, daß der Geltungsanspruch, Nichtrauchen dem Rauchen vorzuziehen, besser begründbar ist als der entgegengesetzte Geltungsanspruch, Rauchen dem Nichtrauchen vorzuziehen.

Um das formal zu präzisieren, bezeichnen wir die Menge der alternativen Möglichkeiten oder Handlungsalternativen als X, so daß die einzelnen Möglichkeiten oder Alternativen x, y, z etc. Elemente dieser Menge sind. Für einen Geltungsanspruch G würde xGy heißen: x wird höher bewertet als y. Wir können hier offen lassen, welche Art von Ordnung die zweistellige Relation G darstellt, außer daß sie irgendeine Art von Ordnung bildet, also auf jeden Fall transitiv ist.

Sei G die Menge der Geltungsansprüche, deren Elemente die einzelnen Geltungsansprüche G, H, F etc. sind, so werden diese durch die Relation der diskursiven Begründung paarweise zueinander in Beziehung gesetzt. Wir nennen diese Relation eine Meta-Ordnung M, wobei M die schwache Begründung ist, so daß GMH heißt: G ist ethisch mindestens so gut begründet wie H. Der asymmetrische Teil von M ist die strikte Begründung sM (ethisch besser begründet als) und der symmetrische Teil der Begründungsindifferenz iM (ethisch genauso gut begründet wie), die sich in der üblichen Weise aus M ableiten.[4]

Definition: $\forall$G,H ϵ G ist GsMH $\Leftrightarrow$ GMH & $\sim$ (HMG)
sowie GiMH $\Leftrightarrow$ GMH & HMG.

Eine Meta-Ordnung M, die einen ethischen Begründungszusammenhang zwischen Geltungsansprüchen herstellt, nehmen wir als reflexiv, vollständig und transitiv an.

Definition: ∀G ∈ G ist GMG (Reflexivität von M);

∀G,H ∈ G ist GMH v HMG (Vollständigkeit von M);

∀G,H,F ∈ G ist GMH & HMF ⇒ GMF

(Transitivität von M).

Die Darstellung der diskursiven Einlösung von Geltungsansprüchen als einer Ordnung von Ordnungen, also einer Meta-Ordnung, erscheint uns in besonderer Weise geeignet, die Vorstellung zum Ausdruck zu bringen, die Habermas mit dem Diskurs verfolgt, nämlich die Beteiligten in die Lage zu versetzen, über sich selbst reflektieren, ihre Bedürfnisse und Interessen hinterfragen zu können. Daher können Personen mit unterschiedlichen individuellen Auffassungen — Raucher und Nichtraucher, wie in unserem Beispiel — nach Abwägung der Geltungsansprüche durchaus in ihren Meta-Ordnungen übereinstimmen.

In vielen Fällen also reicht bereits der ernsthafte Versuch der Personen, zu einer begründeten Meta-Ordnung zu gelangen, um einen Konsens zu erzielen. Es sind aber sehr wohl entgegengerichtete Geltungsansprüche vorstellbar, bei denen der Versuch, begründete Meta-Ordnungen zu formulieren, den Gegensatz nicht aufhebt. Die Frage ist dann, wie sich in solchen Fällen im Rahmen des Diskurses eine Lösung finden läßt.

Ziel des Diskurses ist eine gemeinsame oder kollektive Meta-Ordnung M, die die Geltungsansprüche stimmig ordnet. Man könnte sich vorstellen, daß diese Meta-Ordnung als Resultat der Aggregation der Meta-Ordnungen der Beteiligten entsteht. Sei B die Menge der Beteiligten am Diskurs, so würden die einzelnen Beteiligten b = 1, . . .,n jeweils bei Eintritt in den Diskurs eine Meta-Ordnung M_b formulieren, so daß damit ein n-Tupel von Meta-Ordnungen $\langle M_1, . . .,M_n\rangle$ entsteht. Die gemeinsame Meta-Ordnung M wäre dann eine Funktion dieses n-Tupels, und eine Entscheidungsfunktion (EF) könnte als eine Funktion f definiert werden, die für jedes n-Tupel $\langle M_1, . . .,M_n\rangle$ eine gemeinsame Meta-Ordnung M festlegt, so daß $M = f(\langle M_1, . . .,M_n\rangle)$.[5]

Eine solche Entscheidungsfunktion jedoch gibt die Idee des Diskurses von Habermas nicht richtig wieder. Insbesondere erlaubt sie es unter den noch zu formulierenden Bedingungen nicht, einen Vergleich der Meta-Ordnungen der Beteiligten anzustellen, so daß sich abschätzen läßt, ob dem Argument eines Beteiligten mehr Gewicht zukommt als dem eines anderen, denn im Zusammenhang einer Entscheidungsfunktion sind alle Argumente als gleich gewichtet zu behandeln.

Ein derartiger Vergleich aber ist im Diskurs von zentraler Bedeutung, wenn nach der Vorstellung von Habermas im Diskurs das „bessere Argument" obsiegen soll. Damit sich die Argumente, d.h. die Meta-Ordnungen der Diskursbeteiligten, vergleichen lassen, führen wir eine Erweiterung der Idee der Meta-Ordnung dahingehend ein, daß Meta-Ordnungen ihrerseits zum Gegenstand von Überlegungen werden können, die sie zueinander in Beziehung setzen, so daß man sagen kann, daß die Meta-Ordnung eines Beteiligten besser oder gleich gut ist wie die eines anderen, also Priorität genießt oder nicht. Diese Beziehung bildet eine Ordnung von Meta-Ordnungen oder Meta-Meta-Ordnung, die wir im folgenden Prioritätsordnung nennen und als $\overline{M}$ bezeichnen werden.[6]

Definition: Eine Prioritätsordnung $\overline{M}$ ist eine Ordnung der Meta-Ordnungen der Diskursbeteiligten, also z.B. $(GM_aH)\overline{M}(HM_bG)$; sie ist reflexiv, vollständig und transitiv. Die strikte Priorität $s\overline{M}$ ist — analog zur Meta-Ordnung M — der asymmetrische Teil von $\overline{M}$, die Prioritätsindifferenz $i\overline{M}$ der symmetrische Teil.

Bleibt auch zunächst offen, wie eine Prioritätsordnung $\overline{M}$ zustande kommt, so müßte sich doch, soll die Idee der Priorität Sinn machen, von der gemeinsamen Meta-Ordnung M auf die Prioritätsordnung $\overline{M}$ schließen lassen, wenn die Meta-Ordnungen der Beteiligten bekannt sind. Kennen wir, mit anderen Worten, die Meta-Ordnung M hinsichtlich eines Paares von Geltungsansprüchen bezogen auf, sagen wir, zwei Diskursbeteiligte, a und b, und wissen wir, daß die Diskursbeteiligten bezüglich dieser Geltungsansprüche genau entgegengesetzte Auffassungen vertreten, so muß in der zugrunde liegenden Prioritätsordnung jener Diskursbeteiligte mit seinem Argument Priorität gehabt haben, dessen Meta-Ordnung die gemeinsame Meta-Ordnung M bildet.

Priorität individueller Meta-Ordnungen: Ist für ein Paar G,H ϵ **G** und für a,b ϵ B: GsM_aH & HsM_bG & $GsMH$, dann ist (GsM_aH) $s\overline{M}$ (HsM_bG); ist hingegen GsM_aH & HsM_bG & $GiMH$, dann ist (GsM_aH) $i\overline{M}$ (HsM_bG).

Nun ist Ziel des Diskurses aber, wie oben ausgeführt wurde, zu einer gemeinsamen Meta-Ordnung M zu gelangen. Dazu benötigen wir nach dem bisher Gesagten eine Prioritätsordnung als Informationsgrundlage. Die gemeinsame Meta-Ordnung M ist demnach als eine Funktion der Prioritätsordnung $\overline{M}$ anzusehen, so daß sich eine Diskursfunktion (DF) wie folgt definieren läßt.

Definition: Eine Diskursfunktion (DF) ist eine Funktion F derart, daß, wenn $\overline{M}$ eine Prioritätsordnung der Meta-Ordnungen M_b auf der Menge der Geltungsansprüche **G** ist, $M = F(\overline{M})$ eine vollständige und transitive Ordnung auf **G** bildet.

Die Vergleichsmöglichkeit, die die Prioritätsordnung $\overline{M}$ bietet, und ihre „Übersetzung" in eine gemeinsame Meta-Ordnung mittels der Diskursfunktion scheint uns ein zentrales Element der Konstruktion des Diskurses bei Habermas zu sein, durch das insbesondere die Vorstellung der „Kraft des besseren Arguments" in den Diskurs eingeführt werden kann.

3. Das Prinzip des besten Arguments

Der Diskurs wird von Habermas als eine ideale Sprechsituation konzipiert, für die bestimmte Voraussetzungen vorliegen müssen, die sich als Bedingungen an die Diskursfunktion formulieren lassen. Die erste dieser Voraussetzungen ist, daß jeder die Möglichkeit haben muß, in den Diskurs einzutreten und Argumente und Einwände vorzubringen. Das bedeutet bezüglich der Diskursfunktion, daß ihr Definitionsbereich nicht eingeschränkt sein darf: Jede denkbare und logisch mögliche Prioritätsordnung muß zulässig sein. Das ist die Bedingung U des unbeschränkten Definitionsbereichs.

Bedingung U: Der Definitionsbereich der Funktion F schließt alle logisch möglichen Prioritätsordnungen $\bar{M}$ ein.

Die zweite Voraussetzung ist, daß jeder Beteiligte im Rahmen des Diskurses sich selbst gegenüber wahrhaftig sein und seine innere Natur transparent machen können muß. Diese Festlegung ist in einem Sinne schon in unserer Konstruktion der Prioritätsordnung enthalten. Da es die individuellen Meta-Ordnungen, aus denen sie sich zusammensetzt, den Beteiligten erlauben, über sich selbst zu reflektieren, ist es ihnen auch möglich, sich selbst gegenüber wahrhaftig zu sein.

Täuschung ist aber nicht nur als Selbsttäuschung denkbar, sondern auch als Täuschung anderer. Die Beteiligten könnten versucht sein, Argumente in strategischer Absicht zu verwenden, also beispielsweise so, daß sie einen bestimmten Geltungsanspruch gegenüber einem anderen argumentativ abwerten, auch wenn sie ihn höher einschätzen als den anderen, nur um einem dritten Geltungsanspruch in der gemeinsamen Meta-Ordnung zum Durchbruch zu verhelfen. Um das zu verhindern, benötigen wir eine Bedingung, die faktisch bedeutet, daß die Geltungsansprüche in der Argumentation paarweise aufgenommen werden. Das ist die Bedingung I der Unabhängigkeit von irrelevanten Geltungsansprüchen. Sie besagt, daß die gemeinsame Meta-Ordnung M hinsichtlich zweier Geltungsansprüche nur von der Stellung *dieser beiden* in der Prioritätsordnung $\bar{M}$ abhängen darf und nicht davon, wie einer dieser Geltungsansprüche in $\bar{M}$ zu einem dritten oder vierten steht.

Bedingung I: Seien M und M' zwei gemeinsame Meta-Ordnungen, wie sie durch eine DF F aufgrund der Prioritätsordnungen $\bar{M}$ und $\bar{M}'$ festgelegt wurden. Stimmen für alle Paare G,H ϵ G und alle b ϵ B die Prioritätsordnungen $\bar{M}$ und $\bar{M}'$ bezüglich G und H überein, dann stimmen auch M und M' hinsichtlich G und H überein.

Die dritte Voraussetzung ist, daß die Beteiligten keinerlei äußeren, etwa auf Herrschaft beruhenden Zwängen unterliegen dürfen, so daß im Diskurs handlungsentlastet und erfahrungsfrei kommuniziert werden kann. Diese Voraussetzung ist im Sinne der Handlungsentlastung und Erfahrungsfreiheit durch den Aufbau der individuellen Meta-Ordnungen in die Konstruktion der Prioritätsordnung eingegangen. Ebenso ist die Konstruktion herrschaftsfrei in dem Sinne, daß von außen gesetzte Meta-Ordnungen oder Prioritäten definitionsgemäß ausgeschlossen sind.

Herrschaft wäre im Diskurs aber noch auf andere Weise möglich: es könnte einen Diskursbeteiligten geben, dessen argumentative Befürwortung eines Geltungsanspruchs in der gemeinsamen Meta-Ordnung M den Vorrang erhält. Wir könnten die Herrschaftsfreiheit des Diskurses in diesem Sinne sichern, wenn wir diese Möglichkeit ausschalten.[7] Wir werden dazu aber die allgemeinere Bedingung der Anonymität (A) heranziehen, die zusätzlich den Gedanken der Symmetrie zwischen den Diskursbeteiligten aufnimmt.

Die Anonymitätsbedingung verlangt, daß die gemeinsame Meta-Ordnung M bei jedwelcher Permutation der Beteiligten in der Prioritätsordnung $\bar{M}$ unverändert bleiben muß. Können die Namen der Beteiligten in der Prioritätsordnung vertauscht werden, ohne daß sich das Ergebnis, die Meta-Ordnung M, ändert, kann offenbar kein einzelner Diskursbeteiligter die Meta-Ordnung M bestimmen.

Bedingung A: Treten in der Prioritätsordnung $\bar{M}'$ gegenüber der Prioritätsordnung $\bar{M}$ nur insofern Veränderungen ein, als die Diskursbeteiligten b = 1, . . .,n bezüglich ihrer Meta-Ordnungen permutiert werden, dann stimmen für alle Paare G,H ϵ G die Meta-Ordnungen M' und M, wie sie sich aufgrund einer DF F aus $\bar{M}'$ und $\bar{M}$ ergeben haben, hinsichtlich G und H überein.

Diesen Bedingungen ist nun noch die Konsensbedingung K hinzuzufügen, die auch als Pareto-Bedingung bekannt ist und die besagt, daß in der gemeinsamen Meta-Ordnung M ein Geltungs-anspruch besser begründet ist als ein anderer, wenn alle Diskursbeteiligten ihn in ihren Meta-Ordnungen für besser begründet halten als den anderen.[8]

Bedingung K: (a) Ist für alle G,H ϵ G, für alle a ϵ A, A $\subset$ B, in einer Prioritäts-ordnung $\bar{M}_A$: G$s$$M_a$H, dann ist in M_A : G$s$$M_A$H; ist in $\bar{M}_A$: G$i$$M_a$H, dann ist in M_A: G$i$$M_A$H, (b) ist für alle G,H ϵ G, für alle Teilmengen A, A' etc. von B, A $\cap$ A' = $\emptyset$, in der Prioritätsordnung $\bar{M}$: G$s$$M_AH, Gs$$M_{A'}$H etc., dann ist in M : G$s$$M$H; ist in $\bar{M}$: G$i$$M_AH, Gi$$M_{A'}$H etc., dann ist in M : G$i$$M$H.

Wir hatten im vorigen Abschnitt offen gelassen, wie eine Prioritätsordnung $\bar{M}$ zustande kommt, zugleich aber festgelegt, daß die gemeinsame Meta-Ordnung M im Zusammenhang des Diskurses Funktion dieser Prioritätsordnung sein soll. Das ist solange unproblematisch, wie die indivi-duellen Meta-Ordnungen in $\bar{M}$ übereinstimmende Einschätzungen hinsichtlich der Geltungsan-sprüche aufweisen, denn dann kann unter Anwendung der Konsensbedingung K auf eine Meta-Ordnung M geschlossen werden, die diese Übereinstimmung wiedergibt, ohne daß bekannt sein muß, wie die individuellen Meta-Ordnungen in $\bar{M}$ geordnet sind.

Bei entgegengesetzten Einschätzungen in den Meta-Ordnungen der Diskursbeteiligten fehlt die Voraussetzung für diese Art von Schlußfolgerung. Dann muß auf die Prioritätsordnung $\bar{M}$ zu-rückgegriffen werden, um über die Ordnung der Geltungsansprüche in M entscheiden zu können. Wir interpretieren dazu die Priorität individueller Meta-Ordnungen wie folgt: Liegen in einer Prioritätsordnung für zwei Diskursbeteiligte, a und b, Meta-Ordnungen vor, die ein Paar von Geltungsansprüchen entgegengesetzt ordnen, und hat dabei a mit seiner Meta-Ordnung gegen-über der von b die höhere Priorität, so wollen wir sagen, daß a über das ethisch bessere bzw. beste Argument verfügt.

Definition: Die Meta-Ordnung irgendeines Diskursbeteiligten b bildet ein bestes Argument genau dann, wenn für G,H ϵ G, für ein b ϵ B und für alle a ϵ B, für die GsM$_b$H und HsM$_a$G ist, die Prioritätsordnung (GsM$_b$H) s$\overline{M}$ (HsM$_a$G) ist.

Wir können vorderhand auch weiter offen lassen, wie $\overline{M}$ zustande kommt, denn aufgrund eines von Strasnick erarbeiteten Lemmas können wir sicher sein, daß es — wie immer die Priorität individueller Meta-Ordnungen aussieht — stets einen Diskursbeteiligten mit höherer bzw. höchster Priorität gibt, dessen Meta-Ordnung für M den Ausschlag gibt.[9]

Lemma (Strasnick): Es gibt einen Fall, in dem der Diskursbeteiligte mit dem besten Argument für M ausschlaggebend ist.

Aufgrunddessen läßt sich das „beste Argument" leicht als spezielle Diskursfunktion formulieren. Soll in allen Fällen, in denen im Diskurs entgegengesetzte Argumente der Beteiligten vorliegen, das beste Argument für die Meta-Ordnung M den Ausschlag geben, so ist das folgende Prinzip des besten Arguments (PBA) eine spezielle Diskursfunktion.

Prinzip des besten Arguments (PBA): Die Diskursfunktion ist ein PBA genau dann, wenn es für alle G,H ϵ G und für alle a ϵ B ein b ϵ B gibt, der das beste Argument vertritt, das den Ausschlag gibt, so daß (GsM$_b$H) s$\overline{M}$ (HsM$_a$G) $\Rightarrow$ GsMH.

Habermas nimmt an, daß es im Rahmen des Diskurses den „merkwürdig zwanglosen Zwang des besseren Arguments" gibt, den wir — etwas prosaischer — als Diktat des besten Arguments bezeichnen würden, da er, wie wir gesehen haben, einfach darauf zurückgeführt werden kann, daß es einen Diskursbeteiligten gibt, dessen Meta-Ordnung die höchste Priorität hat und der daher über das beste Argument verfügt.

Habermas führt weiter aus, daß dieser Zwang sich aus den formalen Eigenschaften des Diskurses ableiten läßt, wie wir sie bisher erörtert haben. Gehen wir davon aus, daß der Zwang des besseren Arguments durch das PBA wiedergegeben wird, so würde das bedeuten, daß sich das PBA aus den oben angeführten Bedingungen ableiten lassen müßte. Wie das folgende Theorem von Strasnick zeigt, ist das tatsächlich der Fall.[10]

Theorem (Strasnick): Die einzige Diskursfunktion, die die Bedingungen U,I,A und K erfüllt, ist das PBA.

Dieses Theorem bildet das „Kernstück" der entscheidungslogischen Rekonstruktion des praktischen Diskurses bei Habermas. Es postuliert das PBA als das entscheidende, weil notwendige *und* hinreichende Kriterium für die ethische Relevanz des Diskursresultats, und es zeigt, daß die Diskursfunktion damit anonym, neutral[11] und konsensfähig ist und demnach der von Habermas wiederholt gestellten Forderung nach Universalisierbarkeit des Diskursresultats entspricht.

90

4. Die Festlegung der Prioritätsordnung

Die Rekonstruktion des praktischen Diskurses nach dem obigen Theorem deckt eine spezifische Unbestimmtheit in der Konstruktion des Diskurses auf. Habermas läßt es, wenn man so will, dabei bewenden, daß es für jeden Diskurs aufgrund des PBA eine Lösung gibt, ohne uns aber Hinweise darauf zu geben, wie diese Lösung im Einzelfall aussehen kann, d.h. genauer: warum welche individuelle Meta-Ordnung die höchste Priorität erhält.

Dazu wäre eine Theorie der Priorität erforderlich, die Bedingungen und Kriterien für die Festlegung der Priorität individueller Meta-Ordnungen angibt. Eine solche Theorie legt Habermas nicht vor. Andere Autoren, wie John Rawls, gehen diesen wichtigen Schritt weiter und liefern damit eine Substantiierung des PBA, die bei Habermas fehlt.

Auch bei Rawls gibt es die Vorstellung, daß im Sinne des PBA eine (repräsentative) Person das Resultat bestimmt. Darüber hinaus vertritt Rawls ebenso die Forderung der ethischen Universalisierbarkeit des Resultats. Im Unterschied zu Habermas aber findet sich bei Rawls eine Theorie der Priorität, die uns für jeden einzelnen Fall sagt, warum welche individuelle Meta-Ordnung die höchste Priorität hat. Diese Theorie der Priorität läßt sich (wir folgen dabei weiter Strasnick) in zwei Bedingungen und ein Kriterium für die Festlegung der Prioritätsordnung zusammenfassen.

Um sie formulieren zu können, müssen wir zunächst die Annahme einführen, daß die einzelnen Geltungsansprüche für die Beteiligten einen bestimmten Wert oder Nutzen darstellen, denn: die Geltungsansprüche ordnen, wie in Abschnitt 2 erläutert, die alternativen Möglichkeiten oder Handlungsalternativen x,y, . . . ϵ X auf je bestimmte Weise — und eine solche Ordnung kann die Beteiligten besser oder schlechter stellen. Wir bezeichnen dementsprechend den Wert oder Nutzen der Geltungsansprüche G und H für die Diskursbeteiligten a und b mit G_a und G_b, respektive H_a und H_b und nehmen an, daß er sich mindestens ordinal vergleichen läßt, so daß wir sagen können, ob G_a beispielsweise größer oder kleiner ist als H_b.[12]

Es könnte scheinen, als sei mit der Einführung individuellen Nutzens der einzelnen Geltungsansprüche die bisherige Konstruktion so weit durchbrochen, daß nunmehr die Formulierung persönlicher und partikularer Interessen möglich und relevant wird. Tatsächlich aber ist das nicht der Fall, da hier der individuelle Wert oder Nutzen von Geltungsansprüchen nicht als persönlicher Wunsch nach Realisierung bestimmter Alternativen oder als entsprechende, egoistische Präferenzäußerung zu verstehen ist, sondern im Sinne genereller Besser- oder Schlechterstellung von Personen durch einzelne Geltungsansprüche. Diese sehr allgemein — nicht nur ökonomisch — aufzufassende Besser- oder Schlechterstellung von Personen kann nun gerade in Konfliktfällen, also wenn die Geltungsansprüche in den individuellen Meta-Ordnungen entgegengesetzt geordnet werden, ein wichtiges ethisches Argument sein.

Für die Festlegung einer Prioritätsordnung aufgrund individueller Besser- oder Schlechterstellung durch Geltungsansprüche führen wir zunächst eine Bedingung ein, mit der die Unabhängigkeit von irrelevanten Geltungsansprüchen auf die Beziehung zwischen individuellen Werten der Geltungsansprüche und der Prioritätsordnung übertragen wird. Wir nennen sie die Bedingung der Unabhängigkeit von irrelevanten Werten der Geltungsansprüche (IW).

Bedingungen IW: Gegeben zwei Mengen von Geltungsansprüchen **G** und **G'**.

$$\forall G, H \in G, \forall G', H' \in G', \forall b \in B, \text{ so daß } GsM_bH \text{ und } G'sM_bH':$$
$$(G_b = G'_b \; \& \; H_b = H'_b) \Rightarrow (GsM_bH) \, i\overline{M} \, (G'sM_bH').$$

Mit der nächsten Bedingung (S) formulieren wir eine Symmetrievorstellung dahingehend, daß zwischen zwei individuellen Meta-Ordnungen Prioritätsindifferenz vorliegt, wenn die individuellen Werte der beiden Geltungsansprüche G und H im interpersonellen Vergleich genau gleich sind.

Bedingung S: $\forall G, H \in G, \forall a, b \in B$, so daß GsM_aH und HsM_bG : $(G_a = H_b \; \& \; H_a = G_b) \Rightarrow (GsM_aH) \, i\overline{M} \, (HsM_bG).$

Schließlich ist noch das der Rawlsschen Theorie entsprechende Prioritätskriterium zu formulieren. Die Idee dabei ist, der Person, die bezüglich der „Verteilung" der individuellen Werte der Geltungsansprüche die schlechter gestellte ist, dann das prioritätsentscheidende Argument zuzubilligen, wenn eine Situation vorliegt, in der sie noch schlechter gestellt wäre, wenn die individuelle Meta-Ordnung der besser gestellten Person Priorität erhielte.

Rawlssches Prioritätskriterium (RPK): $\forall G, H \in G, \forall a, b \in B$, so daß GsM_aH und HsM_bG : $(H_b \geqslant G_a \; \& \; G_b > H_a) \Rightarrow (GsM_aH) \, s\overline{M} \, (HsM_bG).$

Dieses Kriterium läßt sich — ähnlich wie das „beste Argument" — zu einem Prinzip umformulieren, das eine spezifizierte Diskursfunktion bildet und das dem Rawlsschen Differenzprinzip entspricht.

Differenzprinzip (DP):   Eine Diskursfunktion ist das Differenzprinzip genau dann, wenn es einen Beteiligten gibt, der nach dem RPK das beste Argument vertritt, so daß seine Meta-Ordnung aufgrund des PBA für M den Ausschlag gibt.

Wie das folgende Theorem von Strasnick zeigt, ist dieses Prinzip die logische Konsequenz, wenn wir für die Festlegung der Prioritätsordnung das Rawlssche Prioritätskriterium und die Bedingungen IW und S vorschreiben und wenn für die Diskursfunktion die Bedingungen U, I, A und K gelten.[13]

Theorem (Strasnick-Rawls): Gelten für die Festlegung der Prioritätsordnung die Bedingungen IW und S und das RPK, dann implizieren die Bedingungen U, I, A und K, daß die Diskursfunktion das Differenzprinzip ist.

Werden mithin die Rawlsschen Annahmen, insbesondere sein Prioritätskriterium, in den Diskurs eingeführt, so wird aus dem Habermasschen Prinzip des besten Arguments das Rawlssche Differenzprinzip. Damit erhält das PBA eine Substantiierung, die es überhaupt erst „operabel" macht: Wir wissen damit, warum welche individuelle Meta-Ordnung Vorrang hat — die Meta-Ordnung jenes Beteiligten nämlich, der am schlechtesten gestellt ist und zwar, wenn er im Konfliktfall noch schlechter gestellt wäre, würde die Meta-Ordnung der besser gestellten Person(en) Vorrang erhalten. Wir können damit für jeden Fall die gemeinsame Meta-Ordnung bestimmen.

Der entscheidende und kritische Punkt, der auch den Unterschied zu Habermas markiert, ist offensichtlich, daß nach dem Differenzprinzip die Schlechterstellung über das ethisch bessere Argument entscheidet. Dazu muß daran erinnert werden, daß wir von einer Situation konfligierender Meta-Ordnungen der Beteiligten ausgegangen waren. Das bedeutet, daß auf der Ebene der individuellen Meta-Ordnungen (die wegen ihrer Konstruktion ethisch relevant sind) zunächst nur der Konflikt konstatiert werden kann. Im Sinn des Habermasschen PBA hat er aber stets eine Lösung, weil sich immer ein „bestes Argument" finden läßt.

Auf der Ebene der individuellen Meta-Ordnungen kann jedoch nicht entschieden werden, welches Argument das beste ist, denn dazu müßte es einen zusätzlichen Gesichtspunkt geben, nach dem die Argumente, d.h. die individuellen Meta-Ordnungen, gewichtet werden können. Die Rolle dieses Gesichtspunkts übernimmt nun die Besser- bzw. Schlechterstellung der Beteiligten durch die Geltungsansprüche.

Daran knüpft sich die Frage, ob dieser Gesichtspunkt auch als ethisch relevant angesehen werden kann. Dazu läßt sich soviel sagen: das Differenzprinzip erfüllt die Bedingungen I, A und K. Es ist damit nicht nur konsensfähig, sondern auch anonym hinsichtlich der Beteiligten und neutral bezogen auf die Geltungsanprüche. Das Prinzip diskriminiert damit weder zwischen den Beteiligten, noch zwischen den Geltungsansprüchen. Insgesamt garantieren diese Bedingungen die für die ethische Relevanz zentrale Forderung der Universalisierbarkeit.[15]

Unter dem Aspekt der ethischen Relevanz der Resultate kann mithin nur schwer ein Einwand gegen die Substantiierung des PBA durch das Differenzprinzip geltend gemacht werden. Uns scheint auch die Vermutung von Habermas nicht zuzutreffen, es handele sich hier um eine „monologische Anwendung des Universalisierungsgrundsatzes",[16] denn: jeder Beteiligte muß es gegenüber jedem anderen rechtfertigen können, wenn er mit seiner Ordnung von Geltungsansprüchen ethische Priorität beansprucht — und zwar mit Argumenten, die seinen Anspruch im Dialog mit anderen als neutral, anonym und konsensfähig nachweist.

Andererseits umfaßt der Aspekt der ethischen Relevanz des Diskursresultats für Habermas zugleich die Ablehnung der „empiristischen Annahme, daß Interessendefinitionen jedem Teilnehmer privatim überlassen bleiben".[17] Zwar glauben wir nicht, daß diese „empiristische Annahme" in unserer Konstruktion voll zutrifft. Da aber die Feststellung der Besser- oder Schlechterstellung, wie oben erläutert, aufgrund eines interpersonellen Vergleichs der individuellen Werte der Geltungsansprüche erfolgt, der den einzelnen Beteiligten mindestens die Beurteilung der eigenen Werte der Geltungsansprüche überläßt (so etwa wenn der Beteiligte a abschätzt, ob G_a oder H_a für ihn einen höheren Wert hat), liegt hier jedenfalls vom Standpunkt von Habermas aus ein problematischer Punkt vor.

Die Skepsis von Habermas gegenüber der Vertragskonstruktion von Rawls sollte aber nicht den Blick dafür verstellen, daß das Differenzprinzip eine mögliche und sinnvolle Ergänzung des PBA darstellt, die nicht nur leicht in den Diskurszusammenhang eingepaßt werden kann, sondern die auch ein zunächst „leeres" Prinzip inhaltlich „füllt", so daß es eigentlich damit erst anwendbar wird.

Anmerkungen

1) Karl Graf Ballestrem, Methodologische Probleme in Rawls' Theorie der Gerechtigkeit, in: Ottfried Höffe, Hrsg., Über John Rawls' Theorie der Gerechtigkeit, Frankfurt a.M. 1977, S. 108 - 127; vgl. John Rawls, Eine Theorie der Gerechtigkeit, Frankfurt a.M. 1975

2) Für das Diskursmodell von Habermas wurde von folgendem Text ausgegangen: Jürgen Habermas, Wahrheitstheorien, in: H. Fahrenbach, Hrsg., Wirklichkeit und Reflexion, Festschrift für Walter Schulz, Pfullingen 1973, S. 211 - 265

3) Die Idee einer Relation von Relationen, bzw. einer Ordnung von Ordnungen ist zuerst von Jeffrey formuliert worden; siehe Richard Jeffrey, Preference among Preferences, in: Journal of Philosophy, 71 (1974), S. 377 - 391. Sen hat sie im Zusammenhang einer möglichen Lösung des Gefangenen-Dilemmas wieder aufgegriffen; siehe Amartya Sen, Choice, Orderings and Morality, in: Stephan Körner, Hrsg., Practical Reason, Oxford 1974, S. 54 - 67

4) Soweit formal argumentiert wird, finden die folgenden Zeichen Verwendung: $\Rightarrow$ Implikation („wenn . . ., dann . . ."). $\Leftrightarrow$ Äquivalenz („ . . . dann und nur dann, wenn . . ." bzw. „ . . . genau dann, wenn . . ."), $\sim$ Negation („nicht"), & Konjunktion („und"), v Adjunktion (einschließendes „oder"), $\forall$ der Allquantor („Für alle . . ."), $\langle \; \rangle$ geordnete Menge, n-Tupel, ϵ Element einer Menge, $\subset$ Teilmenge, $\cap$ Schnittmenge.
Mit den nachfolgenden Definitionen und Bedingungen folgen wir den in der sozialen Entscheidungslogik üblichen Annahmen; siehe für einen Überblick: Amartya Sen, Collective Choice and Social Welfare, San Francisco-Edinburgh 1970

5) Diese Entscheidungsfunktion ist eine Soziale Wohlfahrtsfunktion im Sinne Arrows, bezogen auf Geltungsansprüche allerdings, wenn M eine reflexive, vollständige und transitive Ordnung auf G bildet.

6) Mit der Idee einer Prioritätsordnung und der darauf fußenden Sozialen Prioritätsfunktion – von uns als Diskursfunktion interpretiert – folgen wir Stephen Strasnick, The Problem of Social Choice: Arrow to Rawls, in: Philosophy and Public Affairs, 5 (1975/76), S. 241 - 273

7) In dieser Form würde die Bedingung der Herrschaftsfreiheit der Bedingung des Ausschlusses eines Diktators entsprechen, wie sie aus der Logik sozialer Entscheidungen bekannt ist; siehe A. Sen, Collective Choice and Social Welfare, a.a.O. (Anm. 4), Kap. 3*

8) Wir haben für unsere Zwecke die übliche Formulierung der (schwachen) Pareto-Bedingung, die nur übereinstimmende strikte Meta-Ordnungen der Beteiligten in eine entsprechende gemeinsame Meta-Ordnung zu übertragen gestattet, um die „Pareto-Indifferenz" ergänzt, die es erlaubt, auch übereinstimmende Indifferenzen der Meta-Ordnungen der Beteiligten in die entsprechende gemeinsame Meta-Ordnung zu übertragen (und sie überdies nach dem Vorschlag von Strasnick getrennt für Teilmengen und die Vereinigung der disjunkten Teilmengen formuliert).
Dies hat die folgende Konsequenz: Unter Voraussetzung der Bedingungen U und K ist die Bedingung I mit der Bedingung der Neutralität äquivalent. Diese besagt, daß die Geltungsansprüche bezogen auf die individuellen Meta-Ordnungen in der Prioritätsordnung permutiert werden können, ohne daß sich die gemeinsame Meta-Ordnung ändert; siehe Amartya Sen, On Weights and Measures: Informational Constraints in Social Welfare Analysis, in: Econometrica, 45 (1977), S. 1539 - 1572, Theorem 6, Abschn. 6

9) Siehe S. Strasnick, The Problem of Social Choice, a.a.O., (Anm. 6), S. 252; für den Beweis siehe ebda., S. 263 f.

10) S. Strasnick, ebda., S. 253 und 263 ff. (für den Beweis). Das Theorem ist eine Variante des „rank-dicta-torship-Theorems", vgl. Kevin W.S. Roberts, Possibility Theorems with Interpersonally Comparable Wel-fare Levels, in: Review of Economic Studies, 47 (1980), S. 409 - 420, Theorem 4.
Mit dem Theorem wird nicht die Forderung nach Herrschaftsfreiheit im obigen Sinne verletzt, denn hier geht es um Personen, die über das Diskursresultat entscheiden, weil sie Argumente mit höherer Priorität vertreten. Ausschlaggebend ist die höhere Priorität bzw. das bessere Argument, nicht die Personen, die darüber verfügt. Wir könnten die Personen bezüglich ihrer Meta-Ordnungen permutieren, dann würde eine andere Person das bessere Argument vertreten. Das wäre bei Verletzung der Forderung der Herrschaftsfrei-heit nicht möglich.

11) Im Theorem von Strasnick ist die Bedingung der Neutralität mit der Anonymitätsbedingung zur Bedin-gung der „Unparteilichkeit" zusammengefaßt. Das war hier nicht erforderlich, weil aufgrund unserer For-mulierung der Konsensbedingung die Neutralitätsbedingung eine Implikation der anderen Bedingungen ist (siehe Anmerkung 10).

12) Vgl. hierzu und zu den folgenden Bedingungen und dem Prioritätskriterium wieder S. Strasnick, ebda., S. 254 f.

13) S. Strasnick, ebda., S. 262 und S. 269 ff. für den Beweis.

14) Aus den Erläuterungen zum „Universalisierungsgrundsatz" in einer neueren Arbeit (siehe Jürgen Habermas, Diskursethik — Notizen zu einem Begründungsprogramm, in: Ders., Moralbewußtsein und kommunikatives Handeln, Frankfurt/M. 1983 Abschnitt II) geht hervor, daß Habermas eine ähnliche Vorstellung von der Forderung der Universalisierbarkeit hat wie die hier vertretene, nämlich als Zusammenfassung der Konsens-, Anonymitäts- und Neutralitätsbedingung.

15) An diesem Punkt ist die Frage naheliegend, warum es das Rawlssche Differenzprinzip ist, das auf diese Wei-se in den Diskurs eingeführt wird, und nicht eines der anderen sozial-ethischen Prinzipien, etwa das utili-taristische Prinzip (siehe dazu Lucian Kern, Vertragsprinzipien, in: Ekkehard Lippert und Roland Waken-hut, Hrsg., Handwörterbuch der Politischen Psychologie, Opladen 1983, S. 317 - 326), was prinzipiell eben-so möglich wäre. Die Antwort liegt in den Informationsmöglichkeiten, die der Diskurs bietet. Wir waren der Meinung, daß im argumentativen Zusammenhang des Diskurses allenfalls ein interpersoneller ordinaler Ver-gleich der Werte der Geltungsansprüche denkbar ist — und das ist die Informationsgrundlage des Rawlsschen Differenzprinzips, nicht mehr aber ein kardinaler Vergleich, wie es das utilitaristische Prinzip erfordern wür-de.

16) J. Habermas, Diskursethik, a.a.O., Abschn. II

17) Jürgen Habermas, Stichworte zum Legitimationsbegriff — eine Replik, in: Wolfgang Fach und Ulrich Degen, Hrsg., Politische Legitimität, Frankfurt a.M. — New York 1978, S. 122

3.
INDIVIDUALISTISCHE VERTRAGSTHEORIEN

EINE VERTRAGSTHEORETISCHE INTERPRETATION SOZIALER ORGANISATIONEN

Viktor Vanberg

Wenn von der *Theorie des Gesellschaftsvertrags* die Rede ist, so geschieht dies üblicherweise mit Bezug auf die Frage der Gestaltung politischer Ordnung und der Legitimation staatlicher Herrschaft. Wie etwa Gierke (1954 IV, S. 402) betont, ist die Idee des Gesellschaftsvertrags jedoch bereits in der klassischen Tradition des raturrechtlich-vertragstheoretischen Denkens nicht auf die Interpretation staatlicher Ordnung beschränkt geblieben, sondern allgemein auf die Problematik jeglichen Verbandshandelns, also jeglichen organisierten Handelns einer Gruppe von Menschen, angewandt worden. So hat Johannes Althusius, nach Gierke (1958, S. 99) ,,der Schöpfer einer eigentlichen *Theorie* des contrat social'', ausdrücklich die Vorstellung vertreten, daß Verbandshandeln stets seine Grundlage in einem ,,stillschweigenden oder ausdrücklichen Gesellschaftsvertrag'' (Gierke 1954 IV, S. 195) hat, durch den ,,einerseits die Vergemeinschaftung der hierfür erforderlichen Mittel und Kräfte bewirkt, andererseits eine zur Verwaltung der gemeinsam gewordenen Angelegenheiten geeignete Herrschermacht hergestellt wird'' (ebenda, S. 346).

Unter ausdrücklichem Hinweis auf die ,,Verwandtschaft zu Vertragstheorien der Gesellschaft'' hat in jüngerer Zeit James S. Coleman die Grundzüge einer allgemeinen Theorie *korporativer Akteure* formuliert, die auf alle Formen organisierter Kooperation von Menschen anwendbar sein soll, ob diese Kooperation sich nun im Rahmen der Organisation 'Staat' oder in anderen organisierten Gebilden — wie etwa Unternehmen, Parteien, Interessenverbänden, Vereinen etc. — vollzieht. Wenn immer Menschen sich zur Kooperation in derartigen organisierten Gebilden zusammenschließen, stellen sie — so Coleman (1974/75, S. 757 f.) — ,,implizit oder explizit eine Verfassung auf, die man durchaus als einen Gesellschaftsvertrag zwischen ihnen betrachten kann.''

In diesem Beitrag interessiert die Vorstellung des Gesellschaftsvertrags als Grundlage einer allgemeinen Verbandstheorie, einer allgemeinen Theorie organisierten Handelns.

1. Organisationen als soziale Einheiten und das Kriterium der Zielgerichtetheit

Der Begriff der sozialen Kooperation wird in der soziologischen Literatur in einem weiteren und in einem engeren Sinne verwandt. Im weiteren Sinne versteht man unter Kooperation jede Form geregelter sozialer Interaktion, während man im engeren Sinne darunter eine spezifische Form sozialer Interaktion faßt, nämlich das *organisierte Zusammenwirken* einer Mehrzahl von Personen. Bei Verbänden oder Organisationen hat man es stets mit Kooperation im spezifischeren Wortsinn zu tun, und ein Grundproblem jeder Theorie des Verbandshandelns bzw. jeder Organisationstheorie liegt darin, die Merkmale zu spezifizieren, die organisiertes Zusammenwirken von anderen, 'nicht-organisierten' Formen sozialer Interaktion abgrenzen. Üblicherweise wird unterstellt, daß das organisierte Zusammenwirken einer Gruppe von Personen soziale Gebilde — eben

Organisationen — konstituiert, die sich als *soziale Einheiten* abgrenzen lassen und die als solche Einheiten eine aktive Rolle in Beziehungsnetzwerken spielen, in denen sie mit individuellen Akteuren oder mit anderen organisierten Einheiten verbunden sind. Von einer solchen Sicht ausgehend läßt sich das Problem der Identifizierung der spezifischen Charakteristika organisierten Zusammenwirkens als die Frage danach präzisieren, in welchem Sinne man von Verbänden oder Organisationen als abgrenzbaren, 'aktiven' — d.h. in irgendeinem Sinne handelnden und entscheidenden — Einheiten sprechen kann.

Eine in der Soziologie allgemein und in der Organisationstheorie insbesondere gängige Antwort auf diese Frage verweist auf die *Zielgerichtetheit* als spezifisches Kennzeichen organisierter Gebilde. D.h., so wie man für Personen als natürlichen Akteuren zielorientiertes Handeln anzunehmen pflegt, so unterstellt man in analoger Weise auch für jene Quasi-Akteure, die durch organisiertes Zusammenwirken konstituiert werden, daß ihre *Einheit* in zielgerichtetem Handeln zum Ausdruck kommt. Diese Auffassung vom Charakter sozialer Organisationen ist so verbreitet, daß A. Kieser und H. Kubicek in ihrem Überblicksband zur Organisationstheorie (1977, S. 4) zu dem Urteil kommen, es werde in „fast allen Definitionen von 'Organisation' . . . die Eigenschaft der *Zielgerichtetheit* oder *Zweckbezogenheit* hervorgehoben''.

So gängig diese Kennzeichnung sozialer Organisationen allerdings auch ist, ihre analytische Brauchbarkeit hat sich als recht begrenzt erwiesen, da die Bemühungen um eine inhaltliche Spezifikation dessen, was man unter dem *Ziel* einer Organisation eigentlich zu verstehen habe, wenig erfolgreich waren. Die in dieser Hinsicht weit verbreitete skeptische Einschätzung kommt etwa in der Feststellung von R. Mayntz und R. Ziegler (1977, S. 36) zum Ausdruck: „Zwar besteht weitgehend Einigkeit, daß die Zielgerichtetheit ein Merkmal ist, durch das sich Organisationen von anderen sozialen Systemen unterscheiden, aber wie Organisationsziele definiert werden sollen, ist in der Literatur nach wie vor umstritten.''

Die Hauptschwierigkeit liegt darin, daß unklar bleibt, wie die dem Bereich des individuellen menschlichen Handelns entnommene Vorstellung der Zielorientierung zu interpretieren ist, wenn man sie auf *Zusammenschlüsse* von Personen — und mit solchen hat man es bei Organisationen zu tun — überträgt. Ziele im Sinne von Handlungsintentionen kann man Individuen — als natürlichen Handlungseinheiten — zuschreiben, nicht jedoch Organisationen oder sozialen Systemen, sofern man nicht die zweifelhafte organizistische Annahme eines besonderen „Organisations-'' oder „Systembewußtseins'' machen will. In entsprechenden Argumentationszusammenhängen wird denn auch in der Regel eingeräumt, daß nur Individuen Ziele verfolgen und daß mit dem Begriff des Organisationsziels ein Sachverhalt gemeint ist, der in irgendeiner Weise mit den Zielvorstellungen von Individuen zusammenhängt. Gleichzeitig wird allerdings der Anspruch aufrechterhalten, daß die Ziele einer Organisation ein von den Zielen der individuellen Mitglieder wohl zu unterscheidender Sachverhalt seien.

Ich habe an anderer Stelle (Vanberg 1983) eingehender dargelegt, in welche Schwierigkeiten die am Zielkonzept orientierte Organisationstheorie in ihrem Bemühen gerät, einerseits eine organizistische Interpretation zu vermeiden, andererseits jedoch an der Vorstellung eines überindividuellen Organisationsziels festzuhalten. Es genügt hier, darauf hinzuweisen, daß zwischen der zentralen Rolle, die dem Begriff des Organisationsziels in der Organisationstheorie allenthalben eingeräumt wird, und dem mangelnden Konsens über die eigentliche Bedeutung dieses Begriffs ein auffälliger Kontrast besteht. Es gibt eine Vielfalt von Definitionsvorschlägen, die auf die verschiedensten Aspekte organisationalen Geschehens abstellen: Auf die Frage der Interessenübereinstimmung oder des Zielkonsenses unter den Organisationsmitgliedern, auf die Frage des Einflusses, den Akteure innerhalb oder außerhalb der Organisation auf den organisationalen Entscheidungsprozeß haben, auf die Frage des Output — der inhaltlichen Tätigkeit — der Organisation, etc. . Doch gerade die Vielfalt der Definitionsvorschläge beläßt den mit dem Begriff des Organisationsziels angesprochenen Sachverhalt eher im unklaren, abgesehen davon, daß diese Definitionsvorschläge den Nachteil haben, Fragen, die den Gegenstand empirischer Organisationsanalyse bilden sollten, mit dem Definitionsproblem zu verquicken.

2. Ein alternatives Kriterium: Organisationen als konstitutionelle Systeme

Die Hartnäckigkeit, mit der innerhalb der Organisationstheorie trotz der allgemein eingestandenen Probleme am Begriff des Organisationsziels festgehalten wird, scheint vor allem auf der Überzeugung zu beruhen, daß allein die Vorstellung eines Oganisationsziels den besonderen Charakter von Organisationen als Handlungs- und Entscheidungseinheiten auszudrücken vermag. So stellen etwa A. Kieser und H. Kubicek (1977, S. 4) fest: „Erst mit Hilfe eines solchen Organisationsziels läßt sich eine Organisation aus der Gesamtheit sozialer Beziehungen als eigenes soziales Gebilde identifizieren, da das Ziel oft der einzige gemeinsame Bezugspunkt zwischen allen Beteiligten ist.'' Entgegen der Annahme, daß die *Zielgerichtetheit* ein unerläßliches Kriterium zur Definition von Organisationen darstellt, soll hier im folgenden argumentiert werden, daß es in Abwandlung einer Aussage, die J.M. Buchanan (1966, S. 28) im Hinblick auf die Idee einer 'sozialen Wohlfahrtsfunktion' gemacht hat, — so etwas wie ein 'Organisationsziel' weder gibt, noch ein Grund besteht, ein soches Konzept zu analytischen Zwecken zu erfinden.

In der am Zielkonzept orientierten Organisationstheorie wird typischerweise *vorausgesetzt,* daß Organisationen Handlungseinheiten sind, und es wird dann nach einer vermeintlichen Eigenschaft gefragt, die sie als Handlungseinheiten aufweisen. Ausgehend von der Vorstellung individuellen menschlichen Handelns wird die Antwort auf diese Frage darin gesehen, daß Organisationen auf Ziele ausgerichtet sind. Nun kann man die Blickrichtung auch umkehren und nicht danach fragen, worauf organisationales Handeln *ausgerichtet* ist, sondern danach, was die *Grundlage* für organisationales Handeln ist, was ein koordiniertes, einheitliches Handeln einer Gruppe überhaupt erst möglich macht. Ein Kennzeichen der *vertragstheoretischen* Perspektive kann darin gesehen werden, daß sie den Blick in eben diese Richtung lenkt, daß sie nach den Mechanismen fragt, die für organisiertes Handeln konstitutiv sind.

Im Sinne der vertragstheoretischen Perspektive lassen sich Organisationen als *konstitutionelle Systeme* charakterisieren, d.h. als soziale Systeme, die *insofern* als Handlungseinheiten und Entscheidungseinheiten betrachtet werden können, als es eine *Verfahrensordnung* — eben eine

Verfassung — gibt, durch die der koordinierte Einsatz der Beiträge oder Leistungen geregelt wird, die die Beteiligten in ihrer Eigenschaft als Organisationsmitglieder erbringen. Mit ihrer Mitgliedschaft in einer Organisation unterwerfen sich Personen einer solchen — expliziten oder impliziten — Verfassung, d.h. sie verzichten für bestimmte Teile ihres Handlungspotentials auf die Möglichkeit einer individuellen, separaten Verfügung und binden sich an das organisationale Verfügungssystem. Die Tatbestände, die bei organisiertem Handeln grundsätzlich der Regelung bedürfen und die daher den Gegenstand der Verfahrensordnung oder Verfassung bilden, sind: Die Modalitäten des Mitgliedschaftserwerbs und des Austritts; die Spezifikation der Teile des Handlungspotentials — oder der Ressourcen —, die dem organisationalen Verfügungssystem unterstellt werden; die Festlegung, durch wen und in welcher Weise die Verfügung über das in der Organisation gebündelte Handlungspotential getroffen wird; und schließlich die Festlegung, in welcher Weise die einzelnen Beteiligten an den Erträgen, die durch die Organisationstätigkeit — d.h. den Einsatz des gebündelten Handlungspotentials — realisiert werden, teilhaben, wie sie daraus persönliche Anreize für ihre Organisationsbeteiligung gewinnen.

Eine solche Auffassung von Organisationen als konstitutionellen Systemen ist in der Vorstellung der Ressourcenzusammenlegung enthalten, die Coleman's Theorie korporativer Akteure zugrundeliegt (Coleman 1979; Vanberg 1982, S. 8 ff.), und sie findet sich — mehr oder minder explizit — auch in einigen anderen organisationstheoretischen Konzeptionen. So spricht G.E. Swanson in seinem Beitrag „An Organizational Analysis of Collectivities" (1978) davon, daß ein Kollektiv als korporativer Akteur „in einem konstitutionellen System besteht", was besagen soll, daß „seine korporative Existenz enthalten ist (1) in einem legitimierten Verfahren, durch das die Beteiligten kollektive Handlungen ausführen können und (2) in einem legitimierten Handlungsbereich, auf den dieses Verfahren angewendet werden kann" (ebenda, S. 289). Und der Gedanke der Organisationsverfassung, die den Einsatz der bei der Organisation gebündelten Ressourcen regelt und die das die Beteiligten verbindende Band darstellt, ist in ähnlicher Weise etwa auch in Beiträgen, wie denen von M.N. Zald und M.A. Berger (1977/78) und S.W. Becker und D. Neuhauser (1975) angesprochen.

Jegliche dauerhafte soziale Kooperation beruht auf — formellen oder informellen — Regeln, die gewisse Beschränkungen zulässigen Handelns definieren. Wenn Organisationen als konstitutionelle Systeme definiert werden, so bedeutet dies, daß Systeme *organisierter* Kooperation von anderen Formen geregelter Interaktion durch die *Art der Regeln* abgegrenzt werden sollen, die der Kooperation zugrundeliegen. Es wird also unterstellt, daß es einen charakteristischen Unterschied gibt zwischen den Regeln *organisierten* Handelns, aus denen eine *Verfassung* besteht, und den Regeln, die *nicht-organisierten* Formen geregelter Interaktion zugrundeliegen. Systeme nicht-organisierter sozialer Kooperation sind Beziehungsnetzwerke, in denen die Beteiligten je für sich über den Einsatz ihres Handlungspotentials entscheiden und sich dabei wechselseitig durch die Darbringung oder Vorenthaltung von Leistungen — durch wechselseitige Sanktionierung — beeinflussen. Die Regeln, die solchen Netzwerken — man kann sie als Austauschnetzwerke interpretieren — zugrundeliegen, beziehen sich auf die wechselseitige Anerkennung von Rechten auf die Verfügung über bestimmte Handlungspotentiale und auf die zulässigen Modalitäten der Nutzung und der Übertragung dieser Rechte. Diese Regeln haben den Charakter von

Spielregeln in dem Sinne, daß sie für alle Beteiligten gleichermaßen gewisse *generelle* Handlungs-beschränkungen definieren, innerhalb deren den einzelnen überlassen bleibt, ihre Handlungsent-scheidungen nach eigenem Gutdünken zu fällen. Die Regeln *organisierten* Handelns, also die Regeln einer Verfassung, kann man in diesem Sinne nicht mit Spielregeln vergleichen. Verfas-sungsregeln legen die Bedingungen fest, unter denen Individuen an einem sozialen Arrangement beteiligt sind, in dem sie gerade nicht separat, für sich, sondern koordiniert, als Team agieren; einem sozialen Arrangement, in das sie dadurch eingebunden sind, daß sie bestimmte Teile ihres Handlungspotentials einer zentralen Disposition unterstellen. Verfassungen regeln die Beziehun-gen zwischen Personen, die im 'Verband' handeln, die Ressourcen in einen gemeinsamen, zentral disponierten Pool einbringen und die sich daher nicht als separat entscheidende Akteure, son-dern als *Mitglieder einer Organisation* gegenüberstehen.

Der Unterschied zwischen den beiden Arten von Regeln ist verschiedentlich in der sozialwissen-schaftlichen Literatur betont worden, so etwa in F.A. von Hayeks Unterscheidung zwischen „Organisationsregeln" und „allgemeinen Verhaltensregeln" (1969, S. 213; 1973, S. 132), oder M. Webers Unterscheidung zwischen „Verwaltungsordnung" als einer „Ordnung, welche Ver-bandshandeln regelt", und „Regulierungsordnung" als einer „Ordnung, welche anderes soziales Handeln regelt" (1964, S. 37). Indem der Unterschied zwischen organisierter Kooperation und anderen Formen sozialer Kooperation durch die Art der *zugrundeliegenden Regeln* spezifiziert wird, läßt sich das Problem der am Zielbegriff orientierten Organisationsdefinition vermeiden, bestimmte Annahmen über die Art der von den Organisationsmitgliedern verfolgten Handlungs-ziele machen zu müssen. Der Unterschied zwischen Organisationen und nicht-organisierten Interaktionssystemen wird nicht in irgendwelchen Besonderheiten der individuellen Handlungs-ziele gesucht, sondern in den *unterschiedlichen Rahmenbedingungen,* unter denen Individuen jeweils ihre *eigenen* Handlungsziele verfolgen: In Austauschbeziehungen, beschränkt durch die Regeln des Tauschverkehrs, und in organisationalen Mitgliedschaftsbeziehungen, beschränkt durch die Regeln der Organisationsverfassung. Durch die unterschiedlichen Arten von Regeln werden typisch unterschiedliche Restriktionen für das Handeln der Individuen definiert, und in diesen unterschiedlichen Restriktionen ist der Grund dafür zu suchen, wenn in organisierter und nicht-organisierter sozialer Kooperation typisch unterschiedliche Handlungsabläufe beobachtbar sind. Dabei ist freilich zu beachten, daß — jenseits der grundsätzlichen Gegenüberstellung von 'Regeln des Tauschverkehrs' einerseits und 'Regeln organisierten Handelns' andererseits — beide Arten von Regeln in sich wiederum höchst unterschiedlich ausgeprägt sein können, mit unter-schiedlichen Steuerungseffekten für das Handeln der beteiligten Akteure. Und die vergleichende Untersuchung der unterschiedlichen Steuerungseffekte verschiedener Regelungssysteme ist gerade eine der Hauptaufgaben sozialtheoretischer Analyse.

3. Sozialkontraktidee und die Vorstellung des Konsenses als Grundlage sozialer Kooperation

In der Auseinandersetzung um die Idee des Gesellschaftsvertrags hat bisweilen der Einwand eine Rolle gespielt, daß diese Idee als historisch-genetische Vorstellung von der Herausbildung politischer Ordnung realitätsfern sei. Es ist zweifelhaft, ob die Frage ihres historischen Gehalts als einer Theorie der Staatsentstehung in der Tat einen sinnvollen Ansatzpunkt für die Bewertung der Vertragstheorie bietet. Und wenn — wie dies hier geschieht — die Sozialkontraktidee als Leitvorstellung einer allgemeinen Theorie organisierten Handelns betrachtet wird, so ist diese Frage völlig unerheblich. Die Sozialkontraktidee ist hier nicht als historisch-genetische Vorstellung vom Ursprung sozialer Verbände oder Organisationen von Interesse, sondern als eine strukturelle Vorstellung vom besonderen Charakter der sozialen Beziehungen in Systemen organisierten, kollektiven Handelns. Als eine solche strukturelle Vorstellung interpretiert, betont die Sozialkontraktidee, daß Systeme organisierten Handelns ihre Grundlage in einer Verfahrensordnung oder Verfassung haben, die von ihren Mitgliedern respektiert wird. Sie betont, daß die Bedingungen des Zusammenwirkens in einer Weise festgelegt sein müssen — ob explizit oder implizit —, die die Bereitschaft der beteiligten Akteure zur Mitwirkung sicherzustellen vermag. Auf diese strukturelle Vorstellung weist etwa O. von Gierke (1954 IV, S. 524) hin, wenn er die naturrechtlich-vertragstheoretische Tradition durch den Gedanken gekennzeichnet sieht, daß die durch den Gesellschaftsvertrag jeweils konstituierte „Gesellschaftsgewalt . . . nichts als vertragsmäßig zusammengelegtes Individualrecht" ist, eine Gewalt, die „daher ihre Kraft fort und fort aus dem Konsense der verbundenen Individuen" schöpft.

Der von Gierke angesprochene Gedanke des *Konsenses* unter den verbundenen Individuen spielt in der Gesellschaftstheorie eine zentrale Rolle, wobei der Konsensgedanke üblicherweise im Zusammenhang mit dem *Legitimationsproblem* bei kollektivem Handeln erörtert wird. Auf seine Bedeutung als Legitimationskriterium wird im nächsten Abschnitt eingegangen werden. Im folgenden soll zunächst die mögliche *analytische* Bedeutung der Konsensannahme erörtert werden.

Der analytische Stellenwert der Sozialkontraktidee liegt darin, daß sie aufzeigt, wie Probleme organisierten, kollektiven Handelns theoretisch als Probleme individueller Entscheidungen rekonstruiert werden können: Die Bildung und der Bestand eines korporativen Akteurs (eines Verbandes, einer Organisation) sind abhängig von den individuellen Entscheidungen einer Gruppe von Personen, Teile ihres Handlungspotentials dem organisationalen Entscheidungssystem zu unterstellen und dort zu belassen. Interpretiert man 'Konsens' als Bereitschaft zur Mitwirkung, und sieht man das Kriterium für die Bereitschaft zur Mitwirkung darin, daß die Organisationsmitgliedschaft gegenüber alternativen Handlungsmöglichkeiten vorgezogen wird, so bietet die Konsensannahme offensichtlich kein Kriterium, anhand dessen sich Systeme organisierten Handelns in konsensuelle und nicht-konsensuelle unterscheiden ließen. Soziale Kooperation ist immer auf 'Konsens' in dem Sinne angewiesen, daß eine ausreichende Bereitschaft der beteiligten Individuen zur Mitwirkung gesichert werden muß. Wo diese Bereitschaft nicht oder nicht mehr gegeben ist, kommt Kooperation nicht zustande bzw. findet sie ihr Ende. Nach dem Kriterium der faktischen Beteiligung beurteilt ist Konsens daher ein Merkmal, das allen stattfindenden Transaktionen zukommt, und nicht ein Merkmal, das gewisse Transaktionen von anderen unterscheiden würde.

Allerdings können die *Handlungsumstände,* unter denen die Bereitschaft zur Mitwirkung zustande kommt und erhalten wird, sehr unterschiedlich sein, und auf die Handlungsumstände wird denn auch typischerweise abgestellt, wenn die Konsensannahme im Sinne der Annahme *freiwilliger* Zustimmung spezifiziert wird. Die faktische Bereitschaft zur Mitwirkung bedeutet nichts anderes, als daß die Beteiligten nach ihren subjektiven Bewertungen unter den gegebenen Umständen die Organisationsbeteiligung gegenüber möglichen Handlungsalternativen vorziehen. Es bedeutet nicht notwendigerweise, daß sie mit den Bedingungen ihrer Organisationsmitgliedschaft auch „zufrieden" sein müssen, wobei „Zufriedenheit" eine Frage von – auf direkten oder indirekten Erfahrungen beruhenden – Erwartungen ist. Die gegebenen Umstände können das Spektrum der möglichen Handlungsalternativen so sehr einschränken, daß die Organisationsbeteiligung lediglich als das 'geringere Übel' gegenüber noch unattraktiveren Handlungsalternativen vorgezogen wird. Diese Einschränkung der Wahlmöglichkeiten kann entweder auf widrigen Umständen beruhen, die ohne den gezielten Eingriff anderer Akteure gegeben sind, oder sie kann durch eine gezielte Manipulation von seiten anderer Akteure verursacht sein. An solche Manipulationen ist wohl üblicherweise gedacht, wenn von unfreiwilligen oder *erzwungenen,* im Unterschied zu *freiwilligen* Transaktionen die Rede ist.

Obschon es sich als schwierig erweist, ein trennscharfes Kriterium zur Abgrenzung von 'freiwilligen' und 'erzwungenen' Transaktionen zu spezifizieren (Vanberg 1982, S. 55 ff.), ist diese Unterscheidung zentral, da sie auf die Bedeutung hinweist, die der Berücksichtigung der *Rahmenbedingungen* individueller Teilnahmeentscheidungen für die Analyse von Prozessen organisierten Handelns zukommt. Unterschiedliche Bedingungsgrundlagen für die Bereitschaft zur Mitwirkung in einer Organisation werden unterschiedliche Auswirkungen auf den Ablauf der Kooperation haben. Um nur eine naheliegende Vermutung zu erwähnen: Je stärker die Mitwirkungsbereitschaft auf Zwang beruht, um so stärker dürften die Betroffenen ihre Aufmerksamkeit darauf konzentrieren, Zugänge zu günstigeren Alternativen zu finden und organisationsintern Gelegenheit zur Obstruktion zu nutzen. In diesem Sinne hat die Sicherung der Teilnahmebereitschaft durch Zwang ihre spezifischen Kosten, und das Interesse an der Vermeidung oder Senkung dieser Kosten kann sich auch in Systemen organisierten Handelns, die als Zwangssysteme begründet werden, dahingehend auswirken, daß in stärkerem Maße positive Anreize zur Sicherung der Teilnahmebereitschaft eingesetzt werden.

4. Das Konsenskriterium als Legitimationskriterium

Die logische Kluft zwischen Aussagen darüber, was ist, und Aussagen darüber, was sein soll, findet sich natürlich auch dort, wo man von der Sozialkontraktidee als analytischer Leitvorstellung für eine Theorie organisierten Handelns zur Sozialkontraktidee als einer Vorstellung von der *Legitimation* kollektiven Handelns übergeht. Dennoch besteht zwischen beiden Interpretationen der Sozialkontraktidee eine offensichtliche Nachbarschaft: Als analytische Leitidee ist die Idee des Gesellschaftsvertrags Ausdruck eines *methodologischen Individualismus,* als Legitimationsvorstellung ist sie Ausdruck eines *normativen Individualismus.* Als explikativem Prinzip liegt der Sozialkontraktidee die Annahme zugrunde, daß die Individuen die grundlegenden Einheiten sind, von denen wir bei der Erklärung organisierten Handelns auszugehen haben. Als normativem Prinzip liegt ihr die Annahme zugrunde, daß die Individuen die grundlegenden Einheiten sind, von denen eine Legitimation organisationaler Arrangements herzuleiten ist.

Es ist instruktiv, einen Blick auf ein analoges Verhältnis von *methodologischem* Individualismus und *normativem* Individualismus zu werfen, wie es in der *Markttheorie* der Ökonomie vorliegt, die man als eine (Teil-)Theorie des Bereichs nicht-organisierter sozialer Kooperation betrachten kann. In ihrer explikativen Variante stellt die Markttheorie darauf ab, daß Märkte Netzwerke von Austauschbeziehungen sind und daß Marktphänomene als Resultate der individuellen Handlungen zu erklären sind, die — vielfältig ineinander verflochten — das Austauschnetzwerk konstituieren. In ihrer normativen Variante stellt sie darauf ab, daß die Ergebnisse von freiwilligen Austauschtransaktionen in dem Sinne als *effizient* gelten können. als die beteiligten Parteien durch ihr Eingehen auf eine Austauschtransaktion zum Ausdruck bringen, daß sie sie gegenüber alternativen Handlungsmöglichkeiten vorziehen. Gemäß dem normativen Individualismus wird der Umstand, daß ein freiwilliger Austausch eine Transaktion ist, der beide beteiligten Parteien zustimmen, als der einzig mögliche Indikator für die 'Effizienz'' der Transaktion betrachtet. Es gibt im Sinne dieser normativen Prämisse kein von den Präferenzen der Individuen, die sie in ihren Wahlhandlungen zum Ausdruck bringen, losgelöstes, 'externes' Kriterium für die Beurteilung der Effizienz sozialer Transaktionen. Das bedeutet, daß die Effizienz sozialer Transaktionen nicht direkt aufgrund einer unmittelbaren Bewertung der Ergebnisse beurteilt werden kann, sondern nur *indirekt,* aufgrund des *Prozesses,* in dem diese Ergebnisse zustandekommen. Und für Marktergebnisse bedeutet dies: Sie werden als effizient betrachtet, da — bzw. in dem Maße, in dem — der Prozeß, in dem sie zustandekommen, auf Transaktionen — nämlich freiwilligen Tauschakten — beruht, die durch freiwillige Zustimmung der Beteiligten zustande kommen.

Gegen diesen normativen Marktindividualismus sind insbesondere zwei Einwände erhoben werden. Der eine stellt auf das Problem der sog. 'externen Effekte' ab, d.h. darauf, daß Transaktionen negative Auswirkungen auf Dritte haben können, die am Zustandekommen der Transaktion nicht beteiligt waren und daher auch nicht ihre Zustimmung gegeben haben. In dem Maße, in dem dies der Fall ist, wird der Schluß problematisch, Marktergebnisse seien das Resultat eines auf konsensuellen Transaktionen beruhenden Prozesses und daher effizient. Der zweite Einwand stellt auf das Problem der Spezifizierung dessen ab, was unter *'freiwilligem'* Austausch genau zu verstehen ist. Wenn die freiwillige Zustimmung der Beteiligten ausschlaggebend dafür ist, daß eine soziale Transaktion als effizient gelten kann, so wird die Frage des Kriteriums zentral, anhand dessen man zwischen 'freiwilligen' und 'unfreiwilligen' Transaktionen unterscheiden kann. Nun wurde oben bereits auf die Schwierigkeiten hingewiesen, ein solches Kriterium zu spezifizieren, sowie darauf, daß die Frage der Freiwilligkeit auf die *Handlungsumstände* abstellt, unter denen die Einwilligung in eine Transaktion zustandekommt. Obschon sie zu keiner trennscharfen Abgrenzung zwischen „Freiwilligkeit" und „Zwang" führen dürfte, erlaubt die Analyse der Handlungsumstände doch zumindest Entscheidungssituationen vergleichend daraufhin zu beurteilen, ob die in den tatsächlich stattfindenden Transaktionen sich ausdrückende *faktische* Zustimmung in dem Sinne als mehr oder minder „freiwillig" gelten kann, daß sie mehr oder minder unter dem Einfluß von Beschränkungen des Handlungsspielraums zustandegekommen ist, die andere Akteure gezielt herbeigeführt haben. Die in der Markttheorie übliche Betonung der Rolle des *Wettbewerbs* stellt auf eben diese Frage der Handlungsumstände ab.

Wenn man von dieser Markt-Parallele zur Sozialkontraktidee als einer Legitimationsvorstellung für kollektives Handeln übergeht, so besagt das Prinzip des normativen Individualismus auch hier, daß die Bewertung der betroffenen Individuen selbst das entscheidende Kriterium für die Güte sozialer Transaktionen und ihrer Ergebnisse ist. D.h. auch hier wird der Bezug auf einen 'externen' Bewertungsmaßstab abgelehnt und das Kriterium für Effizienz darin gesehen, daß der zu bewertende Sachverhalt das Ergebnis eines Prozesses ist, der auf der *Zustimmung der Betroffenen* beruht, also — soweit es organisationsinterne Vorgänge anbetrifft — auf der Zustimmung der Organisationsmitglieder. Und auch hier gilt, daß die in der Tatsache der Beteiligung zum Ausdruck kommende faktische Einwilligung in die Bedingungen der Kooperaton per se kein Kriterium zur Bewertung von Organisationen bieten kann (da alle bestehenden Organisationen auf einer solchen faktischen Teilnahmebereitschaft der Beteiligten beruhen), sondern daß erst der Bezug auf die Rahmenbedingungen, unter denen die faktische Akzeptanz zustande kommt und erhalten wird, ein solches Kriterium liefert. Wenn in der Vertragstheorie die Konsensannahme typischerweise im Sinne der Vorstellung *freiwilliger* Zustimmung spezifiziert wird, so wird denn auch auf diese Rahmenbedingungen der individuellen Teilnahmeentscheidung abgestellt.

Da auch hier wiederum die Frage der Freiwilligkeit als eine Frage der vergleichenden Bewertung der Rahmenbedingungen aufzufassen ist, unter denen organisationales Handeln abläuft, stellt sich die Frage, welche operationalen Maßstäbe für „freiwillige" Zustimmung der Betroffenen in Betracht kommen. Für die Beantwortung dieser Frage kann hier auf Überlegungen Bezug genommen werden, die K. Ballestrem (1983) zum Problem des normativen Gehalts der vertragstheoretischen Konsensannahme ausgeführt hat.

Ballestrem unterscheidet drei mögliche und in der Literatur vorfindbare Versionen eines vertragstheoretischen Legitimationskriteriums: Die Idee des Urvertrags, die Idee des hypothetischen Vertrags und die Idee des impliziten Vertrags. Im vorliegenden Zusammenhang ist allein die Idee des impliziten Vertrags von Bedeutung, die in der Darstellung Ballestrems auch als die tragfähigste unter den drei Konzeptionen erscheint. In Abwandlung der — allein auf die politische Ordnung und nicht auf das allgemeine Problem der Verbandsordnung bezogenen — Formulierung von Ballestrem (ebenda, S. 5) kann die Idee des impliziten Vertrags in folgender Weise umschrieben werden: Eine Verbands- oder Organisationsordnung ist in dem Maße (intern) legitimiert, in dem die Verbands- oder Organisationsmitglieder immer wieder die Gelegenheit haben, sich für oder gegen sie zu entscheiden, Zustimmung oder Kritik zum Ausdruck zu bringen, im Verband bzw. der Organisation zu bleiben oder auszutreten. Und sie ist in dem Maße nicht legitimiert, in dem die Möglichkeit der Kritik, der Opposition und des Austritts unterbunden oder erschwert wird, oder die Mitglieder tatsächlich Widerstand anmelden bzw. austreten.

Mit der Idee des impliziten Vertrags wird offensichtlich auf die Frage der Handlungsumstände abgestellt, unter denen die faktische Organisationsbeteiligung erfolgt, wobei die beiden grundsätzlichen Möglichkeiten hervorgehoben werden, durch die die Mitglieder einer Organisation ihre Interessen zur Geltung bringen können: Abwanderung und Widerspruch (Hirschman 1974). Das grundlegende Argument besagt, daß die tatsächliche Kooperation *umso eher* als aussagekräftiger Indikator für freiwillige Zustimmung gewertet werden kann, je geringer die Kosten des Widerspruchs und/oder die Kosten der Abwanderung sind und je weniger von diesen Möglichkeiten Gebrauch gemacht wird. Zwar erlaubt dieses Kriterium nicht, Organisationen und Verbände eindeutig in zwei Kategorien einzuteilen, in solche, die sich auf den freiwilligen Konsens der Mitglieder stützen, und solche, bei denen dies nicht der Fall ist. Doch der Hinweis auf die Kosten und die tatsächliche Ausübung von Abwanderung und Widerspruch bietet eine Grundlage für eine vergleichende Beurteilung der Legitimation von Verbandsordnungen.

5. Vertragstheoretische Perspektive und vergleichende Institutionenanalyse

Menschen verfolgen in der Interaktion mit anderen ihre eigenen Interessen und Ziele, wobei sie die zu erwartenden Reaktionen der anderen Akteure in Rechnung stellen müssen, die ebenfalls ihre jeweiligen eigenen Ziele verfolgen. Menschen können ihre Interessen also nur unter bestimmten sozialen (neben anderen) Restriktionen verfolgen, und eine bedeutsame Kategorie von sozialen Restriktionen, an deren Untersuchung die Soziologie speziell interessiert ist, sind die *institutionellen Regelungen,* die das Verhalten in sozialen Gruppen steuern.

Interpretiert man Organisationen als konstitutionelle Systeme, so wird der Blick auf die — expliziten oder impliziten — Verfahrensregeln gelenkt, die die organisierte Kooperation der beteiligten Akteure bestimmen, und auf die Frage nach den Restriktionen, die diese Regeln den Akteuren auferlegen. Unterschiedliche Systeme von Verfahrensregeln — d.h. unterschiedliche Verfassungen — werden unterschiedliche Steuerungseffekte auf das Verhalten der Beteiligten haben, und eine zentrale Aufgabe organisationssoziologischer Forschung ist die vergleichende Wirkungsanalyse unterschiedlicher Regelungssysteme sowie die Analyse der erwartbaren Auswirkungen möglicher Regelungsänderungen. Als eine solche vergleichende Institutionenanalyse kann soziologische Organisationstheorie eine wichtige Informationsfunktion in Fragen der Reform von Regelungssystemen und der Wahl zwischen alternativen institutionellen Arrangements wahrnehmen.

Die vertragstheoretische Perspektive gibt der vergleichenden Institutionsanalyse eine spezifische analytische und normative Ausrichtung. Sie lenkt die Aufmerksamkeit auf die Frage, wie institutionelle Arrangements beschaffen sein sollten, damit sie den beteiligten Individuen eine möglichst wirksame gemeinsame Verfolgung ihrer Interessen erlauben und nicht zu Ergebnissen führen, die den Interessen aller oder von Teilgruppen systematisch zuwiderlaufen. Indem es auf die freiwillige Zustimmung der Beteiligten abstellt, ist das vertragstheoretische Konsenskriterium — wie erläutert — insbesondere als ein normatives Kriterium für die Gestaltung der Rahmenbedingungen zu interpretieren, unter denen Individuen ihre Handlungsentscheidungen treffen.

In analytischer Sicht macht das Konsenskriterium vor allem auf ein langfristiges Stabilitätsproblem organisierter Kooperation aufmerksam: Die langfristige Stabilität jeder Organisation hängt von der Bereitschaft der beteiligten Akteure zur Mitwirkung ab. Diese Bereitschaft ist umso eher gesichert, je stärker die Beteiligten den Eindruck haben, ihre Interessen in angemessener Weise zur Geltung bringen zu können, je mehr, mit anderen Worten, ihre faktische Teilnahme Ausdruck freiwilliger Zustimmung ist.

Literatur

Ballestrem, Karl Graf, 1983: Vertragstheoretische Ansätze in der Politischen Philosophie, in: Zeitschrift für Politik, Jg. 30, S. 1 - 17.

Becker, Selwyn W. und Neuhauser, Duncan, 1975: The Efficient Organization, New York-Oxford-Amsterdam.

Buchanan, James M., 1966: An Individualistic Theory of Political Process, in: D. Easton (Hrsg.), Varieties of Political Theories, Englewood Cliffs, S. 25 - 37.

Coleman, James S., 1974/75: Inequality, Sociology, and Moral Philosophy, in: American Journal of Sociology, Bd. 80, S. 739 - 764.

Coleman, James S., 1979: Macht und Gesellschaftsssstruktur, übers. und mit einem Nachwort von V. Vanberg, Tübingen.

Gierke, Otto von, 1954 IV: Das deutsche Genossenschaftsrecht, Bd. 4, Berlin (zuerst 1913).

Gierke, Otto von, 1958: Johannes Althusius und die Entwicklung der naturrechtlichen Staatstheorien, Aalen (5. unver. Aufl.; zuerst 1880).

Hayek, Friedrich A. von, 1969: Freiburger Studien, Tübingen.

Hayek, Friedrich A. von, 1973: Law, Legislation, and Liberty, Bd. 1, Rules and Order, Chicago.

Hirschman, Albert O., 1974: Abwanderung und Widerspruch, Tübingen

Kieser, Alfred und Kubicek, Herbert, 1977: Organisation, Berlin-New York.

Mayntz, Renate und Ziegler, Rolf, 1977: Soziologie der Organisation, in: Handbuch der empirischen Sozialforschung, Bd. 9, hrsg. von R. König, S. 1 - 141 (2. neubearb. Aufl.).

Swanson, Guy E., 1978: An Organizational Analysis of Collectivities, in: L.E. Genevie (Hrsg.), Collective Behavior and Social Movements, Itasca, Ill. S. 289 - 303.

Vanberg, Viktor, 1982: Markt und Organisation, Tübingen 1982.

Vanberg, Viktor, 1983: Organisationsziele und individuelle Interessen, in: Soziale Welt, Jg. 34, S. 171 - 187.

Weber, Max, 1964: Wirtschaft und Gesellschaft, Grundriss der verstehenden Soziologie (in zwei Halbbänden), Köln und Berlin.

Zald, Mayer N. und Berger, Michael, 1977/78: Social Movements in Organizations: Coup d'Etat, Insurgency, and Mass Movements, in: American Journal of Sociology, Bd. 83, S. 823 - 861.

VERTRAG OHNE VORAUSSETZUNGEN: JAMES M. BUCHANAN

Reinhard Zintl

1. Überblick

Die Argumentationsfigur des Gesellschaftsvertrags zielt auf eine bestimmte Art der Kommunikation über Werturteile: Verträge kommen zustande aufgrund freiwilliger Übereinkunft aller Vertragspartner; wer mit einem fiktiven Vertragsargument konfrontiert wird, wird die Inhalte dieses Arguments dann als überzeugend akzeptieren, wenn ihm die Beitrittsgründe der vorgestellten Subjekte einleuchten, wenn er das Handeln der Vertragspartner nachvollziehen kann.

Dieser gedankliche Nachvollzug kann abhängen entweder von normativen Erwägungen (in diesem Falle akzeptiert der Hörer die Modellierung der vertragschließenden Subjekte als normativ überzeugend) oder von faktischen Plausibilitäten (in diesem Falle akzeptiert der Hörer die Modellierung der vertragschließenden Subjekte als realistisch). Die letztgenannte Grundlegung wird um so überzeugender ausfallen, je besser es dem das Argument präsentierenden Theoretiker gelingt, seine Subjekte so zu modellieren, daß sich im Prinzip *jeder* seiner Adressaten in ihnen wiedererkennen kann, m.a.W., wenn niemand „ausgeschlossen" wird, was auch immer seine persönlichen Präferenzen sein mögen. Anders ausgedrückt: Je weniger Vorentscheidungen des Theoretikers die Situation bei Vertragsabschluß und die Eigenschaften der vertragschließenden Subjekte vorab charakterisieren, je weniger eigene Werturteile er investiert, um so zwingender ist sein Argument.

Die radikalste und in gerade diesem Sinne anspruchsvollste Version eines Vertragsarguments präsentiert James M. Buchanan in seinem 1975 erschienenen Werk "The Limits of Liberty".[1] Anders als andere moderne Vertragstheoretiker wie Rawls (1971) oder Nozick (1974), denen Buchanan einen immer noch vorhandenen Rest an Paternalismus in der Argumentation vorhalten würde, da sie entweder vorvertraglich gegebene Rechte oder Restriktionen der individuellen Präferenzen für den Aufbau ihrer Argumente benötigen, läßt Buchanan sich ganz auf seinen Gegenstand ein, nicht eine Spur vom „Mantel des Philosophenkönigs" (S. 3) soll übrigbleiben. Das einzige Werturteil des Theoretikers geht an seine eigene Adresse: Gefordert ist unbedingter Respekt vor den Urteilen der von ihm untersuchten Subjekte, was auch immer diese Urteile sein mögen. Wenn ein solcher Zugriff zu nicht-trivialen Ergebnissen führt, ist er sehr stark. Er bringt alle normativ voraussetzungsvolleren Argumente in Legitimationsschwierigkeiten. Es kann hier offenbleiben, ob *nur* eine solche Vorgehensweise dem Wissenschaftler erlaubt ist, wie Buchanan behauptet.[2]

Ich werde mich im folgenden auf den Nachweis konzentrieren, daß eine derartige Argumentationsweise, sei sie nun die einzig erlaubte oder nicht, schlicht deshalb nicht sehr stark sein kann, weil sie nicht zu greifbaren Ergebnissen führt. Die These, die auf den folgenden Seiten zu beweisen sein wird, lautet: Buchanans Version der Vertragstheorie ist nicht eine besonders konsequente Version eines Arguments, das sich Respekt vor dem Individuum zur Richtschnur macht, sondern sie stellt die Zerstörung dieses Arguments durch *Radikalisierung am falschen Platz* dar. Die Inhalte, die Buchanan anzielt, können nur gerettet werden, wenn man sie vor dem Gedankengang schützt, aus dem sie eben gerade nicht folgen. Die weiteren Überlegungen werden die Argumentations*figur*, den Vertrag ohne Voraussetzungen, auf ihre Schlüssigkeit im Hinblick auf die behaupteten Konsequenzen untersuchen. Die Vertragsinhalte selbst werden dementsprechend nicht als solche diskutiert oder kommentiert, sondern lediglich hinsichtlich ihres Status' in der Folgerungskette.

Nach einer Darstellung der Argumentation und einer Skizze der Ergebnisse (Abschnitt 2) wird sich die Untersuchung auf zwei Kernstücke der Theorie konzentrieren, die zugleich zwei fundamentale Unschärfen aufweisen: Es geht zum einen um Buchanans Grundlegung „rechtlicher Gleichheit" durch den Vertrag, der aus der Anarchie herausführt (Abschnitt 3), zum anderen geht es um die Behandlung der Grenzen kollektiver Aktion, insbesondere um den behaupteten Ausschluß umverteilender Kollektivaktion aus dem Arsenal legitimer Handlungsmöglichkeiten (Abschnitt 4). In Abschnitt 5 wird untersucht, welche impliziten Vorkehrungen Buchanan offensichtlich getroffen hat, um die in beiden Hinsichten auftretenden Schwierigkeiten zu entschärfen, bzw. welche Annahmen man in das Argument nachträglich einführen muß, wenn man es aufrechterhalten will. Im sechsten und letzten Abschnitt wird nochmals grundsätzlich zur Eingangsfrage Stellung genommen: Das Scheitern des „Vertrags ohne Voraussetzungen" liegt nicht an irgendwelchen Unvollkommenheiten des hier diskutierten Buches, sondern es hat seinen Grund in dem Versuch, voraussetzungslos zu verfahren.

2. Argumentation und Konsequenzen

Den besten Zugang zu dem, was Buchanans Vertragsargument von anderen Vertragsargumenten unterscheidet, und zu den Gründen für den Unterschied, findet man über die Betrachtung seiner methodologischen Position. Er selbst erhebt nämlich den Anspruch, daß sowohl zulässige Argumentationsweisen als auch die Inhalte normativer Argumentation die Konsequenz dieser methodologischen Position sind:

„Was hier aber gezeigt werden soll, ist, daß die überragende Rolle individueller Freiheit Ausfluß der Anerkennung der individualistischen Methodologie ist und nicht der subjektiven Wertschätzung dieses oder jenes Gesellschaftsphilosophen." (S. 3)

Die methodologische Position, der solche Wirkung zugeschrieben wird, läßt sich mit Hilfe der Begriffe „individualistisch", „demokratisch" und „wertfrei" charakterisieren, die für Buchanan vielleicht nicht gerade bedeutungsgleich sind, aber sich jedenfalls wechselseitig implizieren:

„Mein Ansatz ist im ontologisch-methodologischen Sinn streng *individualistisch*, obwohl es beinahe ebenso schwierig wie ungewöhnlich ist, an dieser Norm konsequent festzuhalten. Damit ist aber auch nicht gesagt, daß dieser Ansatz subjektivistisch ist. Der methodologische Individualist muß jedoch notwendigerweise auf die Darstellung seiner eigenen Wertvorstellungen verzichten." (S. 1)

„Der gewählte Ansatz muß deswegen demokratisch sein. Darunter verstehen wir lediglich eine andere Definition des Individualismus." (S. 3)

Der Zusammenhang der drei Konzepte in dieser Position läßt sich etwa so skizzieren: Am Anfang steht eine erkenntnistheoretische Vorentscheidung, nach der die einzigen Gegenstände sozialwissenschaftlicher Erklärung die Handlungen von Individuen und deren wie auch immer gesellschaftlich verfestigte Konsequenzen sind. Nur Individuen existieren und können handeln, andere gesellschaftliche Wesenheiten sind entweder nicht existent oder sie sind Aggregate von Individuen.

Da nur Individuen real sind, können auch nur die Werturteile von Individuen Gegenstand normativer Überlegungen in der Wissenschaft sein, nicht aber „überpersönliche" Werturteile. Zu den überpersönlichen Werturteilen sind in diesem Zusammenhang alle von außen herangetragenen Urteile, also auch die des Betrachters, zu zählen. Also ist Wertfreiheit eine Konsequenz der individualistischen Position.[3]

In der Diskussion von Werturteilen kann der Betrachter nun keines der je individuellen Urteile für berücksichtigenswerter oder weniger berücksichtigenswert erklären als irgendein anderes, da er ja hierbei gegen die gerade eingeführte Verpflichtung, überpersönliche Werturteile aus dem Spiel zu lassen, verstoßen müßte. Solange und soweit unter den gerade betrachteten Individuen Divergenzen bestehen, kann der Theoretiker diese nur konstatieren. Nur solche Urteile, die von allen betrachteten Personen geteilt werden, kann er legitimerweise als besonders gewichtig oder verbindlich ansehen. Irgendeinen Zustand der Welt ohne Einschränkung als „besser" zu bezeichnen als einen anderen, ist für einen Theoretiker, der sich diesen Regeln unterwirft, nur dann möglich, wenn er Argumente dafür hat, daß jedermann, also eine hypothetische Gesamtheit aller Menschen, dies genauso sieht. Insofern ist „Demokratie" eine Konsequenz der individualistischen Position — Demokratie wohlgemerkt nicht etwa im Sinne unbeschränkter Mehrheitsherrschaft, sondern im Sinne unbedingten und radikalen Minderheitenschutzes.

An dieser Stelle gehen methodologische und substantielle Aussagen zwanglos ineinander über. „Demokratie" kennzeichnet nicht mehr lediglich die Stellung des Theoretikers *gegenüber* seinem Objektbereich, sondern wird zum methodologisch begründeten Werturteil über zulässige Beziehungen *innerhalb* des Objektbereichs: Vorgänge im Objektbereich, die nicht die Zustimmung aller Individuen finden, kann der Betrachter nicht als wünschenswert charakterisieren; als Umkehrschluß wird nun die Behauptung ausgegeben, daß der Betrachter das, was alle wünschen, nicht nur nicht ablehnen dürfe, sondern daß er es seinerseits als wünschenswert zu akzeptieren habe:

„'Gut' ist, was 'gewöhnlich' der freien Entscheidung der beteiligten Individuen entspringt. Es ist nicht zulässig, daß ein außenstehender Beobachter unabhängig vom Verfahren, in dem die Ergebnisse erzielt werden, Kriterien für das 'Gute' festlegt." (S. 8)

Es schiene nun naheliegend, hieraus die Konsequenz zu ziehen, daß hiermit bereits festliegt, was als akzeptables *Verfahren*, insofern als „gutes" Verfahren, zu gelten hat — eben ein Verfahren, das die Erzeugung „guter" Entscheidungen ermöglicht, also ein im Sinne Buchanans „demokratisches" Verfahren. Diesen Schritt tut Buchanan nicht, jedenfalls nicht unmittelbar. Vielmehr wendet er die Logik des Urteilens, die er bis hierhin entwickelt hat, nun auf die Bestimmung der Verfahrensregeln selbst an: Er überläßt sie der freien Entscheidung der Individuen, oder angemessener ausgedrückt: Er unterwirft sich hier wie sonst auch dieser Entscheidung. Dies scheint konsequent.

Das ist die Ausgangslage, in der das Modell des Gesellschaftsvertrags bei Buchanan seinen Platz findet. Man könnte mit der Auseinandersetzung bereits hier, auf vergleichsweise hohem Abstraktionsniveau einsetzen. Die Verknüpfung von erkenntnistheoretischer Ausgangsposition und behaupteten Konsequenzen, insbesondere im Hinblick auf die einem Wissenschaftler erlaubten und nicht erlaubten Werturteile, ist sicherlich hochgradig problematisch. Eine Auseinandersetzung mit dem Argument auf so grundsätzlicher Ebene kann zeigen, daß man nicht so verfahren *muß,* wie Buchanan behauptet, da seine Schlußfolgerungen nicht zwingend sind. Es wäre aber nach einer solchen Kritik immer noch offen, ob man so verfahren *kann,* wie er fordert. Der Beantwortung dieser Frage dienen die folgenden Überlegungen.

Es wird zu zeigen sein, daß sein Anspruch nicht lediglich einem naturalistischen Fehlschluß aufsitzt, sondern daß sein Verfahren nicht widerspruchsfrei anwendbar ist. Der auf die Spitze getriebene Individualismus, die Reduzierung des Theoretikers auf den Status des bloßen Betrachters, ist nicht die Vollendung des individualistischen Zugangs, sondern seine Zerstörung, da sie ihn seines Gegenstandes, des Individuums, beraubt. Dies läßt sich am besten durch eine genauere Analyse dessen nachweisen, was Buchanan tatsächlich tut. Im Vorgriff kann das Problem, das sich ja schon abzeichnet, so umrissen werden: Der Betrachter muß nach Buchanan „demokratische" Institutionen propagieren, und er darf es zugleich höchstens dann, wenn alle betrachteten Individuen ihnen zustimmen. Zu untersuchen ist also: Wie, glaubt Buchanan, kann er diese Zustimmung theoretisch sichern, ohne den Individuen seinerseits Vorgaben zu machen, die er selbst als nichtindividualistische Werturteile klassifizieren müßte?

Die „Prozedur" vor allen Prozeduren, in der die Individuen Verfahrensregeln selbst wählen, ist der Gesellschaftsvertrag. Augenscheinlich ist entscheidend für die Ausgestaltung des Vertrags, die Institutionenwahl, nun das, was sich über die Situation vor Vertragsabschluß sagen läßt. Erst aus der Charakterisierung dieser Situation und insbesondere der jeweiligen individuellen Lagen, in denen sich die potentiellen Vertragspartner befinden, ergeben sich ja Anhaltspunkte für die Beschreibung dessen, worauf sie sich wohl freiwillig einlassen werden. Als „freiwillig" stattfindend können wir den Vertragsbeitritt eines Individuums dann ansehen, wenn der Vertrag für dieses Individuum als dem Verbleiben im Naturzustand vorziehenswürdig erscheint; den Beitritt zu einer bestimmten Ausgestaltung des Vertrags können wir als freiwillig interpretieren, wenn diese Ausgestaltung das im Urteil des Individuums beste Vertragsangebot unter mehreren ist. Behauptet man also das Zustandekommen eines bestimmten Vertrags, so behauptet man, daß dieser Vertrag im Urteil aller Individuen dem Verbleiben im Naturzustand vorzuziehen ist und daß er zugleich im Urteil aller Individuen der beste realisierbare (nicht unbedingt: der je individuell wünschenswerteste) Vertrag ist.

114

Da der Begriff der Freiwilligkeit weiter unten noch eine Rolle spielen wird, sind an dieser Stelle einige Erläuterungen angebracht, insbesondere um unangebrachte Assoziationen zu verhindern. Angebracht ist die Assoziation eines Begriffs individueller Rationalität — es muß unterstellt werden, daß die Vertragspartner wissen, was sie wollen und daß sie daher selbst beurteilen können, wodurch sie besser oder schlechter gestellt werden. Offen ist, welches die jeweiligen individuellen Ziele sind, insbesondere läßt die Unterstellung von Rationalität keinen Schluß auf egoistische Zielsetzungen zu. Nicht angebracht sind auf der anderen Seite Assoziationen des Begriffs der Freiwilligkeit mit der Vorstellung von Lageverbesserungen. Nur auf den ersten Blick kann es scheinen, daß der Begriff ein gewisses Mindestniveau individueller Zielerreichung impliziert (Ausgangslage), von dem aus dann Verbesserungen vereinbart werden (Vertragsinhalt). Das ist aber nicht notwendigerweise so. Es ist ebensogut denkbar, daß ohne Übereinkunft, also ohne den Beitritt eines bestimmten Individuums zum Vertrag, eine so wesentliche Verschlechterung seiner Lage einträte, daß auch Verschlechterung gegenüber der Ausgangslage, einer Lage allgemeiner Vertragslosigkeit, im Vertrag noch die beste zu Gebote stehende Alternative ist.

Solange wir nicht so etwas wie eine „Basislinie" bestimmen — von der aber bisher nicht die Rede war —, können wir Freiwilligkeit nicht umstandslos mit Lageverbesserung assoziieren. Entsprechend eng muß daher vorläufig das Gegenkonzept zu Freiwilligkeit, der Zwang, gefaßt werden: „Freiwilligkeit", so weit wie hier zunächst gefaßt, schließt wenig aus. Nur die völlige Abwesenheit von Wahlmöglichkeiten kann als Zwang bezeichnet werden, gleichgültig, wie groß der Druck ansonsten sein mag, der auf dem Individuum lastet.

Im Prinzip kann man nun ohne Schwierigkeiten den Spielraum dessen, was als freiwillig vereinbart gedacht werden kann, dadurch einschränken oder in die jeweils gewünschte Richtung verschieben, daß man entweder den Individuen bestimmte Präferenzen oder Präferenzrestriktionen unterstellt oder daß man eine „Basislinie" festlegt. Ersteres kann geschehen etwa durch die Unterstellung moralisch inspirierter Ziele, durch Risikoaversion, durch mangelnde Information; letzteres kann geschehen durch die Einführung vorvertraglicher Rechte, hinter die man im Vertrag nicht zurückfallen wird. Beides ist für Buchanan unmöglich. Beides liefe ja darauf hinaus, das Vertragsargument auf Werturteile aufzubauen, die der Betrachter vorab ins Spiel bringen müßte. Solche Vertragsargumente, die folgerichtig eher der Diskussion der Implikationen von Werturteilen als der Einführung solcher Urteile dienen, müßte man mit Buchanan als „nichtindividualistische" Argumente klassifizieren. Sie enthalten nach wie vor genau den Paternalismus des Philosophenkönigs, den Buchanan um jeden Preis vermeiden möchte. Eine in seinem Sinne „echte" Vertragstheorie kann nur auf der Basis denkbarer *faktischer* Verhältnisse konstruiert werden.

Als zulässige Vermutungen des Theoretikers über faktische Verhältnisse können nur solche Vermutungen gelten, die nicht mehr unterstellen, als die Existenz individueller Präferenzordnungen und individueller Fähigkeiten, die sich wie auch immer unterscheiden mögen, und als die Fähigkeit der Individuen, ihre Ressourcen rational zur Verfolgung ihrer Ziele einzusetzen. Die individuellen Situationen, die dann ausschlaggebend dafür sind, ob ein Individuum einen jeweils zur Debatte stehenden Vertragsentwurf annehmbar findet oder nicht, sind bestimmt durch das, was ein Individuum sich im Alleingang, also auch ohne Gesellschaftsvertrag und notfalls im Konflikt mit seiner Umwelt sichern kann.

Nun werden die Individuen in ihren Fähigkeiten und Neigungen differieren, also auch hinsichtlich ihrer jeweiligen vorvertraglichen Lage. Insbesondere wird es Unterschiede geben in der Art und Weise, wie Bedürfnisse befriedigt werden: Einige Individuen werden sich hierbei vor allem auf ihre eigenen Anstrengungen verlassen, andere werden es vorteilhafter finden, ihre Ziele durch gewaltsame Aneignung der Ergebnisse fremder Anstrengungen zu verfolgen. Dies sind Grenzfälle, allgemein gilt folgendes: Da jedes Individuum vor dieser Alternative steht, muß jedes Individuum, unabhängig von seinen eigenen Neigungen, jedenfalls damit rechnen, daß andere sich ihm gegenüber aggressiv verhalten. Jedes Individuum muß sich durch Raub, Diebstahl oder Versklavung bedroht fühlen, wobei solche Begriffe hier nur in einem intuitiven Sinne verwendet werden können — man kann mit ihnen noch nicht die Vorstellung des Rechtsbruches verbinden, da es Rechte ja noch nicht gibt.

In einer solchen Situation muß jedes Individuum seine Zeit und Kraft nicht nur zwischen zwei, sondern zwischen drei Sorten von Aktivitäten möglichst erfolgversprechend verteilen: auf „eigene" Produktion, auf „Enteignung" anderer Personen, auf Abwehr gegen Enteignungsversuche durch andere Personen. Der vorvertragliche Zustand muß nicht notwendigerweise ein Zustand ununterbrochener Gewaltanwendung sein, aber keinesfalls wird er als von Gleichheit gekennzeichnet oder als friedlich beschrieben werden können.

Es ist festzuhalten, daß eine solche Vorstellung keineswegs die Entscheidung für ein negatives Menschenbild voraussetzt. Die Vorstellung resultiert ja nicht aus der Vorgabe, daß alle Individuen bereit und fähig zu aggressiven Akten sind, sondern daraus, daß man nicht ausschließen kann, daß es solche Individuen überhaupt geben könnte. Man muß nicht unterstellen, daß der Mensch von Natur aus des Menschen Feind ist, um ein Verhalten zu prognostizieren, das diesen Eindruck erweckt. Hier argumentiert Buchanan nicht anders als Hobbes, für den ja auch nicht angeborene Aggressivität, sondern Unsicherheit Ursache des Unfriedens ist.[4]

Das anarchische Gleichgewicht, von Buchanan als „natürliches Gleichgewicht" bezeichnet (S. 33 ff.), das dann resultiert, wenn jedes Individuum die für es selbst angesichts des jeweiligen Verhaltens aller anderen optimale Mischung der genannten drei Sorten von Handlungsweisen praktiziert, ist ein ineffizienter Zustand. Nur die erste Handlungsform, die eigene Produktion, dient ja der Herstellung oder Gewinnung erwünschter Objekte, während Übergriff und Selbstschutz nur der Umverteilung solcher Objekte bzw. deren Verhinderung dienen. Es liegt auf der Hand, daß in dieser Situation „Verbesserungen" im strengen Sinne von Buchanan denkmöglich sind: Alle Individuen könnten besser gestellt werden, wenn ein Waffenstillstand vereinbart würde, der die unproduktiven Tätigkeiten überflüssig machte. Die bisher auf Angriff und Abwehr verschwendeten Ressourcen könnten nun in produktive Tätigkeiten umgeleitet werden; hierzu zählt auch die Möglichkeit ungestörten Müßigganges.

Es ist sehr wichtig und für die weiteren Überlegungen folgenreich, daß dieser denkbare Waffenstillstand nicht im einfachen Verbot bisher praktizierter Übergriffe bestehen kann. Er würde dann zwar diejenigen, die bisher vornehmlich die Opfer von Übergriffen waren, besser stellen als zuvor. Aber er würde zugleich diejenigen, die bisher von Übergriffen vornehmlich profitierten, sozusagen enteignen, stellte also keine Verbesserung ihrer Lage gegenüber dem Naturzustand dar. Freiwillige Zustimmung kann von diesen Individuen nicht erwartet werden. Allgemein zustimmungsfähig ist demgegenüber ein Waffenstillstand, in dem vereinbart wird, daß das, was bisher durch Kampf erworben werden konnte, nun kampflos erhältlich sein muß und daß umgekehrt das, was bisher trotz Abwehr nicht festgehalten werden konnte, nun kampflos abgetreten werden muß. Beide Typen von Individuen finden sich, falls ein solcher Vertrag zustandekommt, in einer verbesserten Situation: Ihnen wird das, was sie bisher nur unter Kampf und Mühe erwerben oder festhalten konnten, nun rechtlich gewährleistet; beide Gruppen von Individuen können Energien freimachen.

Buchanan untersucht in der Folge, unter welchen Bedingungen ein derartiger Waffenstillstand zustandekommen kann. Diese Überlegungen, die die Frage der Möglichkeiten und Kosten der Erzwingung vertragsgerechten Verhaltens behandeln (S 37 ff., 92 ff.), können hier ausgeblendet bleiben. Das Ergebnis sieht wie folgt aus: Wenn die Kontroll- und Sanktionsprobleme in einer Weise gelöst werden können, daß der vertragliche Zustand trotz des Kontrollaufwandes noch attraktiver ist als die Anarchie, dann kommt der Vertrag zustande. Vereinbart werden bestimmte Spielregeln, gegründet wird die Institution, die diese Spielregeln durchsetzt, der „protektive Staat". Es ist ein Staat ohne Politik – im Rahmen dieser Institution werden nicht Zielsetzungen gegeneinander abgewogen und Entscheidungen getroffen, die auch hätten anders ausfallen können, sondern es werden Regeln angewandt. Der protektive Staat „handelt" nicht, er „vollzieht". Was er wann zu tun hat, ist abschließend in den Spielregeln fixiert.

Die Spielregeln werden nun im wesentlichen in der Festsetzung geschützter Individualsphären bestehen, in die von außen nicht eingegriffen werden darf, nicht von anderen Individuen und schon gar nicht vom Staat, der ja nichts anderes tun darf, als diesen Schutz durchzusetzen. Da die Individuen sich im vorvertraglichen Zustand unterschiedlich große Eigenbereiche sichern konnten, unterschiedlich viele erwünschte Objekte in ihre Verfügungsgewalt bringen konnten, werden die individuellen Schutzbereiche unterschiedlich groß ausfallen.

Sobald sie aber einmal im Vertrag verbindlich fixiert wurden, ist jeder weitere Zugriff von außen rechtswidriger Übergriff – also ist jedes Individuum im Rahmen der aus dem Naturzustand mitgebrachten Unterschiede in seiner Sphäre *unbedingt* geschützt. In diesem Sinne herrscht *Rechtsgleichheit* (S. 84 ff.). Verboten ist alles, was Schutzräume verletzt, erlaubt ist alles, was dies nicht tut, da rationale Individuen sich nicht auf engere Spielregeln einlassen werden als notwendig. Anders ausgedrückt: Der Vertrag schafft Eigentumsrechte, deren Grenzen allein durch fremde Eigentumsrechte gezogen sind. Das Eigentum ist ungleich verteilt, aber sein Gebrauch ist für alle Gesellschaftsmitglieder gleichermaßen frei.

Mit der Schaffung eines protektiven Staates, der im wesentlichen das Institut freien Individualeigentums, also auch die Freiheit, Verträge zu schließen, schützt, entsteht nicht nur ein „Rechtsstaat", sondern auch eine „Marktwirtschaft", also die Gelegenheit zum freien Tausch unter

Wettbewerbsbedingungen. Das folgt ohne weiteres aus den bisher vollzogenen Schritten: Wenn jedes Individuum frei über sein Eigentum verfügen kann, wird es annahmegemäß dieses Eigentum nutzenmaximierend verwenden. Hierzu gehört auch der Tausch. Da Tauschmöglichkeiten davon abhängen, wie attraktiv das eigene Angebot ist, wie attraktiv man als Vertragspartner ist, steht man unter dem Druck, sich in den eigenen Produktionsanstrengungen auf das zu konzentrieren, worin man ein mindestens so interessanter möglicher Vertragspartner ist wie andere Anbieter. Das Resultat ist Arbeitsteilung und im Zeitablauf allgemeine Wohlstandssteigerung.

Der über solche postkonstitutionellen Verträge unter einzelnen Individuen erreichbare Zustand bringt zwar allgemeine Besserstellung, aber er ist noch nicht der bestmögliche Zustand, soweit die Gesellschaftsmitglieder an Kollektivgütern interessiert sind. Es besteht hier ein *allgemeines* Interesse an einem gewissen Ausmaße gemeinsamer Produktion zum Zwecke gemeinsamen Konsums. Buchanans Behandlung dieser Materie entspricht hinsichtlich der hier zu erwartenden Probleme (Grenzziehung, Aufdeckung von Präferenzen, Nichtexistenz einer Prozedur zur Realisierung der Lindahl-Lösung) der in der Literatur üblichen und von ihm selbst mitgeprägten Betrachtungsweise.[5] Darauf muß hier nicht weiter eingegangen werden. Wichtig für uns sind die Konsequenzen, die er für die Lösung oder die Bearbeitung dieser Probleme aus der Einbettung der Materie in das Vertragsargument gewinnt.

Die Einbettung erfolgt über die Annahme, daß die Individuen schon beim Übergang vom vertragslosen Zustand in geordnete Verhältnisse antizipieren, daß postkonstitutionelle Verträge im Rahmen des protektiven Staates Kollektivgüterprobleme offen lassen, und daß die Individuen daher zugleich mit dem protektiven Staat den produzierenden Staat, den Leistungsstaat einrichten. Da das Interesse an der Einrichtung dieser Abteilung des Staates allein aus den antizipierten Effizienzmängeln des Tauschsystems resultiert, kann der Leistungsstaat seine Aktivitäten auch nur im pareto-superioren Bereich, gemessen am Tauschgleichgewicht, entfalten. Die Bestimmung dessen, was als Kollektivgut behandelt werden soll, erfolgt einstimmig. Die konkreten Entscheidungen über Umfang und Prioritäten der Produktion können ihrerseits nicht nach einer Einstimmigkeitsregel gefällt werden, da der Anreiz, mit dem eigenen Veto die anderen zu erpressen, für jedes Individuum hoch wäre und somit die Einigungskosten den ganzen Leistungsstaat überflüssig machen könnten.[6]

Als Notbehelf ist daher die vertragliche Einigung auf ein niedrigeres Quorum plausibel. Aber: Keine Version der Mehrheitsregel wird vertraglich vereinbart werden, die das *Recht zur Umverteilung* einschließt. Es mag zwar nicht auszuschließen sein, daß Mehrheitsentscheidungen einzelnen Individuen bisweilen höhere Beiträge zur Erstellung eines Kollektivgutes auferlegen, als deren Nutzen aus dem Kollektivgut rechtfertigen kann. Solche Entscheidungen haben de facto umverteilenden Charakter. Umverteilung sozusagen aus Versehen mag also vorkommen, und es ist notwendig, so gut wie möglich dagegen vorzusorgen. Keinesfalls ist ein Gesellschaftsvertrag zu erwarten, der dem produzierenden Staat das Recht gibt, am Tauschergebnis Verteilungskorrekturen vorzunehmen (S. 63 ff.). Der öffentliche Bereich als Bereich, in dem „Politik" gemacht wird, ist also dem Staat als Rechtsschutzstaat und damit der Tauscharena strikt nachgeordnet. Eine Beziehung besteht nur insofern, als die Produktion öffentlicher Güter bestimmte

118

Individuen gegenüber der zunächst fixierten Primärverteilung so viel besser stellen kann, daß ein zunächst unattraktiver Gesellschaftsvertrag akzeptabel werden kann (S. 102).

Mit anderen Worten: Durch die Einbindung des Leistungsstaates in das Vertragsargument bewerkstelligt Buchanan es, das Pareto-Kriterium in einer ganz neuen Rolle auftreten zu lassen. Aus einem Maßstab für Nichtverschwendung bei jeweils gegebener Verteilung, also einem Effizienzkriterium, ist ein Maßstab für die Legitimität *jeglicher* staatlichen Tätigkeit geworden.

Ausgehend von dem Minimum an Vorgaben, ohne das allgemeine Sätze über menschliches Verhalten überhaupt nicht mehr möglich sind, ohne Rückgriff auf ethische Prinzipien oder vorausgesetzte Rechte, ist Buchanan zu einer Verfassung gelangt, die durch
— mögliche Ungleichheit in der Verteilung von Gütern,
— gleiches Recht auf freien Eigentumsgebrauch für alle,
— dem Tausch nachgeordnete Politik ohne Umverteilungsberechtigung
gekennzeichnet ist. Wenn das Argument, das aus so wenig so viel herleiten konnte, stichhaltig ist, dann sind Argumente, die zu anderen Konsequenzen kommen, aber dafür auch voraussetzungsbelasteter sind, in erheblichen Schwierigkeiten.

Soviel zur Darstellung der Argumentation und ihrer Konsequenzen. Nun zur Auseinandersetzung.

3. Rechtliche Gleichheit und freiwilliger Beitritt zum Vertrag

Wie wir gesehen haben, setzt Buchanan den protektiven Staat mit dem gleich, was man gemeinhin als Rechtsstaat bezeichnet. Kommt man tatsächlich, wie Buchanan behauptet, so mühelos von einem *offenen* Naturzustand zu einem Vertrag, der *gleiches Recht* für alle schafft? Man kann dies in Frage stellen, indem man durchspielt, welche Sorten von Diskrimination im Vertragsabschluß denkbar sind — Ausbeuter können sich gegen den Rest zusammenschließen und diskriminierende Beitrittsbedingungen diktieren, die immer noch besser sind, als das Verbleiben im Naturzustand; aber auch die bisher Schwächeren können durch Zusammenschlüsse den bisherigen Freibeutern das Leben so schwer machen, daß diese freiwillig die Waffen strecken. Derlei inhaltliche Variationen ließen sich beliebig vermehren und sie dürften insgesamt geeignet sein, ein nachhaltiges Unbehagen an Buchanans Freiwilligkeitsbegriff zu erzeugen. Es könnte aber gegen sie eingewandt werden, daß sie ständig in Gefahr sind, die Intention des Vertragsarguments zu verfehlen, indem sie es mit Spekulationen über plausible Evolution konfrontieren. Ich möchte daher an dieser Stelle unmittelbar die *begriffliche* Schwierigkeit behandeln, aus der das Unbehagen resultiert und die das gesamte Argument Buchanans unhaltbar macht. Es handelt sich um seinen Umgang mit dem Begriff des Rechts.

Buchanan verwendet diesen Begriff in folgenden sehr unterschiedlichen Weisen: Zum einen wird mit seiner Hilfe die Grundeinheit der Überlegungen, die wir aus erkenntnistheoretischen Gründen doch für den unmittelbar gegebenen *Ausgangspunkt* aller Argumente halten sollen, überhaupt erst einmal definiert:

„Man kann von einer Person nur sprechen, wenn ihre Handlungsrechte, einschließlich ihrer Rechte, andere an bestimmten Handlungen zu hindern, festgelegt sind." (S. 14)

Beinahe schärfer noch heißt es kurz darauf:

„Eine Person wird definiert durch die Rechte, die sie besitzt und die von anderen anerkannt werden."[7]

Dem steht eine zweite Verwendungsweise gegenüber, die die notwendige Ungleichheit von Rechten betont, ohne die z.B. Verträge zwischen Individuen gar nicht zu erwarten wären:

„Sollten jedoch alle Beteiligten in jeder erdenklichen Hinsicht in der Ausgestaltung ihrer Rechte (Original: *the precise specification of rights*) gleich sein, so könnten keine wechselseitigen Abkommen zustande kommen . . ." (S. 15)

Schließlich und drittens wird über die von der individualistischen Position implizierte Voraussetzung einer „wechselseitige(n) und gleiche(n) Anerkennung der jeweiligen Rechte" (S. 16, Original: *equal and reciprocal respect*) gesprochen, die kurz darauf gleichgesetzt wird mit „Gleichheit vor dem Recht" (S. 16, Original: *equality in treatment*).

Wir wollen die erste Verwendungsweise vorläufig außer Betracht lassen und uns zunächst auf den Unterschied zwischen der zweiten und der dritten Verwendungsweise konzentrieren. Es gibt eine naheliegende Lesart, in der dieser Unterschied als ganz unproblematisch erscheint: Man muß „Rechte" (am besten im Plural) einmal als das verstehen, *worauf* man einen geschützten Anspruch hat — das mag ungleich verteilt sein; man muß zum anderen unter „Recht" (am besten im Singular) die *Qualität* des Schutzes solcher Ansprüche verstehen — diese Qualität soll für alle Individuen gleich sein. Einfacher: Im ersten Fall kann man „Rechte" mit „Güter" übersetzen, im zweiten mit „anerkannte Verfügungsmöglichkeiten".

Das bedeutet aber, wenn man es zu Ende denkt, daß „Rechte" im ersten Sinne Rechte an Objekten und somit unterschiedlich verteilt und auch veräußerbar sind, während „Recht" im zweiten Sinne an die Person gebunden, für alle gleich und unveräußerbar ist. Das scheint Buchanans Intention gerecht zu werden. Seine Behauptung lautet, wenn man an dieser Interpretation festhält: Der Verfassungsvertrag schafft keine Gleichheit hinsichtlich des „Rechts". Die Gegenbehauptung lautet: Buchanan kann mühelos zeigen, daß Ungleichheit im ersten Sinne existieren wird, aber er kann keinen Beleg für die Richtigkeit der zweiten Hälfte der Behauptung liefern. Viel eher liefert er ein Argument für die Richtigkeit ihres Gegenteils.

Man muß, um dies zu zeigen, nur auf seine erste Verwendungsweise des Begriffs „Recht" zurückgreifen. Wenn erst Rechte die Person *definieren,* dann kann es im vorvertraglichen Zustand keine Unterscheidung zwischen Rechten an Objekten und dem Recht an der eigenen Person geben, beides fällt unter den Oberbegriff „Eigentum" und kann ungleich verteilt sein. Buchanan selbst sagt das deutlich genug:

„Man kann wirklich keinen begrifflichen Unterschied zwischen jenen Rechten machen, die gewöhnlich als Menschenrechte bezeichnet werden, und jenem Bündel von Rechten, die man unter der Bezeichnung 'Eigentum' zusammenfaßt." (S. 14)

Eine Unterscheidung, die Buchanan selbst nicht macht, kann er auch von seinen Subjekten nicht erwarten. Zu den denkbaren Formen der Aneignung fremder Anstrengung im Naturzustand gehört selbstverständlich auch die Aneignung der Arbeitskraft fremder „Personen" (die, genau genommen, in Abwesenheit konsentierter Rechte ohnehin noch keine Personen sind). Buchanan hierzu:

„Ein Sklavereivertrag würde — wie die anderen Verträge auch — individuelle Rechte festlegen, und im Ausmaß seiner gegenseitigen Anerkennung wäre die Gewähr für wechselseitige Vorteile gegeben, wenn als Folge davon die Aufwendungen für Verteidigung und Eroberung zurückgingen. Eine solche Deutung der Sklaverei als Institution mag etwas gezwungen wirken. Sie dient aber ausschließlich dem Zweck, den hier entwickelten Begriffsrahmen so allgemein wie möglich zu halten." (S. 86)

Diese Deutung der Sklaverei wirkt nicht „gezwungen", sondern nach allem bisher Gesagten nur naheliegend. Was aber wird hiernach aus der gerade eben versuchten Interpretation der Unterscheidung zwischen ungleich verteilten Rechten und der Gleichheit vor dem Recht?

Es gibt nur eine einzige Lesart, in der alle drei Verwendungsweisen miteinander vereinbar werden: Herr und Sklave unterscheiden sich im Hinblick auf den Umfang der Objekte, auf die sie ein Recht haben, einschließlich der Rechte an der je eigenen Person. Sie sind gleich hinsichtlich des Schutzes, den sie bezüglich dieser Rechte genießen — der Sklave ist in den ihm verbliebenen Sklavenrechten ebenso geschützt wie der Herr in seinen Herrenrechten. Schon dies erlaubt es, von *equality in treatment* zu sprechen. Hält man sich zusätzlich vor Augen, daß Rechte überhaupt erst definieren, was eine Person ist, so erkennt man, daß diese Redeweise nicht nur erlaubt, sondern geboten ist: Würde man nämlich versuchsweise einwenden, daß hiermit ja doch eine unterschiedliche Behandlung von Personen verbunden sei, so hätte man unter der Hand einen Personenbegriff eingeführt, der vor allen Verträgen bestimmt ist und somit in der Theorie keinen Platz hat.

Unterstellt man diese Lesart als Buchanans Verständnis seiner Unterscheidung von *Ungleichheit* und *Gleichbehandlung,* dann wird seine Argumentation schlüssig. Zugleich aber ist dann keine denkbare Verfassung mehr ausgeschlossen. Insbesondere die durch seine Ausführungen hergestellte Assoziation zwischen protektivem Staat und Rechtsstaat wird unhaltbar. *Equality in treatment* hat dann mit „Rechtsgleichheit" im üblichen Sinne des Wortes nichts mehr zu tun. Das mag allerdings nicht die Konsequenz sein, die er seinem Argument zuschreibt. Es ist mit Sicherheit nicht die Konsequenz, auf die er hinzielt.

Jedoch ist das Dilemma, in dem er sich befindet, unlösbar: Was „Gleichheit vor dem Recht" angesichts „ungleicher Rechte" heißen kann, hängt unabtrennbar von einer Unterscheidung ab, die man nur „von außen", nur vorab, einführen kann. Es ist die schon erwähnte Unterscheidung zwischen Rechten, die als unveräußerlich anerkannt werden, und solchen Rechten, die man haben mag oder auch nicht. Entweder also weigert sich Buchanan — streng individualistisch — seine Akteure vorab mit unveräußerlichen Rechten auszustatten — dann muß er jede faktisch durchgesetzte Vereinbarung als freiwillig respektieren und jede Ausgestaltung von Rechten als Gleichbehandlung einstufen, solange dafür gesorgt ist, daß diesen Rechten gesellschaftlich

Geltung verschafft wird. Oder aber Buchanan bemüht sich — ebenfalls streng individualistisch —, ein nichttriviales Konzept von Freiwilligkeit zu verwenden, dann aber ist er gezwungen, die Unterscheidung zwischen Persönlichkeitsrechten und Rechten an Objekten ernstzunehmen, denn erst dann, wenn es ein Recht *auf* Eigentum (ein Persönlichkeitsrecht) gibt, kann über konkrete Rechte *an* Eigentum in einer Weise verhandelt werden, in der man Freiwilligkeit von Zwang unterscheiden kann.[8]

Als Zwischenbilanz können wir festhalten: Der Vertrag ohne Voraussetzungen sichert nicht eine freiheitliche Verfassung, vielmehr sind mit ihm beliebige Verfassungen vereinbar. Damit ist der Entwurf hinsichtlich seiner Grundlegung gescheitert. Zu untersuchen ist nun, ob wenigstens aus der Existenz eines Rechtsstaates, wie auch immer er begründet sein mag, gefolgert werden kann, daß rationale Individuen sich, hiervon ausgehend, auf ein Umverteilungsverbot für den Leistungsstaat einigen werden. Es muß also untersucht werden, ob eine freiheitliche Verfassung einen solchermaßen eingeschränkten Spielraum der Tagespolitik impliziert.

4. Freier Tausch und Umverteilungsverbot als Minimalkonsens

Gesetzt den Fall, die von uns untersuchten Individuen haben sich auf einen protektiven Staat geeinigt, der jedes Individuum in seinen Rechten unbedingt vor Übergriffen anderer Individuen schützt. Die anschließende Frage, der nun nachzugehen ist, lautet: Ist zu erwarten, daß Individuen, die in genau dem minimalen Sinne rational sind wie von Buchanan modelliert, sich auf „freies Eigentum" und einen „verteilungsabstinenten Leistungsstaat" einigen werden? Zweierlei wird zu zeigen sein: Erstens folgt diese Institutionenwahl nicht so selbstverständlich, wie Buchanan es glauben machen will. Zweitens ist seine eigene Charakterisierung der Institutionen keineswegs so eindeutig, wie es zunächst aussieht.

Zum ersten Punkt will ich mich hier kurz fassen und nur den zentralen Einwand herausarbeiten.[9] Um die von Buchanan behauptete Institutionenwahl schlüssig erscheinen zu lassen, muß entweder argumentiert werden, daß die Institutionenpräferenzen aller Individuen gleich sind, oder es muß nachgewiesen werden, daß es sich um den Minimalkonsens handelt.[10] Präferenzidentität scheidet voraussetzungsgemäß aus, da keine Annahmen über die Zielsetzungen der Individuen gemacht werden. Also kommt nur die Behauptung eines Minimalkonsenses in Frage. Das heißt: Wie unterschiedlich die je individuellen Zielsetzungen auch sein mögen, die beschriebene Verfassung ist die einzige, auf die sich beliebig verschiedene Individuen einigen können. Es heißt darüber hinaus: Die denkbar unterschiedlichen individuellen Institutionenpräferenzen mögen einem Großteil der Vertragspartner die getroffene Übereinkunft als nicht sonderlich erfreulich erscheinen lassen, aber niemand sieht eine Möglichkeit, *sich mit Gleichgesinnten separat zusammenzutun.*

Ein Beispiel: Hält jedes Individuum die Verfassung für die beste, in der es selbst Diktator ist und alle anderen seine Untertanen sind, dann sind ganz offensichtlich separate Vereinsbildungen mit entsprechenden Satzungen nicht möglich. Das gilt für jede Verfassung, die von vornherein darauf hinausläuft, einer bestimmten Gruppe Vorteile auf Kosten einer anderen Gruppen zu verschaffen. Allgemein kann gesagt werden, daß nur nichtdiskriminierende Verfassungen Kandidaten für einen Minimalkonsens sind. Aber es ist nicht der Fall, daß die einzige in diesem Sinne akzeptable Verfassung die des freien Tauschs mit verteilungsabstinentem Staat ist. Auch hier mag ein Beispiel genügen: Es ist ohne weiteres denkbar, daß diejenigen Individuen, die ihre eigenen Wettbewerbschancen skeptisch beurteilen oder die sich aus prinzipiellen Gründen um die Verteilungsproportionen in der Gesellschaft Gedanken machen oder die altruistisch veranlagt sind, sich zu Gesellschaften mit freiem Wettbewerb plus bestimmten nachträglichen Veränderungen des Wettbewerbsergebnisses (z.B. nach einem Maximin-Prinzip) zusammenschließen, während andere sich auf die von Buchanan beschriebene Verfassung einigen.

Die evolutionären Vorteile, die die eine oder andere Verfassung haben mag, tun in einem Vertragsargument nichts zur Sache. Ohne Vorgaben hinsichtlich der Natur individueller Präferenzen ist die von Buchanan beschriebene Verfassung zwar denkbar, da sie zu den nichtdiskriminierenden Verfassungen zählt (die Vereinbarung eines Rechtsstaates einmal angenommen), aber sie ist durch nichts unter den vielen denkbaren ebenfalls nichtdiskriminierenden Verfassungen ausgezeichnet. Mit anderen Worten: Sie ist nicht *die* freiheitliche Verfassung, gegen die nur der argumentieren kann, der es mit der Freiheit nicht recht ernst meint.

Nun zum zweiten Punkt: So eindeutig, wie es sich auf den ersten Blick ausnimmt, schließt Buchanans Argument Umverteilung nicht aus. Betrachtet man sich seine Ausführungen über mögliche Neuauflagen des Vertrags im Hinblick hierauf, dann kommt man zu einem eher gegenteiligen Eindruck. Der Gedankengang läßt sich so zusammenfassen: Wenn die im ersten Vertrag vereinbarte Verteilung Individuen nicht mehr zufriedenstellt, wenn sie also vermuten, daß sich im Zeitablauf die Gewichte so verschoben haben, daß das anarchistische Gleichgewicht, im Gedankenexperiment vorgestellt, heute anders aussähe, dann steigen die Kosten der Aufrechterhaltung der Ordnung. Es kann dann billiger und insofern pareto-überlegen sein, einen neuen Vertrag auszuhandeln, als den alten unter so hohen Kosten in Geltung zu halten (S. 112 f.).

Entgegen der Vermutung, daß Buchanans nachdrückliche Betonung freiwilliger Übereinkünfte dem status quo eine dominante Rolle einräumt, ist es eher so, daß faktische Verhältnisse, also auch faktische *Veränderungen*, eine dominante Rollen spielen. Es hängt von faktisch bestehenden Machtverhältnissen und Störpotentialen ab, welche Neuausteilung von Rechten als pareto-überlegen und somit auch legitim zu gelten hat.

Was schon für den Übergang vom rechtlosen Zustand in den Vertrag galt, gilt also auch hier, ist aber nun noch gravierender: *Auch wenn schon Rechte bestehen, ist nichts geschützt.* Nach wie vor könnte man dies so verstehen, als sei dennoch klar, daß *innerhalb* des bestehenden Vertrags jedenfalls nicht umverteilt werden dürfe, also insofern doch eine hohe Hürde bestehe. Schon diese Hürde selbst erscheint als nicht allzu hoch, da es wohl eine Frage der jeweils zu wählenden Etikettierung ist, ob man „normale" Politik betreibt oder einen grundlegenden „new deal" meint. In gewisser Weise räumt Buchanan selbst dieses Hindernis aus dem Weg und eröffnet eine Möglichkeit, wie man ganz undramatisch auch im normalen Gang der Dinge umverteilen kann:

Wenn er festhält, daß die Bereitstellung von Kollektivgütern in gewissem Umfange Mängel der Primärverteilung kompensieren könne (S. 102), dann liegt es eigentlich nahe, sie auch als brauchbare Alternative zu Neuauflagen des Vertrags aufzufassen. Beliebige Umverteilungen lassen sich als Reparatur von Vertragsmängeln auffassen, solange sie durchsetzbar sind.

Auf der ganzen Linie entscheiden faktische Verhältnisse über die Grenzen legitimen Zugriffs des Staates. Diese Konsequenz ist ebensowenig in Buchanans Sinne wie die im vorangegangenen Abschnitt gezogene — aber beide folgen aus seinem Argument, das zwar auf Freiwilligkeit beharrt, diese aber immer nur auf das bestehende Parallelogramm der Kräfte bezieht.

5. Implizite Voraussetzungen

Es hat sich gezeigt, daß die Spielräume, die Buchanans Argument offenläßt, in jeder Hinsicht größer sind, als er selbst wahrzunehmen scheint. Hier und dort finden diese Spielräume zwar durchaus ihren Niederschlag schon in seinen Ausführungen, doch nirgends geht er ihnen nach. Er scheint sie für unproblematisch zu halten oder für zumindest de facto irrelevant. Unproblematisch könnten sie nur sein, wenn sie durch die Einführung vertragsunabhängiger Rechte etc. eingeschränkt würden, aber das wird von Buchanan ja explizit ausgeschlossen. Also muß man es für möglich halten, daß seine Überlegungen von einer Vorstellung derart geleitet sind, daß zwar konzeptuell von beliebigen Präferenzkonstellationen auszugehen sei, daß aber in der Realität dominant ein bestimmter Typus von Präferenzen sein müsse, der zu seinen Ergebnissen führe.

Geht man im einzelnen der Frage nach, welche Restriktionen individueller Präferenzen hierzu notwendig sein, dann stellt sich jedoch heraus, daß die Liste beeindruckend umfangreich und obendrein nicht frei von Widersprüchen ist: Ausgeschlossen sind zunächst einmal alle Individuen mit einer genuinen Präferenz für Konflikte oder ungeordnete Verhältnisse, da diese von einem Waffenstillstand ohnehin nichts zu gewinnen haben. Einen Rechtsstaat erhält man unter rationalen Individuen nur dann, wenn alle Vertragspartner identische Vorstellungen darüber mitbringen, welches Bündel von Rechten eine „Person" ausmachen soll, und wenn sie solche Rechte sowohl im Naturzustand (sonst würden sie durch den Vertrag schlechter gestellt) als auch bei Vertragsabschluß respektieren. Es gehört zu diesem Respekt, daß sie auch keine Koalitionen zum Zwecke der Schlechterstellung anderer schließen.

Muß ihnen somit einerseits eine gehörige Portion Prinzipienorientierung unterstellt werden, so dürfen sie gerade keine ethisch belasteten Präferenzen haben, wenn es an die Vereinbarung von konkreten Entscheidungsprozeduren geht: Sie dürfen keine Verteilungspräferenzen haben; sie dürfen sich nicht weiter dafür interessieren, was Prozeduren wohl aus ihnen selbst machen (d.h.: endogene Präferenzen sind irrelevant); sie dürfen generell im Hinblick auf Prozeduren nur instrumentelle Präferenzen haben, also sich nur für Ergebnisse, nicht aber den Charakter des Prozesses interessieren; sie müssen sämtlich sehr ähnliche und geringe Risikoaversion aufweisen.[11]

All das ist als Vermutung über faktische Individueneigenschaften nicht plausibel. Es mag nun sein, daß der so beschriebene prinzipienorientierte Egozentriker ein normativ fruchtbares

Konzept ist — aber gleichgültig, ob man eine solche Idee unterschreibt oder sie für bizarr hält, wäre ein solches Hilfsargument für Buchanans Grundposition nicht möglich: Würde man diese ergänzenden, für sein Argument unverzichtbaren, Annahmen als normativ begründete Bereinigungen der Ausgangslage auffassen, dann unterschiede sich seine Version der Vertragstheorie nicht mehr von Vertragsargumenten, die er aufgrund ihrer normativen Vorgaben mit Skepsis betrachtet.[1][2] Sie wäre so unindividualistisch wie jene, allerdings mit dem Schönheitsfehler, daß es sich um eine verkappte Version solcher Vertragsargumente handelte.

6. Schlußfolgerungen

Das Fazit für Vertragsargumente im besonderen ist eindeutig: Voraussetzungslose Vertragstheorien sind leer. Alle Vertragstheorien, die zu greifbaren Ergebnissen führen, kommen ohne Vorgaben nicht aus; Unterschiede gibt es nur hinsichtlich der Ausdrücklichkeit, mit der Werturteile des Theoretikers eingeführt werden.

Für individualistische Theorien im allgemeinen, also auch solche, die sich nicht der Vertragsfigur bedienen, gilt: Wenn eine solche Theorie in normativer Absicht vom Individuum ausgeht, dann muß sie auch einen greifbaren Ausgangspunkt, also einen präzisen Begriff von dem haben, was als Individuum betrachtet wird. Definiert man die Individuen über Rechte, dann bedeutet der Verzicht auf die aktive Bestimmung dieser Rechte durch den Theoretiker, daß er auf einen Ausgangspunkt seiner Überlegungen verzichtet. Wenn man keinen Ausgangspunkt hat, kommt man auch nirgends hin, jedenfalls nicht zu einem bestimmten Ziel. Es ist unmöglich, die Definition des Ausgangspunktes in den Objektbereich zurückzuverlagern. Das sieht zwar wie löbliche Zurückhaltung des Philosophen aus, aber es führt entweder zur Haltlosigkeit des Arguments oder zur Erschleichung von Ergebnissen.

Der Respekt des Theoretikers *vor seinen Objekten* führt eben nicht *logisch* zur Sicherung des Respekts *seiner Objekte voreinander.*

Statt individualistische Institutionentheorien mit naturalistischen Fehlschlüssen zu belasten, wäre es angebracht, sich auf das zu besinnen, was der angestrebte Respekt vor den Individuen dem Theoretiker wirklich gebietet: Er soll und, wie wir gesehen haben, kann sich nicht eigener Werturteile enthalten. „Unindividualistisch" ist nicht das Einbringen von Werturteilen von „außen", sondern das Einbringen von Werturteilen in dogmatischer Weise. Wenn „dogmatisch" heißt: „der Diskussion entzogen", dann ist Buchanans Methodologie im allgemeinen und sein Vertragsargument im besonderen der Tendenz nach dogmatisch. Es muß nicht eigens betont werden, daß dies das genaue Gegenteil von Buchanans Intention ist.

Anmerkungen

1) Deutsche Übersetzung 1984: „Die Grenzen der Freiheit". Im folgenden beziehen sich Quellenangaben, die ohne Verfasserangabe erfolgen, auf die deutsche Übersetzung.

2) S. 1 ff., vgl. ausführlicher Buchanan (1968a) und die von ihm ausgelöste Kontroverse mit Mishan, Foldes und Klappholz, alle 1968.

3) Vgl. auch Buchanan/Tullock (1962), S. vii, wo der Nachdruck durch die Verwendung des deutschen Ausdrucks „wertfrei" erhöht wird.

4) Vgl. Hobbes (1965), S. 98: „Die Folge dieses wechselseitigen Argwohns ist, daß sich ein jeder um seiner Sicherheit willen bemüht, dem anderen zuvorzukommen . . . Das verlangt nur seine Selbsterhaltung und es wird deshalb allgemein gebilligt. Schon weil es einige geben mag, die bestrebt sind, aus Machtgier und Eitelkeit mehr an sich zu reißen, als zu ihrer Sicherheit notwendig wäre. Die aber, die glücklich wären, sich in schmalen Grenzen zu begnügen, würden schnell untergehen, wenn sie sich — ein jeder für sich — verteidigen würden und nicht danach trachteten, durch Eroberung ihre Macht zu vergrößern."

5) S. 50 - 75, vgl. auch Buchanan (1968) für die allgemeinere Diskussion.

6) S. 54 ff. und ausführlicher Buchanan/Tullock (1962).

7) S. 16. Im englischen Original steht einmal "individual" und einmal "person", wo hier „Person" steht, Buchanan macht also hierzwischen keinen Unterschied. Vgl. Buchanan (1975), S. 10, 12.

8) Vgl. hier die Kritik bei Bund (1984), S. 63, die an dieser Stelle zwar zutreffend auf den zu großen Spielraum der Buchananschen Argumentation hinweist, aber irrtümlicherweise Buchanan vorhält, daß er nicht auf der Abwesenheit von Zwang aufbaut. Das Problem besteht jedoch darin, daß es bei Buchanan Zwang nicht geben kann, weil sein Begriff von Freiwilligkeit zu viel abdeckt.

9) Für Einzelheiten vgl. Zintl (1983), S. 94 - 116.

10) Für das Konzept vgl. Albert (1976), S. 98 ff.

11) Vgl. ausführlicher Zintl (1983), S. 89 ff.

12) Vgl. hierzu insbesondere Buchanans Charakterisierung der Argumentation von Rawls, S. 249.

Literatur

Albert, H., „Politische Ökonomie und rationale Politik", in: ders., Aufklärung und Steuerung, Hamburg 1976, S. 92 - 122.

Buchanan, J.M., The Demand and Supply of Public Goods, Chicago 1968.

Ders., The Limits of Liberty, Chicago 1975.

Ders., Die Grenzen der Freiheit, Tübingen 1984.

Ders., „What Kind of Redistribution Do We Want? ", Economica 35 (1968), S. 185 - 190. („1968a").

Ders. und G. Tullock, The Calculus of Consent, Ann Arbor 1962.

Bund, D., Die ökonomische Theorie der Verfassung, Baden-Baden 1984.

Foldes, L., "Redistribution: A Reply", Economica 35 (1968), S. 198 - 204.

Hobbes, T., Leviathan, Reinbek 1965.

Klappholz, K., "What Redistribution May Economists Discuss? ", Economica 35 (1968), S. 194 - 197.

Mishan, E.J., "Redistribution in Money and Kind: Some Notes", Economica 35 (1968), S. 191 - 193.

Nozick, R., Anarchy, State and Utopia, Oxford 1974.

Rawls, J., A Theory of Justice, Oxford 1971.

Zintl, R., Individualistische Theorien und die Ordnung der Gesellschaft. Untersuchungen zur politischen Theorie von J.M. Buchanan und F.A. v. Hayek, Berlin 1983.

MARKT, STAAT UND INDIVIDUELLE FREIHEIT
ZUR SOZIOLOGISCHEN KRITIK INDIVIDUALISTISCHER VERTRAGSTHEORIEN*

Hans-Peter Müller

1. Moderner Sozialstaat und individuelle Freiheit – eine Diagnose

Seit geraumer Zeit ist der moderne Sozialstaat[1] in den Brennpunkt der öffentlichen Diskussion und in das Kreuzfeuer wissenschaftlicher und politischer Kritik geraten. Das auffällige und soziologisch erklärungsbedürftige Phänomen daran ist die beobachtbare Konvergenz in den Grundzügen der Kritik am modernen Wohlfahrtsstaat, wie sie von konservativer, liberaler und marxistischer Seite angemeldet wird.

Konservative Kritiker verweisen in diesem Zusammenhang stets auf die wachsende Unregierbarkeit moderner Industriegesellschaften.[2] Die *Unregierbarkeitsthese* beruht auf drei Momenten:[3] Aufgaben- und Anspruchsexplosion, begrenzte staatliche Ressourcen- und Steuerungskapazität und – als Konsequenz – das Phänomen der Dauerüberlastung. Danach überfordern das sprunghaft angewachsene Aufgabenvolumen des Staates und die parallel dazu steigenden Erwartungen und Ansprüche von Interessengruppen und Wählern ständig die Steuerungs- und Regulierungskapazität des staatlichen Apparates angesichts der Verfügung über knapp bemessene sachliche und zeitliche Ressourcen, um die angesonnenen Aufgaben erfolgreich zu bewältigen. Die Folgen aus dieser Konstellation sind zum einen eine ständige Überlastung der Regierungsinstitutionen und mithin das Problem der Unregierbarkeit; zum anderen enttäuschte Erwartungen und Frustrationen auf seiten der Staatsbürger und mithin die Probleme von Staats-, Parteien- und Politikverdrossenheit. Reagieren die staatlichen Instanzen auf das Dilemma von Überlastung und Erwartungsenttäuschung konsequent mit dem Ausbau ihrer Kompetenzen, dann dehnen sie nicht nur die Spirale von Aufgabenexplosion und Anspruchsinflation aus, sondern setzen damit die individuelle Selbstbestimmung zugunsten gesellschaftlicher Wohlfahrtssteigerung aufs Spiel.

Liberale Kritiker[4] sehen denn auch in dem „Staatsversagen" als Spätfolge des ursprünglichen „Marktversagens" die Gefahr, daß am Ende noch die dritte Säule des klassischen Gebäudes von Markt, Staat und souveränem Bürger fallen könnte: die individuelle Freiheit. Diese *These vom Freiheitsverlust* regt zu neuartigen ordnungstheoretischen Überlegungen an, die langfristig unter Umständen zur erfolgversprechenden Basis weiterreichender ordnungspolitischer Weichenstellungen werden könnten.

Marxistische Kritiker indes, sofern sie Staatsinterventionismus im Kapitalismus nicht von vornherein in den Bereich von Sozialstaatsillusionen[5] verweisen, richten zum einen ihr Augenmerk ebenfalls auf die Rationalitätsdefizite der Steuerungsfähigkeit des Staatsapparates; zum anderen unterstreichen sie die Legitimationsschwächen,[6] die dann virulent werden, wenn wirtschaftliche Stagnation die staatliche Ressourcenbasis empfindlich schmälert und/oder wenn Motivationen und Aspirationen in der Gesellschaft entstehen, die sich mit systemkonformen sozialstaatlichen Gratifikationen nicht mehr entschädigen lassen. Zwar gibt es einige Indizien für Motivationssyndrome, wie die Entstehung postaquisitiver Werte, neuer Sozialisations- und Persönlichkeitstypen und neuer sozialer Gruppierungen[7] anzeigt; ob jedoch die Ausformung subkultureller Randzonen und Lebenswelten hochkomplexe Industriegesellschaften tatsächlich in eine ernsthafte Legitimationskrise zu stürzen vermag, erscheint mehr als fraglich.[8] Jürgen Habermas (1981a + b) hat denn auch kürzlich ein neues theoretisches Modell vorgelegt, um die Pathologien der Moderne näher zu kennzeichnen. Seiner Auffassung nach dringen die Imperative der Systemwelt in Gestalt von Wirtschaft und Staat über ihre Medien Geld und Macht immer weiter in die Lebenswelt der Menschen ein und regulieren die Muster individueller Lebensführung bis ins Detail. Diese *Kolonialisierungsthese* behauptet demnach ebenfalls die Gefahr des Verlusts individueller Selbstbestimmung und Freiheit angesichts der fortgeschrittenen Strukturen des Spätkapitalismus.

Wenn Unregierbarkeitsthese, Unfreiheitsthese und Kolonialisierungsthese von ihrem Kern her sich auf die Kurzform von der 'Allmacht des Staates und der Ohnmacht der Bürger' bringen lassen, dann steht demnach das Verhältnis von Markt, Staat und individueller Freiheit in fortgeschrittenen Industriegesellschaften[9] erneut zur Disposition und verlangt, grundsätzlich überdacht zu werden. Das Problem der sozialen Ordnung, wie diese Verhältnisbestimmung gemeinhin bezeichnet wird, stellt sich dabei zugleich in neuartiger Weise: Es geht nicht so sehr um die Frage, wie gesellschaftliche Ordnung überhaupt möglich ist und unter welchen Bedingungen sie zustande kommt (das *Hobbessche* Problem); sondern es dreht sich um die Frage, wie eine gesellschaftliche Ordnung vorzustellen ist, die individuelle Freiheit gewährt (das *Lockesche* und *Rousseausche* Problem).

Die Diskussion, ob soziale Ordnung und individuelle Autonomie zu vereinbaren sind, umfaßt zwei Fragenkomplexe, welche die ordnungs*theoretische* und ordnungs*politische* Dimension der Fragestellung betreffen: 1. Welche generelle Beschaffenheit muß eine Ordnungskonfiguration aufweisen, die individuelle Freiheit ermöglicht? Welche Rolle kann und darf der Staat dabei spielen? 2. Welche Konsequenzen lassen sich aus der Ordnungsanalyse ziehen? Welche institutionellen Reformen erscheinen geeignet, freie Marktwirtschaft, demokratische Gesellschaft und individuelle Freiheit (wieder-)herzustellen?

Es ist diese Neuauflage ordnungstheoretischer Grundsatzdiskussionen, der die liberale Gesellschaftstheorie im allgemeinen und individualistische Vertragstheorien im besonderen eine beachtliche Renaissance verdanken. Vor allem die „neuen Vertragstheoretiker" (Gordon 1976) — John Rawls' (1971, dt. 1975) *Theorie der Gerechtigkeit,* Robert Nozicks (1974, dt. 1976) *Anarchie, Staat und Utopia* und James Buchanans (1975, dt. 1984) *Grenzen der Freiheit* — haben der politischen Philosophie in bezug auf die obige Fragestellung neue Denkanstöße geliefert und in den letzten zehn Jahren eine rege Diskussion ausgelöst. Das gilt in erster Linie für Rawls' Beitrag, der im Zuge der Rehabilitierung der praktischen Philosophie begeistert aufgenommen wurde,[10] aber auch für Buchanans Arbeiten, die in ökonomischen Kreisen[11] ausgiebig rezipiert wurden. Demgegenüber hat die Analyse des Harvard-Philosophen Nozick zumindest im deutschsprachigen Raum so gut wie keine Resonanz[12] gefunden, obgleich sein Buch schon zwei Jahre nach dem Erscheinen der amerikanischen Originalausgabe auf deutsch vorlag. Das ist um so erstaunlicher, als Nozicks Ansatz in radikaler Weise Lockesches Gedankengut wieder aufnimmt und unter Rückgriff auf die Erkenntnisse der Neuen Politischen Ökonomie ein Plädoyer für die Tugenden des 18. Jahrhundert-Individualismus und die Vorzüge des 19. Jahrhundert-Laissez-faire-Kapitalismus (vgl. Paul 1982, S. 1) unterbreitet. Er kann daher als typischer Protagonist einer *libertären* Position gelten, der mit Hilfe einer eigenständigen vertragstheoretischen Argumentation für freiwilligen Tausch, für einen Nachtwächterstaat, für demokratische Prozeduren auf konsensueller Basis und — als Konsequenz von alledem — für individuelle Freiheit votiert.

Da Nozicks Ansatz zumindest dem Anspruch nach „die vermutlich überzeugendste Version einer Gesellschaftsvertragslehre darstellt" (Kliemt 1980, S. 36), soll er im Zuge der weiteren Überlegungen im Zentrum der Analyse stehen, wenn es um die Beantwortung der bereits erwähnten Fragestellung ordnungstheoretischer Grundsatzdiskussion geht: Wie konzeptualisiert demnach Nozicks libertäre Position das Verhältnis von Markt, Staat und Individualismus? Lassen sich aus seiner Analyse und seinem Entwurf entsprechende Hinweise auf notwendige Kurskorrekturen entnehmen oder gar Vorschläge zu institutionellen Reformen angesichts der virulenten Krise des Wohlfahrtsstaates ableiten?

Die kritische Diskussion von Nozicks vertragstheoretischer Position ist dabei auf drei Punkte gerichtet; die ersten beiden ergeben sich aus einer immanenten Logik, der dritte Punkt hingegen entspringt eher einem externen Gesichtspunkt: 1. Ist Nozicks Deduktion des Minimalstaates im Lichte seiner eigenen Kriterien folgerichtig? 2. Rechtfertigt seine Konzeption des Minimalstaates zugleich die konsequente Ablehnung des Sozialstaates? 3. Läßt sich seine ordnungspolitische Version unter den gegebenen Bedingungen fortgeschrittener Industriegesellschaften auch nur annähernd realisieren oder verbleibt sie in der soziologisch zweitrangigen Sphäre von Utopia?

Nozicks Ansatz wird aus *soziologischer* Perspektive, in Anlehnung an den französischen Soziologen Emile Durkheim, dargestellt und kritisiert. Denn es ist Durkheim, der den zweiten, den Rousseauschen Strang der Ordnungsproblematik (vgl. Parsons 1968b, S. 313) aufgreift und zeitlebens unter verschiedenen Aspekten konsequent verfolgt. Auch er ist ein Liberaler, für den die Vereinbarkeit von sozialer Ordnung und individueller Freiheit das Anathema seiner Soziologie (Müller 1983) ist. Aus diesem Grund setzt er sich intensiv mit den klassischen Vertragslehren der politischen Philosophie, vor allem Hobbes und Rousseau, auseinander wie auch mit dem bekanntesten zeitgenössischen Vertreter liberaler Gesellschaftstheorie, Herbert Spencer, der in seinen Augen prototypisch für die Ideen des Evolutionismus, utilitaristischen Individualismus und einer Minimalstaatskonzeption einsteht. Zudem entwickelt Durkheim ein eigenes, wenn auch nicht vertragstheoretisches Analyseeinstrumentarium, mit dessen Hilfe er die institutionelle Infrastruktur moderner Gesellschaften untersucht. Aus seiner Diagnose einer tiefgreifenden Krise entwickelt er in den politischen Schriften eine Therapie, die für einschneidende

institutionelle Reformen optiert. Trotz seiner rigorosen Programmatik einer positiven, empirischen und rationalen Soziologie verzichtet Durkheim keineswegs auf die Stellungnahme zu praktischen Fragen, die Grenzen zur politischen Philosophie sind also in seinem Werk eher fließend.
Das legt die reizvolle Frage nahe, ob seine Kritik individualistischer Vertragstheorien auch für
neuere Versionen dieser Argumentationsfigur noch Gültigkeit haben.

Vor dem Hintergrund der Ausgangsproblematik erfolgt die Diskussion in drei Schritten: in
einem ersten Schritt werden die neueren Vertragstheorien genauer charakterisiert und die Durk-
heimschen Kritikdimensionen spezifiziert, so daß sich daraus ein begrifflicher Bezugsrahmen ergibt. Im zweiten Schritt wird Nozicks Analyse in drei Abschnitten rekonstruiert: die Ableitung
und Rechtfertigung des Minimalstaates; die Ablehnung des Sozialstaates anhand der Diskussion
um Verteilungsgerechtigkeit und schließlich die Skizzierung seines utopischen Entwurfs. In der
Schlußbemerkung wird die Kritik zusammengefaßt und Status sowie Stellenwert von Nozicks
Analyse diskutiert.

2. Zur Logik neuerer Vertragstheorien

Jede sozialphilosophische oder sozialwissenschaftliche Vorstellung über soziale Ordnung beruht
auf Überlegungen zum Verhältnis von Individuum und Gesellschaft, bzw. in staatlich verfaßten
Gesellschaften, zum Verhältnis von Individuum und Staat. Der besondere Charakter und Inhalt
dieser Überlegungen variiert indes mit der normativen Ausgangsposition, der methodologischen
Ausrichtung und der praktischen Zielsetzung der Betrachtung.[13] Individualistische Ansätze in
der Tradition liberaler Gesellschaftstheorie haben zwei unhinterfragbaren Maßstäben[14] zu folgen: auf der einen Seite der *Idee individueller Freiheit* als oberstem Ziel einer Sozialordnung.
Gesellschaften, die Ideale wie den Fortschritt, das Gemeinwohl, die Solidarität oder die Ehre der
Nation auf ihre Fahnen schreiben, machen sich demgegenüber von vornherein einer kollektivistischen Zielsetzung verdächtig und können kein liberales Credo für sich beanspruchen. Dieser
antikollektivistische Grundzug wirft die Frage auf, wie eine freiheitliche Ordnung mit dem notwendigen Respekt vor und dem Schutz von der Individualsphäre vorzustellen sei. Das zentrale
Erfordernis einer solchen Ordnung scheint zu sein, daß die Individuen in den Abstimmungsver-
fahren ihre ureigensten Bedürfnisse selbst artikulieren können und daß sie nur solche kollektiven
Regelungen als legitim akzeptieren werden, denen sie freiwillig zugestimmt haben. Dieser *anti-
paternalistische Grundzug* auf der anderen Seite legt die *Idee einer demokratischen Gesellschaft*
nahe, deren Regelwerk staatlicher Gewalt institutionell klar definierte Schranken auferlegt und
mit Hilfe dieser Schutzzäune die Individualsphäre am besten zu sichern imstande ist. Dieses
Konzept des *normativen Individualismus* mit seinem antikollektivistischen und antipaternali-
stischen Grundzug geht wissenschaftstheoretisch meist Hand in Hand mit einer Verpflichtung
auf den *methodologischen Individualismus:*[15] So wie individuelle Freiheit nur über demokratische Prozeduren und institutionelle Schranken für staatliche Gewalt gewährleistet werden
kann, so existieren neben und außer den Bedürfnissen, Interessen und Präferenzen von Individuen keine Kollektive als eigenständige Wesen mit besonderen Interessen, die sich letztlich
nicht als Geflecht sozialer Beziehungen von Individuen analysieren lassen könnten.

130

Über diese erste, grundlegende Charakterisierung hinaus lassen sich individualistische Ordnungstheorien weiter nach der Logik ihrer Argumentationsweise differenzieren und dementsprechend liberale von vertragstheoretischen Ansätzen abgrenzen. *Liberale Ansätze* gehen von einer unvollkommenen Vernunftsausstattung und unvollständigen Information der Individuen über ihre eigenen Interessen aus (antirationale Komponente), behaupten aber, daß keine andere Instanz es besser wüßte (liberale Komponente). Daher müssen Individuen nicht selbst die Auswahl eines freiheitlichen Regelwerkes leisten — dies kann durch Tradition, Brauch oder Konvention (vgl. Hayek 1969, S. 87 ff.) geschehen; das Handeln unter Regeln indessen fällt voll und ganz der Individualsphäre zu. Dieser „liberale Antirationalismus" führt also zu einer *Ordnungsethik*, unter der der institutionelle Rahmen notfalls mit Zwang durchgesetzt wird, so daß auch autoritäre Individuen sich den freiheitlichen Spielregeln fügen müssen, währenddessen die Individualsphäre den persönlichen Präferenzen unterliegt.

Vertragstheoretische Ansätze gehen dagegen noch einen Schritt weiter und überlassen den Individuen auch die Wahl der gewünschten Sozialordnung. Ausgehend von der Annahme vollständiger Information über die eigenen Interessen und möglichst vollkommener Rationalität seitens der Individuen stellt eine solche *Präferenzethik* die Selektion von Regeln *und* das Handeln unter Regeln zur Disposition. Die Offenheit dieser Situation bedingt notwendig die Fiktion einer irgendwie gearteten Vertragsfigur, in der die Individuen eine Ordnung konsensuell vereinbaren. Radikal zu Ende gedacht, besteht freilich die Möglichkeit, daß Individuen sich die Freiheit nehmen, eine Ordnung auf der Basis von Sklaverei (vgl. Buchanan 1975, S. 59 f.) zu beschließen — eine Vorstellung, die für die naturrechtlich inspirierte, ältere Vertragstheorie ein regelrechtes Unding gewesen wäre. Um den Gefahren des 'Anything goes' vorzubeugen und die Unwägbarkeit des Ausganges der Vertragsdiskussion einzuschränken, kann man Restriktionen in der Präferenzausstattung von Individuen einführen, die unerwünschte Ergebnisse von Ordnungsdiskussionen von vornherein unwahrscheinlich machen. John Rawls' (1975, S. 159 ff.) „Schleier des Nichtwissens" etwa ist der Versuch, unter der Bedingung der Unkenntnis von Individuen über ihre eigenen Interessen und ihre Stellung in der künftigen Gesellschaft erst die Voraussetzung für einen herrschaftsfreien Diskurs zu formulieren, der zu annehmbaren, verallgemeinerungsfähigen Resultaten führt. Ansätze, die in der einen oder anderen Weise die Offenheit der Ausgangssituation beschränken, kann man als *unechte Vertragstheorien* bezeichnen. *Echte Vertragstheorien* dagegen unterstellen individuelle Rationalität, eine offene Ausgangssituation und prämieren *das* Regelwerk als beste Ordnung, das konsensuell vereinbart wurde. Buchanan (1975) etwa geht nur von einer Annahme aus — „der Mensch (. . .), *so wie er ist*" (1981, S. 48) — sowie einer Norm — dem freiwillig getroffenen Konsens über einen institutionellen Rahmen. Echte Vertragstheorien stehen jedoch regelmäßig vor der Schwierigkeit, unter diesen Umständen überhaupt theoretisch verbindliche Aussagen über die Art der einsetzenden Vertragsdiskussion, die Wahrscheinlichkeit einer konsensuellen Vereinbarung und den Charakter der paktierten Ordnung zu machen, ohne im Laufe ihrer Argumentation mit subkutan eingeführten Prämissen und versteckten Zusatzannahmen zu arbeiten.

Vertragstheorien bestehen — wie diese Ausführungen zeigen — ihrer Logik nach stets aus drei konstitutiven Elementen: 1. den *normativen Kriterien* oder *Maßstäben*: darunter fallen Annahmen (wie individuelle Rationalität, eine spezifische Präferenzausstattung etc.), Zielsetzungen (wie individuelle Freiheit) und Restriktionen (wie Art und Verletzlichkeit von Individualrechten); 2. der *Ordnungsanalyse:* sie erfolgt auf der Basis der geschilderten Kriterien und führt von einer Ausgangssituation bzw. dem „Naturzustand" hin zu einer paktierten Ordnung; 3. dem *Ordnungsvorschlag oder -entwurf:* er läßt sich aus Kriterien und Analyse ableiten und kann, muß aber nicht Ideen zu konstitutionellen oder institutionellen Reformen enthalten.

Das bedeutet aber: „Die Inhalte der normativen Sätze (der Kriterien etc., H.-P. M.) legen fest, welche Fragen die Analyse zu stellen hat; die Antworten, die die Analyse gibt, bestimmen, welche Ordnungsvorschläge die Theorie machen darf, wenn sie ihren Kriterien treu bleiben will." (Zintl 1983, S. 43)

Vergleicht man anhand der Unterscheidungen von individualistischen — kollektivistischen, liberalen — vertragstheoretischen Ordnungstheorien ältere und neuere Vertragstheorien, so fallen zwei Unterschiede sofort ins Auge, die das Verhältnis von historischer Notwendigkeit und praktischem Anspruch[16] sowie die Güte der theoretischen Grundlagen betreffen. Hobbes, Locke und Rousseau liegt gleichermaßen der Nachweis am Herzen, daß es an der Zeit und überdies notwendig ist, einen neuen Gesellschaftsvertrag zu schließen. Das gilt trotz ihrer unterschiedlichen Zielsetzung — sei es aus dem Streben nach Sicherheit in einem politischen Herrschaftsverband (Hobbes 1976), der ökonomischen Absicht, die Früchte einer auf Arbeitsteilung und einem freien Tauschsystem beruhenden demokratischen Wirtschaftsgesellschaft wahrzunehmen (Locke 1977) oder dem Wunsch nach sozialem Gemeinschaftsleben in Freiheit (Rousseau 1974). Gleichgültig also, ob die Motive eines Vertragsabschlusses primär politischer, ökonomischer oder sozialer Natur und die obersten Werte auf Sicherheit, Nutzenmaximierung oder Freiheit ausgerichtet sind, stets ist der praktische Anspruch unübersehbar, diesen Ordnungsentwurf auch zu realisieren. Neuere Vertragstheorien lehnen den praktischen Anspruch zwar nicht ab, er steht jedoch nicht mehr in vorderster Linie des Erkenntnisinteresses. Sie sind vielmehr rationalistische Ordnungstheorien, die politisch-ethische Grundprinzipien in ihren Implikationen diskutieren. Man könnte sie als „idealisierte Modelle" bezeichnen, die mit Hilfe einer normativ-hypothetischen Argumentation unter expliziten Annahmen und spezifischen Randbedingungen ethische Grundsätze prüfen. Sie stellen Instrumente der Normendiskussion in einem vereinfachten Rahmen dar, um Entstehungswahrscheinlichkeit, Funktionsweise und vermutliche Konsequenzen von normativen Sätzen zu analysieren. In der Regel geht es ihnen daher weniger um die Rechtfertigung, als um die Funktionsweise von Werten und Normen. Es wird sich jedoch zeigen, daß Nozicks Ansatz in diesem Fall eine Ausnahme darstellt, denn er versucht, über die Demonstration der Funktionsfähigkeit einer gewünschten Ordnung auch den Nachweis für ihre Legitimität zu erbringen.

Die Eignung neuerer Vertragstheorien als rationales Prüfinstrument von politisch-ethischen Prinzipien verdankt sie vor allem dem theoretischen Transfer aus der Neuen Politischen Ökonomie. Der Einbau nutzen-, spiel- und entscheidungstheoretischer Überlegungen in die vertragstheoretische Analyse verleiht der normativen Argumentation ein solides, positives Fundament, das dadurch intersubjektiv nachprüf- und kritisierbar wird. Wo ältere Vertragstheoretiker alle möglichen philosophischen Argumentationskünste wie schlagende Beispiele, Evidenzbeweise usf.

bemühen mußten, um ihrem Gesellschaftsvertrag die nötige „Objektivität" zu verpassen, können zeitgenössische Vertragstheoretiker auf gut geprüfte Theoriestücke der „normative public choice" verweisen, für die sie nicht eigens argumentieren müssen.

Das bedeutet nicht, daß sich vertragstheoretische Argumentationen so „wasserdicht" machen lassen, daß sie sich jeglicher mißliebiger Kritik verschließen könnten. Ganz im Gegenteil: wenn man zu zeigen vermag, daß die Analyse die vorausgesetzten Kriterien verletzt und daß der Entwurf keineswegs aus der vorgestellten Analyse folgt, dann ist das ein besonders starker, weil *immanent* geführter Einwand. Darüber hinaus läßt sich jedoch auch *externe Kritik* herantragen, etwa die Frage nach der Realisierbarkeit des Ordnungsentwurfs.

Im Licht dieser relativ klaren Standards der Kritik werden eine Reihe von Durkheims Einwänden von vornherein gegenstandslos. Das gilt sowohl für seinen Vorwurf, den Menschen nicht als veränderliches, historisch-soziales Wesen, sondern als zeitlosen „homo oeconomicus" konzipiert zu haben, so daß die utilitaristische Sozialtheorie nur „das Bild eines traurigen Egoisten" (1888 bzw. 1970, S. 85, dt. 1981a, S. 32) enthalte; das trifft auch auf seinen Vorwurf des „konstruktivistischen Rationalismus" zu, wonach individualistische Ansätze den Menschen als alleinigen Architekten seiner sozialen Organisation vorstellen, der glaubt, die Sozialordnung jederzeit beliebig umändern zu können. Danach wäre eine Gesellschaft nichts anderes als „eine gänzlich von Menschenhand aufgebaute Maschine, die wie alle Erzeugnisse dieser Art, nur darum ist, was sie ist, weil die Menschen so gewollt haben. Ein Willensentschluß hat sie geschaffen, ein anderer Entschluß kann sie umformen" (1895 und 1901, S. 120, dt. 1976, S. 202). Das gilt schließlich für den Einwand, individualistische Sozialtheorien führten in ihrem Wertbereich keine sozialen Phänomene wie Kollektivbewußtsein, Solidarität usf. und könnten daher Bestand und Aufrechterhaltung einer Gesellschaft nicht erklären.

Wenn auch die Vorwürfe gegen das Menschenbild, die unterstellte Plastizität sowie die vernachlässigten Kohäsionskräfte sozialer Ordnungen nicht länger stichhaltig sind, so ist doch Durkheims Generaleinwand samt seinen Implikationen (vgl. Müller 1983, S. 6 ff.) nach wie vor von einigem Gewicht. Er besagt, daß Vertragstheorien nur zu normativen Ordnungskonstruktionen in praktischer Absicht führen, ohne erfahrungswissenschaftlich gehaltvolle historisch-empirische Ordnungskonzeptionen zu entwickeln. Mit dieser Kritik sind methodologische, theoretische und praktische Einwände[17] verbunden:

Der *methodologische* Einwand zielt auf die Zirkularität der vertragstheoretischen Argumentation, denn die Prämissen präjudizieren oftmals schon die Gestalt des Ordnungsentwurfs, so daß die zwischengeschaltete Analyse genaugenommen fortfallen könnte. Das *Zirkularitätsargument* wird jedoch von Nozick durchaus berücksichtigt: „Je grundlegender der Ausgangspunkt (je mehr er grundlegende, wichtige und unabweisliche Eigenschaften der Situation des Menschen enthält) und je weniger nahe er dem Endergebnis ist oder scheint (je weniger politisch oder staatsähnlich er aussieht), desto besser." (22)

Der *theoretische* Einwand betrifft sowohl die organisatorische Unterbestimmtheit als auch die mangelnde Rechtfertigungsfähigkeit der Gesellschaft, die der vertragstheoretischen Konzeptualisierung sozialer Ordnung zugrundeliegt. Das *Organisationsargument* stellt darauf ab, daß Kontrakttheorien meist nur einige wenige grundlegende Institutionen in ihr Kalkül einbeziehen und diesen rudimentären institutionellen Rahmen fälschlicherweise mit der sozialen Ordnung insgesamt gleichsetzen. Diese organisatorische Unterbestimmtheit führt nicht nur dazu, daß die Funktionsweise der institutionellen Infrastruktur einer Gesellschaft nicht angemessen untersucht werden kann; sondern sie hat auch die mißliche Konsequenz, daß Individuen im Gesellschaftsvertrag die Abstimmung über eine Sozialordnung zugemutet wird, deren nähere institutionelle Ausgestaltung sie gar nicht kennen. Da die institutionelle Feinregulierung jedoch entscheidende und unter Umständen unvorhergesehene ordnungspolitische Weichenstellungen implizieren kann, werden Individuen eine solche Ordnung nur schwerlich als legitim anerkennen. Dieses Manko einer erforderlichen ,,Basislegitimität'' (Popitz 1969) beruht noch auf einem zweiten, dem *Obligationsargument*. Durkheim ist der Auffassung, daß die individualistische Sozialtheorie die nicht-vertraglichen Grundlagen des Gesellschaftsvertrags unterschätzt. Tatsächlich ist nicht einzusehen, wie die ansonsten mit antagonistischen Interessen ausgestatteten Individuen unter der Annahme individueller Rationalität zu einem so weitreichenden sozialen Einverständnis wie einem Gesellschaftsvertrag gelangen sollen. In seinen Augen gibt es theoretisch nur zwei Wege, gesellschaftlichen Konsens auf der Basis individueller Rationalität zu konstruieren: Entweder man beharrt auf dem Postulat individueller Rationalität und utilitaristisch-strategischer Interessenverfolgung; dann, so Durkheim (1895 bzw. 1901, S. 120, dt. 1976, S. 201 ff.), benötigt man den ,,geschickten Kunstgriff des sozialen Vertrages'', der bei Hobbes etwa den Leviathan gleichsam wie einen Deus ex machina hervorzaubert; oder man prägt das Resultat individueller Rationalität subkutan mit dem naturrechtlichen Hinweis auf die Geselligkeit des Menschen wie Locke bzw. Spencer um; dann kann man mit der stillschweigenden Annahme einer *natürlichen Interessenidentität* unter den Menschen die Entstehung einer Gesellschaft begründen; allerdings eskamotiert diese Lösung vollends ein *Problem* der sozialen Ordnung.

Weder der Hobbessche noch der Lockesche bzw. Spencersche Ausweg stellen nach Durkheims Auffassung theoretisch saubere Antworten auf die Ordnungsproblematik und damit ,,gangbare Wege'' dar. Die theoretischen Scheinlösungen sind jedoch auch empirisch fragwürdig. Was vielleicht in einer kleinen Gemeinschaft mit mechanischer Solidarität und kontinuierlichem Austausch als denkbar erscheint, wird vollends unmöglich in Gesellschaften mit großem Volumen und hoher moralischer Dichte bzw. Interaktionsdichte. Nun ist genau diese Frage ein Kernproblem der ,,normative public choice''[18] und es bleibt abzuwarten, ob und gegebenenfalls wie Nozick deren Erkenntnisse umzusetzen versteht.

Auf jeden Fall zweifelt Durkheim aufgrund der methodologischen und theoretischen Bedenken die Praktikabilität einer vertragstheoretisch entworfenen Gesellschaft stark an. Das Gesellschaftsvertragsmodell ist nicht nur unrealistisch, es scheint ihm völlig unrealisierbar zu sein. Dieser *praktische* Einwand bezieht sich nicht nur auf die mangelnde Lebensfähigkeit einer solchen rudimentären Ordnung; vielmehr zielt das *Realisierbarkeitsargument* auf das Problem, daß man mit soziologischen Mitteln selbst nicht mehr die Bedingungen der Möglichkeit einer geregelten Transformation der normativen Ordnungskonstruktion in eine historisch-empirische Ordnung reflektieren kann. Es ist nunmehr zu prüfen, ob und was Nozicks Vertragstheorie den schweren soziologischen Geschützen Durkheimscher Kritik entgegenzusetzen vermag.

3. Anarchie, Staat und Utopia

Nozicks Buch besticht durch Ideenreichtum, versammelt eine Fülle von faszinierenden und zuweilen überraschenden Einsichten und zeugt von philosophischem Scharfsinn, enthält aber keine klar strukturierte Gedankenführung — kurz: es ist kongenial, aber unsystematisch.[19] Das erschwert nicht nur die Interpretation bzw. öffnet allen möglichen Lesarten Tür und Tor, sondern erfordert auch eine methodische Rekonstruktion und die Beschränkung auf einige wenige zentrale, zusammenhängende Gedanken. Immerhin folgt das Buch selbst der Logik des Dreischritts von Vertragstheorien: dem Übergang vom Naturzustand zum Minimalstaat, der Gegenüberstellung von Minimalstaat und Sozialstaat anhand der Diskussion um Verteilungsgerechtigkeit; und drittens dem vagen, utopischen Ordnungsvorschlag, dem Plädoyer für den Minimalstaat. Schließlich versorgt Nozick seine Leser gleich zu Beginn mit einem rezeptartigen Überblick: „Unsere Hauptergebnisse bezüglich des Staates lauten, daß ein Minimalstaat, der sich auf einige eng umgrenzte Funktionen wie dem Schutz gegen Gewalt, Diebstahl, Betrug oder die Durchsetzung von Verträgen beschränkt, gerechtfertigt ist; daß jeder darüber hinausgehende Staat Rechte der Menschen, zu gewissen Dingen nicht gezwungen zu werden, verletzt und damit ungerechtfertigt ist; und daß der Minimalstaat durchaus attraktiv wie das Rechte ist." (11) Unser Hauptaugenmerk wird vor allem auf die Herleitung, Begründung und Rechtfertigung des Minimalstaates gerichtet sein, denn mit der Überzeugungskraft dieses Schrittes steht und fällt Nozicks gesamter Ansatz.

3.1. Vom Naturzustand zum Minimalstaat

Die Konzeptualisierung des Naturzustandes stützt Nozick fast wortwörtlich auf Lockes (1690, dt. 1977, S. 201 ff.) Beschreibung im *Second Treatise,* wonach das Naturrecht zwar jeden dazu verpflichtet, keinem anderen „an seinem Leben und Besitz, seiner Gesundheit und Freiheit Schaden" (203) zuzufügen, es aber doch immer wieder zu Übertretungen kommt. Während für Locke „die Nachteile des Naturzustandes" (207) den Abschluß eines Gesellschaftsvertrags nahelegen, diskutiert Nozick zunächst verschiedene Möglichkeiten, die Unzulänglichkeiten im Rahmen des Naturzustandes zu beseitigen und die Gründung eines Staates zu verhindern. Seine These in diesem Zusammenhang besagt, daß selbst dann, wenn niemand einen Staat ernstlich will, dieser doch über kurz oder lang entstehen wird. Die Originalität seiner Lösung für dieses alte Problem besteht in dem Versuch, für die Staatsbildung eine *Erklärung mittels der unsichtbaren Hand* zu geben. Bei rechtem Licht besehen, argumentiert dann seine vertragstheoretische Position nicht mehr mit der expliziten Figur des Gesellschaftsvertrages, sondern nur noch mit einem 'impliziten Vertrags-' Argument. Dieses Argument zerfällt in zwei Teile: 1. In den Nachweis für die Entstehung eines sog. *Ultraminimalstaates* durch die Gründung von Schutzvereinigungen (SV) mittels des *Mechanismus 'der unsichtbaren Hand'.* Der Ultraminimalstaat (vgl. 38)

135

wird dabei als Übergangsgebilde zwischen privater SV und Minimalstaat verstanden. Im Lichte der Staatsdefinition von Max Weber heißt das, daß ersterer zwar seinen Klienten gegen Bezahlung Schutz gewährt und zu diesem Zweck das *Gewaltmonopol* außer in Fällen von Notwehr beansprucht, aber damit kein *gebietsuniversaler Schutz* verbunden ist, da es ja noch Nicht-Klienten gibt, die außerhalb der ultraminimalstaatlichen SV stehen. In Nozicks Augen ist daher der Ultraminimalstaat ein moralisch unzulässiges und obendrein widersprüchliches Zwittergebilde, weil er einerseits den Rechten einiger Menschen wegen ihrer Nichtbezahlung keinen Schutz angedeihen läßt, andererseits aber seine Protektionsfunktion stets „*im Namen* der Nichtverletzung von Rechten" (S. 39) legitimiert. Nozick versucht daher, 2. die Begründung für die *moralische Notwendigkeit* des Übergangs vom Ultraminimalstaat zum *Minimalstaat* zu führen. Die Unterscheidungsreihe private SV, Ultraminimalstaat und Minimalstaat kann man sich an dem folgenden Schaubild klarmachen:

Nozicks Differenzierung / Definitionskriterien des Staates (Weber)	Gewaltmonopol	gebietsuniversaler Schutz
(1) private SV	---	---
(2) Ultraminimalstaat	+ (außer bei Notwehr)	---
(3) Minimalstaat (Nachtwächterstaat)	+	+ (über Gutscheinsystem)

(linke Randbeschriftung: NZ — impliziter Vertrag — Staat ↓)

Mit diesem schrittweisen Erklärungsprozeß berücksichtigt und widerlegt Nozick einerseits den Einwand individualistischer Anarchisten, jede Form des Staates käme einer 'Umverteilung' gleich und stelle eine Verletzung der Individualrechte dar; andererseits umgeht er geschickt Durkheims Legitimitäts- bzw. Obligationsargument, in dem er auf eine Erklärung mittels der unsichtbaren Hand zurückgreift. Um die Reichweite, Tragfähigkeit und Rechtfertigungsfähigkeit von Nozicks Minimalstaatserklärung zu prüfen, müssen seine Naturzustandskonzeption (1) und die beiden Schritte (2 + 3) näher beleuchtet werden.

3.1.1. Anarchie und Naturzustand

Nozick lehnt die üblichen Kriterien aus der Entscheidungstheorie zur Begründung des Naturzustandes ab: Das pessimistische *Minimaxprinzip* ist unbrauchbar, weil womöglich einige freiheitsliebende Individuen den Hobbesschen Naturzustand dessen Leviathan vorziehen werden; das optimistische *Maximaxprinzip* ist zu gefährlich, weil es für institutionelle Analysen viel zu unverantwortlich großzügige Annahmen macht. Seine Wahl fällt daher auf „staatslose Verhältnisse (. . .), bei denen die Menschen im allgemeinen die moralischen Einschränkungen einhalten und im allgemeinen so handeln, wie sie sollen." (20) Er hält diesen Ausgangspunkt – den „beste(n) anarchistischen Zustand" – nicht für übertrieben optimistisch und hofft, zeigen zu können, daß ein auf moralisch zulässige Weise entstandener Staat selbst der besten Anarchie überlegen ist. Wenn dieser Nachweis gelingt, so wäre das nicht nur „ein Grund für das Bestehen des Staates; es wäre eine Rechtfertigung des Staates."

Nozicks Kriterien enthalten demnach zwei Annahmen und ein Ziel: (1) Menschen sind mit einem Bündel von *unverletzlichen Rechten* (vgl. 11) ausgestattet, ohne daß er dafür eigens argumentiert; (2) im Naturzustand gilt eine *Moral* mit durchschnittlicher Verhaltenswirksamkeit; (3) das oberste Ziel besteht in der Sicherung *individueller Freiheit*. Die Kriterienliste weist seinen Ansatz als *unechte* Vertragstheorie aus, weil er mit einer naturrechtlich bereinigten Ausgangslage arbeitet, die ihm große operative Freiheitsgrade in der Analyse eröffnet. Wie noch zu sehen sein wird, greift er vor allem auf ein binäres Antwortmuster je nach argumentativen Erfordernissen zurück: Geht es um die Begründung des Minimalstaates, benutzt er vorzugsweise Kriterium (2) und verweist auf die Moralität, ja sogar die Fairneß (!) der Menschen; geht es hingegen um die Abwehr des Sozialstaates, so bemüht er Kriterium (1), argumentiert präferenzethisch, diskutiert das 'free-rider'-Problem und betont den unmoralischen, weil umverteilenden Charakter des Fairneßgrundsatzes.

Die Widersprüchlichkeit[20] läßt sich schon beim ersten, vollends aber beim zweiten Erklärungsschritt nachweisen.

3.1.2. Schutzvereinigungen und Ultraminimalstaat

Die ständigen Übergriffe im Naturzustand bewegen die Individuen zur Bildung von Schutzvereinigungen. Diese haben jedoch zwei entscheidende Mängel (vgl. 26): erstens erfordern sie permanente Bereitschaft zur Schutztätigkeit; zweitens eröffnen sie die Gefahr, daß die Vorzüge des Bündnisses auch für vorgetäuschte Übergriffe mißbraucht werden könnten. Arbeitsteilung, Austausch und Differenzierung von Schutzunternehmer- und -angestelltenrollen bieten eine Lösung für das erste Problem, die Etablierung von Verfahrensrechten zur Prüfung des Schutzanspruches einen Ausweg aus dem zweiten Problem. Doch damit ist die Sicherheitsfrage nur auf eine höhere Organisationsebene verschoben worden, denn die SV's untereinander liegen fortwährend im Kampf und der Schutz des einzelnen Klienten ist nur so viel wert wie die Macht seiner SV. Selbst wenn man schließlich den günstigsten Fall einer segmentären Differenzierung und geographischen Spezialisierung der SV's annimmt, bleibt das Problem bestehen, wie die Kosten der unproduktiven Kämpfe zwischen den verschiedenen SV's vermieden werden können. Die beste Lösung scheint in der Einrichtung einer Schiedsstelle zu bestehen und Nozick glaubt daher, schon den größten Teil des Weges zu einem staatsähnlichen Gebilde zurückgelegt zu haben: „Aus der Anarchie entsteht durch spontane Gruppenbildungen, Vereinigungen zum gegenseitigen Schutz, Arbeitsteilung, Marktverhältnisse, ökonomische Größenvorteile und vernünftiges Eigeninteresse ein Gebilde, das sehr stark einem Minimalstaat oder einer Gruppe geographisch abgegrenzter Minimalstaaten ähnelt." (30)

Abgesehen davon, daß Nozick in dem gesamten Argumentationsgang den methodologischen Fehlschluß begeht, von der Wünschbarkeit und dem Nutzen einer Institution auf deren faktische Entstehung zu schließen, sprechen zwei Argumente (vgl. 36) gegen den staatlichen Charakter der SV: nach wie vor sind Akte der *Privatjustiz* möglich, die ein Staat mit Gewaltmonopol nicht dulden darf; nach wie vor wird *Schutz nur gegen Bezahlung* gewährt, ein Staat mit dem Versprechen von gebietsuniversalem Schutz muß dagegen allen Bürgern Sicherheit garantieren können.

Das erste Problem wirft die schwierige Frage auf, ob und unter welchen Umständen die monopolähnliche SV Privatjustiz untersagen kann? Von der Beantwortung hängt es ab, ob die SV ein Ultraminimalstaat wird oder nicht. Das zweite Problem bezieht sich auf die schwierige Frage, ob universaler Schutz moralisch zulässig ist oder vielmehr eine ungerechtfertigte Umverteilung darstellt. Von der Beantwortung hängt es ab, ob der Ultraminimalstaat sich zum Minimalstaat weiterentwickeln darf.

Zur Beantwortung der ersten Frage diskutiert Nozick den Problemkomplex *Verbot, Entschädigung, Risiko* (vgl. 61 ff.) sehr ausführlich und betrachtet drei verschiedene Lösungen:

1. Der *utilitaristische* Vorschlag plädiert für das Verbot jeglicher Privatjustiz, weil dadurch der Gesamtnutzen der Gesellschaft erhöht werden kann. Gegen die *gesellschaftliche Nutzenmaximierung* sprechen, so Nozick, zum einen die *Unverletzlichkeit des Menschen,* weil es dann Situationen geben kann, in denen die Verletzung der Menschenrechte eines einzelnen den Gesamtnutzen der Gemeinschaft erhöht; zum anderen existiert ja gar „kein *Wesen Gesellschaft"* (43), um dessen Wohl etwas zu geschehen hätte.

2. Der *egalitaristische* Vorschlag plädiert ebenfalls für ein Verbot aufgrund des *Fairneßprinzips* (Hart, Rawls). Es besagt: „Wenn sich mehrere Menschen nach Regeln zu gegenseitig nutzbringender Zusammenarbeit vereinigen und damit ihre Freiheit zum Vorteil aller beschränken müssen, dann haben diejenigen, die sich diesen Beschränkungen unterwerfen, ein Recht darauf, daß das auch die anderen tun, die Vorteile davon haben." (Rawls 1975, S. 133) Nozick hält den mit dem Fairneßprinzip verknüpften Durchsetzungsgrundsatz, d.h. die Erzwingbarkeit der Verpflichtungserfüllung, für hochgradig problematisch und nur bei expliziter vorheriger Zustimmung der Betroffenen für legitim. Er schildert dazu das Beispiel eines nachbarschaftlichen Radiokommunikationsnetzes, das die Bürger selbst betreiben und das die „Verpflichtung" mit sich bringt, auch einmal im Jahr eine Sendung zu machen. *Muß* man der „Verpflichtung" nachkommen? In Nozicks Augen nicht, weil nach der „free-rider"-Logik der kommunikative Nutzen aufwandsfrei genossen werden kann, zumal die vorherige Zustimmung der Betroffenen offenkundig nicht eingeholt wurde. Das ist in der vorliegenden Situation ebenfalls nicht der Fall, denn es gibt Außenseiter, die weder der SV beitreten noch auf ihr Recht zur Privatjustiz verzichten wollen.

3. Sein eigener Vorschlag schließlich stützt sich auf einen *Entschädigungsgrundsatz*, der zwar „etwas unscharf" und „nicht in allen Einzelheiten entwickelt ist" (89), aber wohl folgendes besagt: Die SV hat die Möglichkeit (nicht das Recht!), ein Verbot der Privatjustiz auszusprechen,

wenn das Risiko aus der Privatjustiz (etwa aufgrund eines unzulässigen Verfahrens usf.) für den eigenen Klienten zu hoch ist; wenn sichergestellt ist, daß der Außenseiter für den entgangenen Nutzen der Selbstjustiz eine Entschädigung erhält, die so hoch ist, daß sein Nutzenniveau nicht auf der Indifferenzkurve abfällt, sondern die gleiche Höhe erhält wie für den Fall, daß er Privatjustiz hätte üben können.

Abgesehen von dem Problem der Meßbarkeit individueller Nutzenniveaus, vor allem bei vorausgesetzter unterschiedlicher Präferenzstruktur von Individuen, erhebt sich sofort die Anschlußfrage, wie es um die *Kontrollierbarkeit* und die *Legitimität* der monopolähnlichen SV bestellt ist. An wen oder welche Metainstanz kann sich ein Außenseiter wenden, der das Verbot der SV ablehnt und sein Recht auf Privatjustiz wahrnehmen will?

Diese Frage scheint naiv zu sein, denn für Nozick löst sich das Problem des Ultraminimalstaates am Ende wie von selbst. Zu guter Letzt ringt er sich zu der wahrhaft machiavellistischen Argumentation[21] durch, daß die SV

— zwar kein *Recht* zu
    (1)   der Überprüfung von Verfahren auf Fairneß,
    (2)   dem Erlaß von anerkannten und fairen Verfahren,
    (3)   der Ankündigung von Strafe gegenüber Außenseitern bei Anwendung unfairer Verfahren gegenüber ihren Klienten usf.,

— aber das *faktische Monopol* bzw. die *Macht* dazu hat, (1) - (3) zu exekutieren.

Sie besitzt damit kein rechtliches, folglich kein legitimes Gewaltmonopol, denn ,,*jedermann* darf sich gegen unbekannte oder unzuverlässige Verfahren zur Wehr setzen und diejenigen bestrafen, die solche gegen ihn anwenden''; aber faktisch nimmt sie sich das Recht heraus, ,,*jedermanns* Verfahren zu beurteilen.'' Kurzum: ,,Da nicht behauptet wird, es gebe ein Recht, das sie allein besitze, wird kein Monopol beansprucht.'' (107) Bevor wir diese widersprüchliche Argumentation einer Kritik unterziehen, soll noch der zweite Schritt vom Ultra- zum Minimalstaat nachvollzogen werden.

3.1.3. Der autoritäre Minimalstaat

Die moralische Notwendigkeit dieses Schrittes begründet Nozick wiederum mit dem Entschädigungsgrundsatz, weil das Verbot der Selbstjustiz faktisch die Schutzlosigkeit der Außenseiter bewirkt; denn dieses Verbot unterminiert die glaubhafte Androhung von Strafen und versetzt die Außenseiter in einen Zustand der Vogelfreiheit. Er führt zwei Argumente für die Zulässigkeit gebietsuniversalen Schutzes und der Zahlungspflicht der Klienten auch für die Sicherheit der Außenseiter an. Das *utilitaristische* Argument gibt zu bedenken, daß der universale Schutz am Ende billiger kommt als kein Schutz für Außenseiter und nachherige Entschädigung. Wäre das nicht billiger, so würden alle Klienten aus der SV austreten und lieber einer Entschädigungsversicherung beitreten. Freilich hatte er oben ein solches Argument mit dem Hinweis abgelehnt, daß es kein Wesen Gesellschaft gibt, das den Gesamtnutzen kalkulieren könne. Das *moralisch-etatistische* Argument betont die Zahlungspflicht, räumt aber ein, daß der Entschädigungsgrundsatz gestaffelte Kompensationsleistungen und zwar je nach der Bedürftigkeit (!) des betroffenen Außenseiters erlaubt. Die Bedürftigkeit muß in jedem Einzelfall eigens festgestellt werden.

Freilich stellt sich damit die Frage, worin sich der schutzleistende Minimalstaat eigenlich noch von einem paternalistischen Umverteilungsstaat unterscheidet. Darüber hinaus prägt Nozick den Entschädigungsgrundsatz etatistisch um, wenn er diktiert: ,,Keinen Anspruch auf Entschädigung hat jemand, für den der Kauf des Schutzes keinen Nachteil bedeuten würde.'' (110) Das heißt im Klartext, daß jeder Außenseiter sanft, aber nachdrücklich dazu gezwungen werden kann, der SV ,,freiwillig'' beizutreten. Tut er das nicht, begibt er sich seiner Entschädigungsrechte, so daß er schutzlos allen willkürlichen Übergriffen der Klienten ausgeliefert ist. Und schließlich verfällt er sogar auf die Idee einer Haftpflichtversicherung für Minderbemittelte (vgl. 112). Sie soll immer dann greifen, wenn armen Individuen die Selbstjustiz untersagt wird, weil sie bei Anwendung eines unzuverlässigen Verfahrens gegenüber Klienten unfähig wären, diese zu entschädigen. Die öffentliche Gewährung, so Nozick, wäre wiederum ,,die billigste Lösung''.

Wie diese letzten Überlegungen Nozicks demonstrieren, hat sich die Stoßrichtung im Laufe seiner Argumentation offenkundig ungewollt verschoben: ging es ihm zunächst um den Minimalstaat als Rahmen für individuelle Freiheit, so hat sich am Ende der Rahmen verselbständigt. Beschäftigt mit Aufgabenumfang und Leistungsfähigkeit des staatsähnlichen Gebildes scheint er eher den Nachweis für soziale Solidarität statt individuelle Freiheit, für soziale Gerechtigkeit statt individuellen Nutzen − kurz: für den paternalistischen Umverteilungsstaat und nicht den Minimalstaat − angetreten zu haben.

Es wäre aufgrund dieser Beobachtung jedoch völlig verfehlt anzunehmen, Nozick habe seine libertäre Position uneingestanden aufgegeben. Zu diesen − im Lichte seiner Position − paradoxen Schlüssen wird er vielmehr durch die Widersprüchlichkeit seiner Kriterien und der einmal in Gang gekommenen Argumentationslogik förmlich gezwungen. Wir werden sehen, daß sich das Muster − libertäre Intention, unintendierte sozialstaatliche Konsequenzen − bei der Diskussion um Verteilungsgerechtigkeit wiederholt: Was auf den ersten Blick wie eine unbarmherzige, manchesterliberale Verteilungsethik des Stärkeren erscheint, erweist sich bei näherem Hinsehen als eine Verteilungsnorm, die Nozicks Staat Interventionsmöglichkeiten in einem Ausmaß eröffnen, wie sie keinem gegenwärtig existierenden Sozialstaat zugestanden werden.

Auf jeden Fall führen die eingangs beschriebenen ambivalenten Kriterien zu einem binären Antwortmuster, das im Laufe der Ordnungsanalyse eine Reihe von Widersprüchen offenbart und die avisierte Ableitung des Minimalstaates zu dem am wenigsten wahrscheinlichen Ergebnis macht. Das kann man erstens für das Moralitätsargument (Kriterium 2), als auch zweitens für das Menschenrechtsargument (Kriterium 1) zeigen.

Nimmt man die Behauptung *durchschnittlicher Moralität* wirklich ernst, so wäre das zunächst ein gutes Argument *für* die Beibehaltung des Naturzustandes und die *Überflüssigkeit der Staats-*

bildung. Moralisch handelnde Menschen, so könnte man annehmen, neigen nur gelegentlich zu kleineren Übertretungen, welche die Betroffenen unter sich autonom regeln werden. Sollten die Individuen allerdings aus irgendwelchen Gründen eine staatsähnliche SV bevorzugen, so würden sie sich über deren Verfassung zwanglos einigen können. In dieser Fassung, so sieht man leicht, existiert kein *Problem* der sozialen Ordnung, und es gilt Durkheims *Zirkularitätsargument.* Geht man jedoch von beachtlichen Übertretungen aus, etwa weil moralisches Verhalten nur bei harter Sanktionierung und nahtloser sozialer Kontrolle an den Tag gelegt wird, dann ist das eher ein gutes Argument für einen *starken Staat.* Unter diesen Umständen stellt sich sofort wieder das Problem ein, wie man sich Entstehung und Aufrechterhaltung einer so weitreichenden Zwangsgewalt vorstellen soll, wenn sich doch die Individuen ihrem Zugriff bei jeder Gelegenheit entziehen würden, um ihre eigenen partikularen Interessen zu verfolgen. In diesem Fall gilt nicht nur Durkheims *Obligationsargument,* sondern auch sein Einwand der *organisatorischen Unterbestimmtheit:* Wie hat man sich die Rekrutierungsmuster des staatlichen Personals, ihre Allokation und Positionszuweisung vorzustellen und wie sieht die institutionelle Funktionsweise des Staates[22] aus? Für beide Fälle trifft demnach gleichermaßen zu, daß das Moralitäts-Kriterium nicht die durchgeführte Analyse trägt.

Hinzu kommt, daß nach Nozicks Auffassung ein aktiver Staat fortlaufend *natürliche Menschenrechte* verletzt. Alle über den elementaren Schutz hinausgehenden Maßnahmen fallen unter sein Verdikt der Umverteilung; Steuern und Abgaben sind danach „mit Zwangsarbeit gleichzusetzen''. (159) Aber gibt es unter diesen Umständen überhaupt einen Verteilungsgrundsatz, der nicht in freiheitsberaubende Zwangsarbeit für den Staat einmündet?

Bevor wir diese Frage beantworten, muß jedoch abschließend Nozicks Anspruch geprüft werden, den Minimalstaat nicht nur abgeleitet und begründet, sondern auch gerechtfertigt zu haben. Das ist um so wichtiger, als er nur seinen Minimalstaat als legitim gelten lassen, alle anderen Erscheinungsformen des Staates aber in gleichem Atemzug zurückweisen will. Nozicks Staat beruht auf dem de facto-Gewaltmonopol und gebietsuniversalem Schutz. In den Augen der Betroffenen ist er daher nicht legitim, sondern zunächst einmal nichts weiter als eine faktische Zwangsanstalt, mit der zu rechnen ist. Aber selbst auf lange Sicht, so behaupte ich, wird aus dieser Konstellation von Staat und Bürgern *keine Legitimität*[23] erwachsen und zwar aus folgenden Gründen: In jedem legitimen Staatsgebilde sind die institutionellen Einflußmöglichkeiten klar definiert; bei einer de facto-Gewalt hingegen verschwimmen die Grenzen von konstitutionell erlaubten und situativ möglichen politischen Gestaltungschancen. Das setzt die Betroffenen einer beachtlichen Unsicherheit und einer nicht zu unterschätzenden Abhängigkeit aus. Wann immer die Machtunterworfenen einem staatlichen Übergriff begegnen wollen, finden sie — wie wir gesehen haben — keinen Adressaten für ihre Klage. Darüber hinaus können staatliche Instanzen immer darauf verweisen, daß jeder einzelne durchaus das Recht zur Selbstjustiz besitze, auch wenn er es faktisch nicht ausüben kann. Nozick hält diese diffuse Konstellation für einen theoretisch besonders eleganten Vorzug, weil sie ihm den Vorwurf erspart, er statte den Staat als ein Wesen sui generis mit besonderen rechtlichen Kompetenzen aus, die es nach radikaler individualistischer Anschauung nicht geben darf. In Wirklichkeit unterbindet diese Konstellation nicht nur ein konfliktloses Zusammenleben zwischen Staat und Bürgern; vielmehr scheint der aus seiner

Ordnungsanalyse resultierende Staat weder gegenwärtig noch in absehbarer Zukunft eine Legitimitätsvermutung für sich reklamieren zu können, weil er ein nur unvollkommen verdecktes, autoritäres Zwangsverhältnis zwischen sich und seinen Unterworfenen errichtet.

3.2. Verteilungsgerechtigkeit — Minimalstaat oder Sozialstaat?

Die Zweifel, die bei der Diskussion von Herleitung, Begründung und Rechtfertigung seines Minimalstaates erhoben wurden, erhalten neue Nahrung, wenn man seinen Grundsatz der Verteilungsgerechtigkeit[24] betrachtet. Obgleich Nozick im zweiten Teil große Anstrengungen unternimmt, um von einem anderen Ausgangspunkt — der Distributionsproblematik — einen neuen Beweis für seine Hauptthese — der Richtigkeit und Einzigartigkeit des Minimalstaats — anzutreten, wird, so lautet meine These, nur einmal mehr und fast noch zwingender kriterienimmanent demonstriert, daß das gemeinsame Auftreten von Minimalstaat und individueller Freiheit einen soziologisch eher unwahrscheinlichen Grenzfall markiert.

Nozick lehnt von vornherein alle ergebnisorientierten und strukturierten Verteilungsgrundsätze ab — sie lassen sich nicht nur ethisch schwer rechtfertigen, sondern sie erfordern fortlaufend oder zumindest periodisch staatliche Interventionen, um ein gewünschtes Verteilungsniveau aufrechtzuerhalten. Solche weitreichenden staatlichen Regulierungen stellen in seinen Augen jedoch kapitale Verletzungen individueller Eigentumsrechte dar und unterminieren individuelle Freiheit. Um seine Auffassung zu untermauern, unternimmt er einen interessanten Versuch zur Widerlegung von Rawls' Theorie der Verteilungsgerechtigkeit und diskutiert der Reihe nach alle möglichen Verteilungsprinzipien und -formen — von der Gleichheit über die Ausbeutung bis zur Arbeiterselbstverwaltung —, die im Laufe der Zeit vorgebracht wurden.

Seine eigene Verteilungstheorie hat demgegenüber einen historischen, unstrukturierten Charakter und beruht auf einem einfachen Prinzip: *„Jeder, wie er will, und jedem, wie die anderen wollen."* (152) Diese Theorie ist auf drei Gegenstände gerichtet — den ursprünglichen Erwerb von Besitz, die Übertragung von Besitztümern und die Berichtigung ungerechter Besitzverhältnisse — und beruht auf den Grundsätzen der gerechten Aneignung, der gerechten Übertragung und der Berichtigung. Danach gilt für den „Grundsatz der Verteilungsgerechtigkeit": „Eine Verteilung sei gerecht, wenn jeder auf die Besitztümer Anspruch hat, die ihm bei der Verteilung zugehören" Oder kurzum: „Alles was aus gerechten Verhältnissen auf gerechte Weise entsteht, ist selbst gerecht."

Diese frappierend einfache und zunächst eingängige Vorstellung stellt nach Nozicks eigener Einschätzung noch keine „bestimmte Theorie", sondern eher „allgemeine(n) Richtlinien" (146) dar. Trotzdem ist die Achillesferse seines historisch-unstrukturierten Theorems schnell ausgemacht: sie betrifft den Aneignungs- und den Berichtigungsgrundsatz.[25] Der Einfachheit halber sei nur letzterer diskutiert, weil er sofort auf die Rolle des Staates lenkt.

Der historisch-unstrukturierte Charakter seines Verteilungsgrundsatzes, so glaubt Nozick, führt dazu, daß die struktursprengenden Kräfte individueller Freiheit keine erkennbaren Verteilungs-muster produzieren; das suggeriert fast die Vorstellung einer annähernd gleichgewichtigen Ver-teilung bzw. erweckt es die Assoziation frei fluktuiérender Besitztümer, die jedermann prinzi-piell erwerben könne.

Bei dynamischer Betrachtung kann man diesem idyllischen Bild ein Szenario gegenüberstellen, welches die angestrebte Liaison von Minimalstaat und individueller Freiheit durchkreuzt und un-erwünschte Effekte für Nozicks Nachtwächterstaat nach sich zieht.

Selbst wenn man „eine annehmbare anfängliche Besitzverteilung" (150) unterstellt, zeitigt der Anspruchsgrundsatz wegen der Dynamik seiner tauschförmigen Marktorientierung kumulatives Besitzwachstum und große soziale Ungleichheit. Es wird dann sehr schnell eine Schwelle er-reicht, wo der *Matthäus-Effekt* „Wer hat, dem wird gegeben" greift, und zu einer beschleunig-ten, überproportionalen Eigentumsakkumulation führt. Bei nur durchschnittlich ausgeprägter Nutzenorientierung werden die von Besitzverlust betroffenen Individuen diesem Prozeß nicht tatenlos zusehen, sondern den Berichtigungsgrundsatz beherzt zu mobilisieren versuchen — mit der Konsequenz, daß der Minimalstaat mit einer Prozeßlawine überzogen und seine Schlich-tungskompetenz lautstark eingefordert wird. Für diesen Fall konfligierender Interpretationen über die Richtigkeit eines Besitztransfers sieht selbst Nozick die Notwendigkeit einer staatlichen Entscheidung ein und konzediert, daß „dabei (. . .) die von mir abgelehnten Gesichtspunkte der Verteilungsgerechtigkeit und Gleichheit eine Rolle spielen" (146) könnten. Wie groß diese Rolle zu sein hat, davon zeugt das von Nozick ausgeblendete Machtgefälle, welches für endemische Krisenanfälligkeit einer nach libertären Grundsätzen organisierten Gesellschaft sorgt. Soll diese Gesellschaft nicht an ihrer eigenen sozialen Instabilität zugrundegehen, ist der Staat strukturell gezwungen, in die Schlichterrolle zu schlüpfen. Auf diese Weise wird aus dem Minimalstaat un-versehens ein Sozialstaat, der um des sozialen Friedens oder des „Gemeinwohl" willen tiefgrei-fende Umverteilungen etwa nach dem „Fairneßgrundsatz" vornehmen und zumindest extreme soziale Ungleichheiten abbauen muß. Für diese Funktionen, so unsere Behauptung im letzten Abschnitt, ist Nozicks Staat jedoch denkbar schlecht gerüstet: weil er nur ein de facto-, nicht aber ein de jure-Entscheidungsmonopol besitzt, wird er neben den anstehenden Sachaufgaben noch bei den betroffenen Bürgern um Zustimmung für seine (verbotene) Existenz als Interven-tionsstaat einkommen müssen, um die sich auftuende Legitimitätslücke zu schließen. Es ist da-her erneut festzuhalten, daß seine Analyse und sein Vorschlag durch seine Kriterien nicht ge-deckt sind.

3.3. Minimalstaat und individuelle Freiheit — eine Utopie?

Im dritten Teil seines Buches sucht Nozick seine libertäre Vision noch weiter zu vertiefen. Er geht von einem System aus, das als freiheitlicher Rahmen einer Fülle der verschiedensten, nach eigenen Prinzipien verfahrenden Gemeinschaften Platz böte. Am Ende jedoch ist das System nur eine andere Bezeichnung für den Minimalstaat: „Dieser moralisch bevorzugte Staat, der einzig moralisch tragbare Staat ist, wie wir jetzt sehen, derjenige, der am besten die utopischen Sehn-süchte unzähliger Träumer und Visionäre verwirklicht." (302)

Abschließend müssen wir uns fragen, warum Nozicks Ideal überhaupt in den Rang utopischer Sehnsüchte erhoben werden sollte. Utopien sind definitionsgemäß nicht zu verwirklichen, aber trifft die mangelnde Realisierbarkeit in dem Maße auch auf Nozicks Ideal zu? Die vorangegangene Diskussion scheint einen solchen Schluß in der Tat nahezulegen, denn die Vereinbarkeit von Minimalstaat und genereller individueller Freiheit konnte in keinem diskutierten Fall schlüssig nachgewiesen werden. Ein Rückblick auf unsere Analyse läßt zwar an manchen Stellen Unsicherheit darüber aufkommen, ob Nozick mehr am Minimalstaat oder an individueller Freiheit interessiert ist, vom libertären Anspruch her dürfte die Antwort allerdings nicht schwer fallen. Wenn aber die in der angelsächsischen Tradition vertretene These „Je weniger Staat, desto mehr individuelle Freiheit" nach ihren eigenen Kriterien so nicht aufrechtzuerhalten ist, bietet dann die kontinentaleuropäische bzw. französische Gegenthese „Je mehr Staat, desto mehr individuelle Freiheit" mehr Aussicht auf empirische Einlösung? M. a. W.: Muß man es mit der Rousseauschen statt der Lockeschen Linie der Ordnungsproblematik versuchen?

In der Tat hat Durkheim, den wir bislang nur als kritische Folie benutzt haben, diesen Weg beschritten und in seinen politischen Schriften die Behauptung aufgestellt: „Plus l'Etat est fort, plus l'individu est respecté." (1950, S. 93) Ganz und gar nicht einverstanden mit der spezifisch Rousseauschen Lösung, beeilt er sich allerdings hinzuzufügen, daß diese Beziehung nur unter bestimmten Randbedingungen Gültigkeit hat. Man kann sein Werk als einen Versuch lesen, diese Randbedingungen systematisch aufzudecken und mit Hilfe ihrer Kenntnis ein institutionelles Reformprogramm zu entwickeln. Dieses Programm eines korporativen Wohlfahrtsstaates, das auf dem Staat als Hüter des individualistischen Kollektivideals, demokratischer Gewaltenteilung und einer organisierten und pazifizierten Marktwirtschaft beruht, ist heute in fast allen westeuropäischen Industriestaaten verwirklicht. Was jedoch in letzter Zeit kritisch in Zweifel gezogen wurde, und damit kehren wir zum Ausgangspunkt unserer Untersuchung zurück, ist die Selbstverständlichkeit, mit der angenommen wurde, daß die diesem Programm zugeschriebenen positiven Effekte individuelle Freiheit, Chancengleichheit und Solidarität sich nach wie vor stets gleichzeitig einstellen. Ist daher das Programm am Ende insgesamt fruchtlos geworden und sollten wir uns daher auf die Tugenden des 18. Jahrhundert-Individualismus und des 19. Jahrhundert-Laissez-faire-Kapitalismus zurückbesinnen?

4. Schlußbemerkung

Der erste Teil der Frage vermag an dieser Stelle nicht beantwortet zu werden; der zweite Teil indes, soweit er sich nur auf die Nozicksche Vertragstheorie bezieht, kann begründet verneint werden. Wir haben gesehen, daß seine ambivalenten Kriterien bzw. normativen Maßstäbe zu einer widersprüchlichen Ordnungsanalyse führen, die entweder keine Staatsbildung befürwortet und damit ein *Problem* der sozialen Ordnung beseitigt; oder für einen starken Staat votiert, auf jeden Fall aber keinen Minimalstaat mit individueller Freiheit begründet. Kriterien und Ordnungsanalyse tragen daher nicht den Ordnungsvorschlag, weil die Vereinbarkeit von Minimalstaat und individueller Freiheit nur in der Utopie besteht,[26] in der Wirklichkeit jedoch eine, wenn auch fragwürdig gewordene Verbindung von Sozialstaat und individueller Autonomie vorzufinden ist.

Daraus folgt die Unrealisierbarkeit von Nozicks Ordnungsentwurf, dem praktikable institutionelle Reformvorschläge ohnehin nicht zu entnehmen sind. Dieses Verdikt trifft nur auf seinen Ansatz, nicht jedoch auf die übrigen vertragstheoretischen Versuche und vollends nicht auf die liberale Gesellschaftstheorie zu. Wird dennoch der Versuch einer unreflektierten Anwendung eines solchen Ordnungsvorschlags unternommen, so besteht nicht nur die Gefahr, daß die avisierten Ziele, wie mehr individuelle Freiheit, praktisch verfehlt werden; die Öffentlichkeit wird auch überrascht registrieren, daß solche ordnungspolitischen Weichenstellungen offenkundig bestimmten ökonomischen Interessen vorrangig dienen.[27] Die soziologisch unkontrollierte Anwendung einer Theorie in der politischen Praxis und ihr augenfälliges Scheitern hat freilich auf lange Sicht immer nur einem geschadet: der Theorie selbst und der mit ihr verbundenen Werte. In einer Zeit, die Liberalität mehr denn je nötig hat, wäre ein solcher Schluß ein empfindlicher und womöglich nicht wiedergutzumachender Schlag gegen die Tradition der liberalen Gesellschaftstheorie insgesamt.

Anmerkungen

* Für Anregungen und Kritik danke ich Hans Bertram, Bernhard Giesen, Lucian Kern, Johannes Schmidt und Reinhard Zintl.

1) Um aus der Fülle der theoretisch aufschlußreichen Literatur nur drei besonders einflußreiche angloamerikanische Beiträge herauszuheben: siehe George Gilder (1983), Fred Hirsch (1980) und Dan Usher (1983).

2) Die sog. Unregierbarkeitsdiskussion hat dabei internationales Ausmaß angenommen: siehe für Großbritannien King (1976), für die USA Huntington (1975) und für die Bundesrepublik Hennis et al. (1977), Kaltenbrunner (1975) und Scheuch (1976).

3) Vgl. Offe (1980, S. 296 ff.).

4) So schon immer als „liberales Gewissen" und ewiger Mahner F.A. von Hayek (1971, 1976); vgl. in neuerer Zeit auch Dahrendorf (1975).

5) Zum Theorem der Sozialstaatsillusionen siehe die idealtypische Formulierung bei Müller/Neusüß (1970).

6) Siehe exemplarisch die Analysen von Claus Offe (1972, 1975) zur Rationalität staatlicher Steuerungsversuche; zur Diskussion um eine Legitimationskrise spätkapitalistischer Gesellschaften grundlegend Habermas (1973) und die zusammenfassende Analyse der Diskussion bei Kopp/Müller (1980).

7) Das legt jedenfalls die Wertwandeldiskussion nahe; vgl. Inglehart (1977) und die entsprechenden Beiträge in Kaase et al. (1981).

8) Überdies weckt die recht einfache Verknüpfungslogik von Mikro- und Makroebene Zweifel, ob der vorgeschlagene Ansatz selbst überzeugend argumentiert. Das wird in der empirischen Untersuchung von Döbert/Nunner-Winkler (1975) recht deutlich, welche die behaupteten makroskopischen Veränderungen auf mikrosozialer Ebene nachzuweisen suchen.

9) Das beweist die Revitalisierung der Ordnungsproblematik in der Soziologie. In der funktionalistischen Tradition wird dabei an eine verallgemeinerte Version des Parsonianischen AGIL-Schemas angeknüpft, so etwa bei Münch (1982); in der Marx-Tradition wird die Unterscheidung von System- und Sozialintegration weiter ausgearbeitet, so etwa bei Habermas (1981a + b); in der kultursoziologischen Tradition von Weber und Durkheim wird das Zusammenspiel von materiellen, institutionellen und kulturellen Momenten einer modernen Sozialordnung analysiert, so exemplarisch bei Schluchter (1979) und Müller (1983). Typisch für diese soziologische Ordnungsdiskussion ist, daß sie die Ordnungsfrage auf hochgradig abstraktem analytischen Niveau aufgreift, um gesamtgesellschaftliche Zusammenhänge überhaupt noch im Lichte eines theoretischen Kalküls reflektieren zu können.

10) So wurde schon nach kurzer Zeit ein Sammelband von wichtigen Interpretationen (vgl. Daniels 1975) zusammengestellt und Rawls' Theorie hat u.a. großen Einfluß auf die Arbeiten von Lawrence Kohlberg und Jürgen Habermas gewonnen.

11) Siehe exemplarisch die vorzügliche Arbeit von Reinhard Zintl (1983).

12) Die mangelnde Rezeption in Deutschland geht sogar so weit, daß eine Neuauflage des bereits vergriffenen Buches von Nozick angesichts des schleppenden Verkaufs nicht mehr vorgesehen ist, wie mir der Verlag mitteilte. Und das trotz einer guten Übersetzung von Hermann Vetter und einem enthusiastischen Vorwort von Friedrich August von Hayek. Ganz anders in den USA: Nozick hat eine ähnliche Bedeutung wie Rawls und so ist ebenfalls nach einiger Zeit ein Diskussionsband (Paul 1982) erschienen. Einen guten Einblick in das Spektrum zeitgenössischen libertären Denkens in den USA gibt der Reader von Tibor Machan (1982).

13) Die folgenden Überlegungen sind an die Systematisierung von Zintl (1983: S. 18 ff.) angelehnt.

14) Siehe Buchanan/Tullock (1965: S. 11 ff.), Buchanan (1975: S. 1 ff.), Nagel (1982: S. 191), Scanlon (1976/ 77: S. 3) und Zintl (1983: S. 18 ff.).

15) Freilich nicht notwendigerweise, wie Durkheims Verknüpfungen von moralischem Individualismus und methodologischem Kollektivismus demonstriert.

16) Siehe Lucian Kern (1980, S. 9, Fußn. 1; S. 11, Fußn. 4).

17) Die geschilderten Einwände sind bereits eine Systematisierung von mir. Da Durkheim sich zeit seines Lebens mit klassischer und moderner Sozialphilosophie auseinandergesetzt hat, finden sich diese Einwände fast durchgängig in allen seinen Werken. Siehe vor allem Durkheim (1888, 1950, 1976, 1977) und zur detaillierten Explikation Müller (1983, S. 22 ff.).

18) Darauf hat jüngst wieder Buchanan (1978, S. 365) verwiesen: "The force of moral-ethical principle in influencing behavior is directly dependent on the size of community within which action takes place. Other things equal, the smaller the number of persons with whom a person interacts, the higher the likelihood that he will seem to behave in accordance with something akin to the Kantian generalization principle."

19) Dieses Urteil entspricht im großen und ganzen dem Tenor der Sekundärliteratur: Arrow (1978: S. 265) kritisiert, daß Nozicks "case rests primarily on a few dramatic examples, rather than any systematic argument"; Childs (1977: S. 23) moniert, daß "Nozicks argument is often of brain-cracking complexity" und Diggs (1977: S. 112) bemängelt die "irritating defects in organization that waste the reader's time".

20) Diese Widersprüchlichkeit notieren auch Gordon (1976: S. 580), Holmes (1982: S. 66) und Nagel (1982: S. 199 f.).

21) Diese machiavellistische Tendenz ist das Ergebnis des gescheiterten Versuchs, eine Erklärung mittels der unsichtbaren Hand zu geben. Nozick verhehlt sich nämlich, daß jedem Schritt in seiner Argumentation eine *bewußte Entscheidung* der staatsähnlichen SV entspricht: "The reason (für das Scheitern, H.-P. M.) is that while the state may not be *intended* as the end result, the *state-like action* of prohibiting competition is still the outcome of a *specific decision*. The dominant agency must *decide* to prohibit the actions, and punish offenders. At each step lies an insidious but rather explicit decision. If this is an 'invisible hand', it nonetheless packs a mean wallop, threatining to crush liberty in its grasp." (Childs 1977, S. 32).

22) Diesen Mangel an institutionellen Überlegungen zur Ausgestaltung des Staates konstatieren auch Christie (1978: S. 42), Diggs (1977: S. 112), Lukes (1977: S. 194). Der Grund dafür ist die hohe Abstraktion von Nozicks Argumentation: "This leaves the conclusions rather high in the air, particularly above present political realities" (Williams 1982: S. 35).

23) So auch Christie (1978: S. 32) und Paul (1982a: S. 68 f.).

24) Eine ausführliche Diskussion von Nozicks *entitlement theory* würde freilich den Rahmen dieser Arbeit sprengen. Vorzügliche Analysen zur Distributionsproblematik geben Arrow (1978), Cohen (1977), L. Davis (1976), M. Davis (1977), Nagel (1982), O'Neill (1982) und Scanlon (1976/77, 1977).

25) Beim Aneignungsgrundsatz rächt sich die unbesehene Übernahme des Lockeschen Naturzustandes ohne dessen Vorbehalte, daß jeder sich nur soviel aneignen dürfe, wie er zum eigenen Gebrauch benötige und daß noch genug für die anderen übrigbleibe. Nozick schwächt die Lockeschen Vorbehalte noch weiter ab, weil er darauf vertraut, daß der Markt schon den Zugang zu begehrten Gütern und Dienstleistungen offenhalten werde. Mit dieser Argumentation handelt er zwei fundamentale Schwächen ein: erstens biegt er vorschnell natürliche Rechte in individuelle Eigentumsrechte um; dadurch übersieht er, daß natürliche Rechte in dieser Tradition doppeldeutig *gleiche* Menschenrechte für alle und *ungleiche* Ressourcenausstattung der Individuen umfaßt (vgl. Coleman 1978: S. 185); zweitens offenbart sein naives Markttrauen, daß seine Argumentation keine Theorie öffentlicher Güter enthält (vgl. Gordon 1976: S. 580), eine für mit der Ableitung von modernen Staatsaufgaben befaßte zeitgenössische Analyse bemerkenswerte Schwäche.

26) So auch das Urteil von Barber (1977: S. 7): "The edifice Nozick constructs is indeed a utopia: an argument which stands, quite literally, nowhere and — like those haunted concrete bridges that can be found at abandoned highway projects — soars from midair chasm to midair chasm, a magnificent abstraction going from nowhere to nowhere, its dignity forever a prisoner of its uselessness."

27) Diese *ideologische* Funktion von Nozicks Ansatz ist denn auch verschiedentlich angemerkt worden; vgl. Lukes (1977: S. 194) und Singer (1982: 37). Einem Brian Barry zugeschriebenen Bonmot soll „Nozicks Leistung in der Vermittlung der Vorurteile des Tankstellengewerbes im mittleren Westen nach Cambridge" (Goerlich 1978: S. 489, Fußn. 23) bestehen!

Literatur

Arrow, K.J., 1978: Nozick's Entitlement Theory of Justice. Philosophia (Israel), 7, S. 265 - 279

Barber, B.R., 1977: Deconstituting Politics — R. Nozick and Philosophical Reductionism. The Journal of Politics, 39, 1, S. 2 - 23

Buchanan, J.M., 1975: The Limits of Liberty. Between Anarchy and Leviathan. Chicago-London (dt. 1984, Die Grenzen der Freiheit. Tübingen)

Buchanan, J.M., 1978: Markets, States, and the Extent of Morals. The American Economic Review, 68, 2, S. 364 - 368

Buchanan, J.M., 1981: Möglichkeiten institutioneller Reformen im Rahmen kulturell geformter abstrakter Verhaltensregeln. In: V. Vanberg 1981: S. 45 - 48

Buchanan, J.M., G. Tullock, 1965: The Calculus of Consent. Logical Foundations of Constitutional Democracy. 2nd. ed. Ann Arbor

Childs, R.A., Jr., 1977: The Invisible Hand Strikes Back. Journal of Libertarian Studies, 1, S. 23 - 33

Christie, G.C., 1978: The Moral Legitimacy of the Minimal State. Arizona Law Review, 19, S. 31 - 43

Cohen, G.A., 1977: Robert Nozick and Wilt Chamberlain: How Patterns Preserve Liberty. Erkenntnis, 11, S. 5 - 23

Coleman, J.S., 1978: The Balance Between Rights Individually Held and Rights Collectively Held. Arizona Law Review, 8, 1, S. 180 - 192

Dahrendorf, R., 1975: Die neue Freiheit. München

Daniels, N. (Hrsg.), 1975: Reading Rawls. Oxford

Davis, L., 1976: Comments on Nozick's Entitlement Theory. Journal of Philosophy, 73, S. 836 - 844

Davis, M., 1977: Necessity and Nozick's Theory of Entitlement. Political Theory, 5, S. 219 - 232

Diggs, B.J., 1977: Liberty Without Fraternity. Ethics, 87, S. 97 - 112

Döbert, R., G. Nunner-Winkler, 1975: Adoleszenzkrise und Identitätsbildung. Frankfurt/M.

Durkheim, E., 1888: Cours de science sociale: leçon d'ouverture. Revue internationale de l'enseignement, 15, S. 23 - 48 (repr. in ders., La Science Sociale et l'Action, ed. par J.-C. Filloux. Paris 1970, S. 77 - 110; dt. in ders., Frühe Schriften zur Begründung der Soziologie, hrsg. v. L. Heisterkamp. Neuwied-Darmstadt 1981, S. 25 - 52.

Ders., 1950: Leçons de Sociologie. Paris

Ders., 1976: Die Regeln der soziologischen Methode. Hrsg. und eingeleitet von R. König. 4. rev. Aufl. Neuwied und Berlin (1. frz. Aufl. 1895).

Ders., 1977: Über die Teilung der sozialen Arbeit. Eingeleitet von N. Luhmann. Frankfurt (1. frz. Aufl. 1893).

Exdell, J., 1977: Distributive Justice: Nozick on Property Rights. Ethics, 87, S. 142 - 149

Gilder, G., 1983: Reichtum und Armut. München

Goerlich, H., 1978: Rawls oder rationales Naturrecht. Rechtstheorie, 9, 4, S. 484 - 504

Gordon, S., 1976: The New Contractarians. Journal of Political Economy, 84, 3, S. 573 - 590

Habermas, J., 1973: Legitimationsprobleme im Spätkapitalismus. Frankfurt

Habermas, J., 1981: Theorie des kommunikativen Handelns. 2 Bde., Frankfurt/M. (zit. 1981a + b)

Hayek, F.A. von, 1969: Freiburger Studien. Tübingen

Ders., 1971: Die Verfassung der Freiheit. Tübingen

Ders., 1976: Der Weg zur Knechtschaft. München

Hennis, W. et al. (Hrsg.), 1977: Regierbarkeit. Studien zu ihrer Problematisierung. Bd. 1. Stuttgart

Hobbes, Th., 1976: Leviathan oder Stoff, Form und Gewalt eines bürgerlichen und kirchlichen Staates. Hrsg. und eingeleitet von I. Fetscher (1. Aufl. 1651). Frankfurt

Holmes, R.L., 1982: Nozick on Anarchism. In: J. Paul 1982: S. 57 - 67

Hirsch, F., 1980: Die sozialen Grenzen des Wachstums. Eine ökonomische Analyse der Wachstumskrise. Reinbek b. Hamburg

Huntington, S., 1975: The United States. In: M. Crozier et al. (Hrsg.), The Crisis of Democracy. New York

Inglehart, R., 1977: The Silent Revolution. Princeton

Kaase, M. et al., 1981: Political Action. Beverly Hills

Kaltenbrunner, G.K. (Hrsg.), 1975: Der überforderte schwache Staat. Sind wir noch regierbar? München

Kern, L., 1980: Neue Vertragstheorien. Meisenheim

King, A. (Hrsg.), 1976: Why is Britain becoming harder to govern? London

Kliemt, H., 1980: Zustimmungstheorien der Staatsrechtfertigung. Freiburg

Koller, P., 1981: Zur Kritik der libertären Eigentumskonzeption. Analyse & Kritik 3, S. 139 - 154

Kopp, P., H.-P. Müller, 1980: Herrschaft und Legitimität in modernen Industriegesellschaften. Eine Untersuchung der Ansätze von Max Weber, Niklas Luhmann, Claus Offe, Jürgen Habermas. München

Locke, J., 1977: Zwei Abhandlungen über die Regierung. Hrsg. u. eingeleitet von W. Euchner (1. Aufl. 1690). Frankfurt/M.

Lukes, Steven, 1977: State of Nature. A Review of Robert Nozicks 'Anarchy, State and Utopia'. In: Ders., Essays in Social Theory, chapter 11, S. 191 - 195. London-Basingstoke

Machan, T.R. (Hrsg.), 1982: The Libertarian Reader. Totowa, N.J.

Müller, H.-P., 1983: Wertkrise und Gesellschaftsreform. Emile Durkheims Schriften zur Politik. Stuttgart

Müller, H.-P., Chr. Neusüß, 1970: Die Sozialstaatsillusion und der Widerspruch von Lohnarbeit und Kapital. Sozialistische Politik, 2, 6/7, S. 4 ff.

Münch, R., 1982: Basale Soziologie: Soziologie der Politik. Opladen

Nagel, Th., 1982: Libertarianism without Foundations. In: J. Paul 1982: S. 191 - 205
Nozick, R., 1974: Anarchy, State, and Utopia. New York (dt. o.J. (1976): Anarchie, Staat, Utopia. Mit einer Einführung von F.A. von Hayek. München)
Offe, C., 1972: Strukturprobleme des kapitalistischen Staates. Frankfurt/M.
Ders., 1975: Berufsbildungsreform. Eine Fallstudie über Reformpolitik. Frankfurt/M.
Ders., 1980: „Unregierbarkeit". Zur Renaissance konservativer Krisentheorien. In: J. Habermas (Hrsg.), Stichworte zur 'Geistigen Situation der Zeit'. Bd. 1. Frankfurt/M., S. 294 - 318
O'Neill, O., 1982: Nozick's Entitlements. In: J. Paul 1982: S. 305 - 322
Parsons, R., 1968a: The Structure of Social Action. A Study in Social Theory with reference to a group of recent european writers. Vol. I + II with a new introduction to the paperback edition. New York
Ders., 1968b: Durkheim, Emile. IESS, S. 311 - 320
Paul, J. (Hrsg.), 1982: Reading Nozick. Essays on *Anarchy, State, and Utopia.* Oxford
Paul, J., 1982a: The Withering of Nozick's Minimal State. In: Ders. 1982: S. 68 - 76
Popitz, H., 1969: Prozesse der Machtbildung. 2. Aufl. Tübingen
Rawls, J., 1971: A Theory of Justice. Oxford (dt. 1975, Eine Theorie der Gerechtigkeit. Frankfurt/M.)
Rousseau, J.-J., 1974: Der Gesellschaftsvertrag. Stuttgart
Scanlon, T.M., 1976/77: Nozick on Rights, Liberty, and Property. Philosophy and Public Affairs, 6, S. 3 - 25
Ders., 1977: Liberty, Contract, and Contribution. In: Market and Morals, ed. by G. Dworkin, G. Bermant, P.G. Brown, S. 43 - 67. New York-London-Sydney-Toronto
Scheuch, E.K., 1976: Wird die Bundesrepublik unregierbar? Köln
Schluchter, W., 1979: Die Entwicklung des okzidentalen Rationalismus. Eine Analyse von Max Webers Gesellschaftsgeschichte. Tübingen
Usher, D., 1983: Die ökonomischen Grundlagen der Demokratie. Frankfurt-New York
Vanberg, V., 1981: Liberaler Evolutionismus oder vertragstheoretischer Konstitutionalismus? Zum Problem institutioneller Reformen bei F.A. von Hayek und J.M. Buchanan. Mit einem erg. Beitrag von J.M. Buchanan. Tübingen
Williams, B., 1982: The Minimal State. In: J. Paul 1982: S. 27 - 36
Zintl, R., 1983: Individualistische Theorien und die Ordnung der Gesellschaft. Berlin

4.
ANWENDUNGEN VERTRAGSTHEORETISCHER ANSÄTZE

GEWERKSCHAFTEN ALS KORPORATIVE AKTEURE:
GRUPPENINTERESSEN UND DIFFERENTIELLE BETROFFENHEIT

Berndt Keller

1. Einleitung und Problemstellung

1.1. Innerhalb der in den USA und vor allem in England konzipierten *Theorien der industrial and labor relations* spielte bisher das individualistische Paradigma so gut wie keine Rolle. Sofern es — bei einer ausgesprochen starken anwendungsbezogenen Ausrichtung — überhaupt zu konzeptionellen Orientierungen kam, war die Dominanz systemtheoretischer Systematisierungs- und Formalisierungsversuche (Dunlopscher Prägung in den USA bzw. der Oxford-Schule in England) lange Zeit unangefochten. Besonders in den 70er Jahren wuchs die Bedeutung u.a. von konfliktorienten-pluralistischen sowie marxistischen Ansätzen, die aber ihrerseits ebenfalls kaum individualistisch orientiert waren (vgl. zusammenfassend Keller/Groser 1980, Schienstock 1982).

Arbeitsbeziehungen sind im Wissenschaftskanon der Bundesrepublik (noch) keine etablierte Disziplin. Insbesonders Fragen der Theoriebildung wurden in der Vergangenheit von den angesprochenen Fächern aus dem Bereich der Sozial- und Wirtschaftswissenschaften stark vernachlässigt. Die vor allem in den 70er Jahren zu verschiedenen Problemen der Gewerkschaften vorgelegten empirischen Arbeiten sind ebenfalls kaum explizit individualistisch ausgerichtet. Zwar werden gelegentlich auch derartige Argumente angeführt,[1] aber der methodologische Individualismus wird nirgendwo zum Paradigma erhoben.

Das *Ziel des individualistischen Programms*[2] besteht nicht nur in der Analyse von individuellem Handeln und individuellen Effekten, sondern gerade auch in der Erklärung sozialer Strukturen und Prozesse sowie kollektiver Phänomene. Hierzu werden
— explizit verschiedene Hypothesen über individuelles Handeln eingeführt, wobei in jüngster Zeit vor allem Theorien rationalen Handelns benutzt werden;
— soziale Bedingungen dieses individuellen Handelns (z.B. Gruppengröße, Markt) berücksichtigt, um die Beeinflussung durch soziale Kontexte zu erfassen;
— auch kollektive Effekte dieses individuellen Handelns in die Analyse einbezogen, wobei diese wechselseitige Abhängigkeit der Akteure durchaus zu nicht-beabsichtigten Folgen individuellen Handelns führen kann.
Die auf der Makroebene festgestellten empirischen Regelmäßigkeiten werden also durch das Zusammenwirken individueller Handlungen unter Einschluß der sozialen Rückwirkungen erklärt.

1.2. Coleman (1979) beschreibt in seiner Theorie des korporativen Handelns, wie sich im Verlauf der gesellschaftlichen Entwicklung eine neue Sozialstruktur herausgebildet hat, indem eine

Machtverlagerung von natürlichen Personen auf sog. *korporative Akteure* stattgefunden hat. Solche sozialen Einheiten — wie Vereine, Parteien, Wirtschaftsunternehmen, Staaten, aber auch Gewerkschaften — werden danach von Individuen, die an den eigenen Interessen orientiert handeln, zu einem bestimmten Zweck gegründet. Eigentümer — oder wie in unserem Fall — Mitglieder treten individuelle Ressourcen (hier besonders das Recht, Löhne und Arbeitsbedingungen auszuhandeln, sowie Geld in Form von Mitgliedsbeiträgen) ganz oder teilweise an eine Korporation ab. Der Grund hierfür besteht darin, daß sie von der gemeinsamen Nutzung größere Vorteile als beim individuellen Mitteleinsatz erwarten. Die Bildung von Gewerkschaften bezweckt also eine Milderung individueller Nachteile auf dem Arbeitsmarkt durch Übertragung von Individualrechten auf einen korporativen Akteur.

Korporative Akteure, also etwa Gewerkschaften, sind Netzwerke korporativer Mitgliedschaftsbeziehungen mit zentralen Koordinationsmechanismen (*Modell der Ressourcenzusammenlegung*), während Märkte dezentrale Netzwerke bilateraler Austauschbeziehungen und einem auf wechselseitiger Verhaltenskontrolle und -anpassung beruhenden Koordinationsmechanismus darstellen (*Marktmodell*). Beide Modelle sind als einander ergänzende Varianten individualistisch orientierter Sozialtheorie anzusehen (vgl. Vanberg 1982). Aus der Ressourcenzusammenlegung resultieren zwei Probleme:

— Wie wird über den Einsatz der zusammengelegten Ressourcen entschieden (*Problem der Organisation korporativer Entscheidungen*)?

— Wie wird das Gesamtergebnis des Einsatzes der gepoolten Ressourcen in individuelle Erträge separiert (*Verteilung des Korporationsertrages*)?

Diese beiden Probleme sollen im folgenden behandelt werden, um die Möglichkeiten des individualistischen Programms innerhalb des Systems der Arbeitsbeziehungen exemplarisch zu verdeutlichen.

2. Die Organisation korporativer Entscheidungen

2.1. In individualistischer Perspektive kann nicht von einer Interessenhomogenität *aller* Arbeitnehmer oder auch nur *aller* Organisationsmitglieder ausgegangen werden. Notwendig, wenn auch für die weitere Analyse keineswegs hinreichend, ist zunächst die *Unterscheidung von (Verbands-) Funktionären und Mitgliedern.*[3] Damit ist das seit der klassischen Analyse von Michels über die sozialdemokratische Partei unter Sozialwissenschaftlern immer wieder diskutierte *Oligarchieproblem* angesprochen, dem gerade auch in bezug auf Gewerkschaften vielfach Beachtung geschenkt worden ist.[4] Später ist in einer (inzwischen auch als klassisch zu bezeichnenden) Arbeit über eine Gewerkschaft in den USA behauptet worden, daß Michels 'ehernes Gesetz der Oligarchie' immer dann zutreffe, wenn es nicht gelinge, die Tätigkeiten von rivalisierenden Parteien innerhalb der Gewerkschaft zuzulassen (Lipset et al. 1956).

Coleman (1979) hat gezeigt, daß durch die Abtretung individueller Ressourcen an die Gruppe aus allen Ressourceneinbringern die tatsächliche und unmittelbare individuelle Kontrolle über den Einsatz dieser Macht verlorengeht. Das Ergebnis ist eine doppelte Verlagerung von Macht: Von natürlichen Personen auf korporative Akteure sowie von Korporationen auf deren Agenten (*Verselbständigung delegierter Macht*). Das in diesem Prozeß neu entstehende Interesse des korporativen Akteurs — genauer seiner Funktionäre — zielt auf eine Befreiung von denjenigen Beschränkungen, die ihm die Souveräne auferlegen. In der (expliziten oder impliziten) *(Verbands-) Verfassung* werden in Form von Verfahrensregeln die (individuellen und kollektiven) Rechte und Pflichten der natürlichen Personen und des korporativen Akteurs festgelegt;[5] diese Regeln organisierten Handelns umfassen besonders Mitbestimmungsrechte wie das Stimmrecht bei kollektiven Entscheidungen.

Gewerkschaften handeln nicht nur als Interessenverbände im politischen Kräftespiel gegenüber Politik und Öffentlichkeit, sondern wesentlich als Tarifpartner gegenüber den Arbeitgebern. Ihre Verbandsverfassungen kennen zunächst die bekannten Verfahrensregeln mit den üblichen verbandsdemokratischen Garantien in Form von Mehrheitsentscheidungen, die als pragmatischer Kompromiß zwischen Einstimmigkeits- und Jedermann-Regel zu verstehen sind. Bei diesen verbandsinternen Willensbildungsprozessen können unterschiedliche spontane Effekte auftreten (vgl. Wippler 1983). — Diese allgemeine Legitimation wird ergänzt durch eine *Sonderlegitimation der Tarifwillensbildung:* Bei wichtigen Entscheidungen, von denen die Mitglieder stark betroffen sind, muß deren Zustimmung eingeholt werden. Diese Bindung der Funktionärs- an die Mitgliederinteressen kann geschehen
— *direkt* durch unmittelbare Stimmabgabe (z.B. Urabstimmung vor und nach einem Streik mit z.T. ungewöhnlichen Quoten),
— oder *indirekt* durch legitimierte Organe (Delegation von Entscheidungskompetenz an z.B. die Große Tarifkommission).

Die Regelung dieser spezialisierten Willensbildung in den Verbandsverfassungen ist zumeist recht unbestimmt — und kann Mißbrauch der delegierten Macht nicht immer verhindern. Das Problem der Verteilungs- und Entscheidungsregeln des korporativen Akteurs ist durch die Beschreibung des formalen Verfahrens noch nicht befriedigend gelöst. Daher soll im folgenden der *Frage der faktischen Interessenberücksichtigung* stärker nachgegangen werden als der *Frage der verfassungsmäßigen Entscheidungsteilhabe.*

2.2. Im Rahmen eines *Modellbaus mit der Methode der abnehmenden Abstraktion,* d.h. der Kombination von Vereinfachungen mit der schrittweisen Approximation (vgl. Lindenberg 1981, S. 30 ff.), erfolgt nunmehr ein nächster Arbeitsschritt. Bisher wurde lediglich zwischen Mitgliedern *und* Funktionären unterschieden, so daß die Mitglieder als Gruppe mit homogenem Interesse aufgefaßt wurden. Da diese Konzeption jedoch in individualistischer Sichtweise problematisch ist, wird im folgenden zwischen verschiedenen *Mitgliedergruppen* — mit jeweils relativ gleichgerichteten Interessen — differenziert.[6] Verdeutlicht werden soll die Notwendigkeit dieser weitergehenden Unterscheidung zunächst am klassisch-zentralen Beispiel der *Lohnpolitik;* auf andere aktuelle Bereiche gewerkschaftlicher Politik wird in Abschnitt 3 eingegangen.

Lohnpolitische Kontroversen sind nicht nur Ausdruck unterschiedlicher Gruppenvorstellungen hinsichtlich des *Volumens,* sondern wesentlich auch der *Struktur* von Zuwächsen; Lohnpolitik ist notwendigerweise auch Lohnstrukturpolitik, die verschiedene Gruppen unterschiedlich stark begünstigt. — Idealtypisch kann die Gewerkschaft zwei unterschiedliche Strategien verfolgen: Zum einen werden häufig rein *prozentuale Erhöhungen* gefordert, die eo ipso die besser verdienenden Arbeitnehmer in den Hochlohngruppen stärker begünstigen, da die Lohnunterschiede — bei konstanten Relationen zwischen den Lohngruppen — in absoluten Beträgen zunehmen. Zum anderen können Erhöhungen um *fixe Beträge* angestrebt werden, wodurch die weniger verdienenden Arbeitnehmer in den Niedriglohngruppen relativ stärker profitieren, da sich — bei Konstanz der absoluten Differenzen — die relativen Unterschiede abschwächen.

Realtypisch werden diese beiden Strategien auch kombiniert, d.h. als innerverbandlich austarierter Kompromiß zwischen unterschiedlichen Gruppeninteressen eingesetzt, indem eine prozentuale Steigerung mit einem Sockel- bzw. Mindest-, d.h. Absolutbetrag verbunden wird; auch in diesem Fall profitieren die unteren Lohngruppen stärker als die oberen. Vor allem von Ende der 60er bis Mitte der 70er Jahre ist mehrfach die Berücksichtigung der „sozialen Komponente" von verschiedenen Gewerkschaften angestrebt worden. Erklärtes Ziel einer solchen Politik war der Abbau hoher Einkommensunterschiede sowie die Realisierung einer gerechten Lohnstruktur bzw. die Einebnung der existierenden Lohnstruktur.

Besonders bei kleiner werdenden materiellen Konzessionsspielräumen und dadurch bedingt härteren Auseinandersetzungen geriet eine solche Forderungspolitik in zunehmende Schwierigkeiten, die sich sowohl innerorganisatorisch als auch zwischenorganisatorisch, d.h. aus Aktionen der Arbeitgeber, ergaben:

1. Innerhalb der Gewerkschaft waren die besser verdienenden Gruppen kaum an einer Nivellierung der bestehenden Lohnstruktur interessiert; der bei derartigen Forderungen latente Interessenkonflikt wurde bald manifest. Die *Theorie des relativen Nachteils bzw. der relativen Ausbeutung* besagt, daß Anspruchsverhalten, welches durch Vergleiche mit Bezugsgruppen und -standards entscheidend geprägt wird, dazu führt, „daß Individuen oder Gruppen nicht statische und absolute, sondern auch relative und dynamische Maßstäbe dafür haben, die Abweichung sozialer Entwicklungen von sozialen Gerechtigkeitsnormen zu messen" (Pfromm 1975, S. 68). Bei empirischen Überprüfungen dieses Ansatzes wurde festgestellt, daß mit steigender Höhe des eigenen Einkommens die Meinung zunimmt, relativ benachteiligt zu sein (Diskrepanz zwischen Einkommensungleichheit und Bewußtsein relativer Einkommensbenachteiligung). Diese relative Benachteiligung wird von Beziehern höherer Einkommen stärker abgelehnt als von Beziehern niedrigerer Einkommen (Diskrepanz zwischen Einkommensungleichheit und Kritik an relativer Einkommensbenachteiligung). Die Ansicht einer eigenen Übervorteilung im horizontalen Verteilungskonflikt führt zur Forderung einer Gleichbehandlung mit relevanten Bezugsgruppen (vgl. Runciman 1972). Jede Nivellierung wird von den mehr verdienenden als subjektive Benachteiligung gegenüber den weniger verdienenden Gruppen empfunden.

2. Grundsätzlich hängt die Durchsetzbarkeit von Forderungen natürlich auch vom *kollektiven Handeln der Arbeitgeber* ab, deren Konzessionsbereitschaft bei unterschiedlichen Forderungen

erheblich differiert: So sind Forderungen im Rahmen der sog. qualitativen Tarifpolitik (vgl. Abschnitt 3) nur schwer durchsetzbar; beim Lohn hängt die Konzessionsbereitschaft wesentlich von der jeweiligen konjunkturellen Situation ab. – Der Widerstand der Arbeitgeber gegen eine nivellierende Lohnpolitik war dann besonders stark, wenn der Anteil der wenig Verdienenden hoch war. Die Arbeitgeber haben solche Forderungen zumeist scharf abgelehnt: Leistungsanreize würden vermindert, gerade der untere Bereich der Lohnskala würde verteuert und damit zusätzliche Anreize zur Rationalisierung geschaffen, die bestehende Lohnstruktur würde verzerrt. Relativ erfolgreich im Vergleich zur Privatwirtschaft war die nivellierende Lohnpolitik der ÖTV in den frühen 70er Jahren (vgl. Keller 1983a, S. 119 ff.).

Auch die *Verbandsfunktionäre* dürfen natürlich in individualistischer Perspektive nicht als homogene Gruppe behandelt werden. Interessenunterschiede ergeben sich nicht nur zwischen Mitgliedern und Funktionären (vgl. das erwähnte Oligarchieproblem) und nicht nur innerhalb der Mitglieder, sondern auch *innerhalb* der Gruppe der Funktionäre. Diese Konflikte können u.a. daraus resultieren, daß die einen in der Verbandsspitze tätig sind und dadurch eine „solidarische" Verbandspolitik anstreben oder z.B. neo-korporatistischen Strategien verpflichtet sind, während die anderen auf betrieblicher Ebene tätig sind und damit den gesetzlichen Regelungen des BetrVG unterworfen sind (z.B. Streikverbot), stärker unter dem Druck ihrer „Basis" stehen und eine an betriebsspezifischen Interessen orientierte, „partikularistische" Politik betreiben. Interessenunterschiede resultieren jedoch allein daraus, daß die Randbedingungen des jeweiligen individuellen und kollektiven Handelns unterschiedlich sind – und nicht wie in anderen Ansätzen z.B. aus individualpsychologischen Charaktereigenschaften, individuellem Fehlverhalten oder mangelnder demokratischer Kontrolle durch die Basis. – Diesem Teilproblem soll jedoch im folgenden aus forschungsökonomischen Gründen nicht weiter nachgegangen werden (vgl. hierzu jüngst u.a. Crouch 1982, S. 176 ff., Keller 1983b, S. 73 f.).

2.3. Der Grad der Interessenheterogenität hängt u.a. wesentlich ab vom *Organisationsprinzip.* Falls das industrieverbandliche Prinzip dominiert – wie in der Bundesrepublik oder in den skandinavischen Ländern – sind in stärkerem Maße als etwa bei Berufsverbänden unterschiedliche Interessen vorhanden, die sich aus Kriterien wie Beruf, Qualifikationsniveau, Betriebszugehörigkeit, Status, Religion und politischer Ausrichtung ergeben. Bei Industriegewerkschaften werden die spezifischen Interessen charakteristischerweise stärker mediatisiert, da sie mit den Interessen anderer Gruppen abgestimmt und verschränkt werden müssen; dadurch werden innerverbandliche Probleme der Interessenaggregation und -transformation geschaffen sowie Abstimmungsprozesse notwendig gemacht. Die Interessenwahrnehmung durch Industriegewerkschaften basiert auf einer internen Umverteilung der Verhandlungsmacht von arbeitskampfstarken Mitgliedergruppen auf schwache; die Organisationsmacht hängt hierbei entscheidend von der Handlungsfähigkeit und -bereitschaft ihrer konfliktfähigen Gruppen ab, welche letztendlich die gemeinsamen Interessen aller durchsetzen.

In die gemeinsame Verbandspolitik gehen häufig nur bestimmte Interessen ein. Diese müssen entweder relativ verallgemeinerungsfähig und damit von betriebsspezifischen Bedingungen weitgehend unabhängig sein (insbesondere quantifizierbare Interessen wie Lohnsteigerung oder früher allgemeine Arbeitszeitverkürzung), oder sie müssen mit anderen Gruppeninteressen wirksam koalieren können (sog. *logrolling behavior* wie beim allgemeinen politischen Tausch). Tarifpolitik konzentriert sich so auf wenige, relativ abstrakte Gegenstände und kann dadurch zunehmend selektiv wirken. Die übrigen gruppenspezifischen „Sonderinteressen" haben kaum Aussicht auf erfolgreiche Repräsentation, zumal sie häufig zueinander in Konkurrenz stehen: Schwerbeschädigte oder ältere Arbeitnehmer können nur auf staatliche Maßnahmen hoffen; die Angehörigen von Leichtlohngruppen, die zudem in vielen Wirtschaftszweigen häufig Frauen sind, sind ebenfalls zu schwach organisiert, um auf vehemente gewerkschaftliche Untersützung rechnen zu können (vgl. zu den betroffenen Gruppen im einzelnen Abschnitt 3).

2.4. Bisher ist ausschließlich die *Binnenstruktur* behandelt worden. *Nach außen* verfügen Industriegewerkschaften über ein effektives Monopol der Interessenvertretung in den wichtigen Zweigen der Volkswirtschaft. Sie müssen in stärkerem Maße als andere – etwa Berufsverbände – Rücksicht nehmen auf industrielle Randbedingungen ihres Handelns in Form gesamtwirtschaftlicher Folgen ihrer Verbandspolitik (u.a. Beschäftigungsniveau, Preisniveaustabilität, Wirtschaftswachstum), da sie die Bereitstellung dieser Güter wesentlich beeinflussen. Hierbei handelt es sich im übrigen um Kollektivgüter, von deren Konsum ex definitione *kein* Gruppenmitglied ausgeschlossen werden kann, wenn sie überhaupt erstellt werden (Olson 1968).

Für die übrigen korporativen Akteure (insbesonders staatliche Agenturen) ist es häufiger einfacher und erfolgversprechender, mit wenigen großen Organisationen (vor allem deren Dachverband) zu kooperieren als mit vielen kleinen; der Ausgleich heterogener Interessen ist im zuerst genannten Fall bereits erfolgt, indem eine Konfliktverlagerung in die Organisation hinein stattgefunden hat. Dies gilt etwa im Rahmen staatlicher Einkommenspolitiken, die in verschiedenen westeuropäischen Ländern vor allem in den 70er Jahren die staatliche Konjunktur- und Beschäftigungspolitik stützen sollten.[7] Als wesentliche Voraussetzung für den Erfolg einer solchen Politik gilt, daß die Verbandsmitglieder auf die von ihren Funktionären ausgehandelten Kompromisse auch tatsächlich verpflichtet werden können (Weitbrecht 1969); dies braucht bei weitem nicht immer der Fall zu sein, es sei denn man unterstellt völlig unrealistisch eine Interessenidentität aller Beteiligten. Cet.par. gilt, daß mit dem Zentralisierungsgrad der Einkommenspolitik auch die Interessenheterogenität zu- und die Kontrollchance abnimmt.

Berufsverbände hingegen, in denen sich – wie etwa in Großbritannien – die Angehörigen desselben Berufs bzw. der gleichen Tätigkeit zusammenschließen, können eher als „Grenzmoralisten" handeln; sie nutzen ihren gruppenindividuellen Spielraum in Tarifverhandlungen zu ihren Gunsten (und auf Kosten nicht-intendierter Folgen für andere Gruppen), da ihr Einfluß als kleine Gruppe auf makroökonomische Größen unmerklich ist – und sie daher nicht zu kümmern braucht. Wenn sie sich „stabilitätsbewußt" verhielten anstatt die Außenseiterposition einzunehmen, würden sie sich selbst in eine für sie ungünstige Position bringen, zumal ein entsprechendes Handeln der übrigen Gruppen nicht ohne weiteres erwartet werden kann. – Berufsverbände können auch ein breiteres, über die hochgradig verallgemeinerbaren Interessen hinausgehendes Spektrum von Mitgliederbelangen repräsentieren, da die Interessenheterogenität weniger stark ausgeprägt ist als bei Industrieverbänden.

3. Die Verteilung des Korporationsertrages: Zur aktuellen Situation

3.1. Individuelle Beiträge zum Korporationsertrag und erwartbare Erträge (als Anreize für derartige Investitionen) hängen innerhalb des Modells der Ressourcenzusammenlegung lediglich *mittelbar* zusammen, nämlich über besondere Verteilungsregeln, während sie beim Austauschmodell *unmittelbar* voneinander abhängig sind (vgl. Abschnitt 1). Aus der Perspektive des einzelnen Mitglieds besteht also eine Besonderheit der Verbandsleistungen darin, daß diese nicht einzeln, sondern als Paket angeboten werden. Die individuellen Beiträge zur Kollektivguterstellung können absolut (alle zahlen denselben Betrag) oder relativ (alle zahlen einen prozentualen Anteil ihres Einkommens) gleich sein. Wollte man einzelne Mitglieder gemäß ihren individuellen Präferenzen zur Finanzierung heranziehen, entstünde das für große (latente) Gruppen typische Problem, daß die eigenen Vorteile unterschätzt angegeben würden. Darüber hinaus ist der einzelne daran interessiert, daß die übrigen Mitglieder die Finanzierung übernehmen; weiterhin wäre eine solche Regelung kaum praktikabel (vgl. zu einer konträren Einschätzung dieses Problems Bennett/Johnson 1979, S. 168 f.). Damit ergibt sich das Problem, daß für einzelne Mitglieder Kosten und Nutzen nicht unbedingt in einem ausgewogenen Verhältnis zueinander stehen. Bei einer Unterscheidung in private und kollektive Güter zeigt sich, daß beide Formen nicht eindeutig zugerechnet werden können.

Derartige interne Konflikte der Präferenzenheterogenität müssen in der praktischen Verbandspolitik gelöst werden, um zu verhindern, daß unzufriedene Gruppen (mit großer Verhandlungsmacht) ihre Interessen separat durchzusetzen versuchen. In der oben bereits skizzierten *Lohnpolitik* geschieht dies häufig durch zwei Strategien:

1. In *verschiedenen* Lohnrunden wurden die heterogenen Gruppeninteressen unterschiedlich stark berücksichtigt, indem etwa in der einen Runde Sockelbeträge, in der anderen hingegen rein prozentuale Erhöhungen gefordert wurden. Insofern sind einzelne Tarifrunden nicht unabhängig voneinander; es bestehen vielmehr Rückkopplungsprozesse und zurückliegende Tarifrunden gehören zu den strategischen Variablen, welche die nachfolgenden beeinflussen. Kurzfristige Unzufriedenheit muß dann nicht manifest werden, wenn die Betroffenen realistischerweise davon ausgehen können, daß ihre Interessen *auf Dauer* gesehen hinreichend berücksichtigt werden.[8] Insofern kann davon gesprochen werden, daß organisationsintern implizite Verträge abgeschlossen werden (vgl. zur Idee des impliziten Gesellschaftsvertrags Ballestrem 1983).

2. *Innerhalb einer einzelnen* Runde werden häufig sog. Paketforderungen gestellt (z.B. x % Lohn- und Gehaltserhöhung, Verbesserung der Urlaubsregelungen sowie Anhebung der Ausbildungsvergütungen). Die innerverbandliche Konkurrenz unterschiedlicher Partikularinteressen soll so austariert werden. Aus Gründen der Rekrutierung potentieller Mitglieder bzw. wegen der Konsolidierung des aktuellen Mitgliederstandes werden gelegentlich gruppenspezifische Probleme in den Forderungs*katalog* aufgenommen. Derartige „Pakete", bei denen häufig die sog. Nebenforderungen besonders anschaulich sind (z.B. Urlaubsgeld oder -regelung), sind sowohl organisationsintern als auch im Verhandlungsprozeß mit den Arbeitgebern häufig kompromißfähiger als Einzelforderungen.[9]

Allgemein gilt, daß explizit ausformulierte Verteilungsregeln nicht bestehen — und in den Verbandsverfassungen wohl auch gar nicht formuliert werden können; stattdessen werden in der Verbandspolitik pragmatische Kompromisse in der gerade geschilderten Art geschlossen. Empirisch detailliert läßt sich zeigen, daß einzelne Mitgliedergruppen von einem solchen Paket, dem Korporationsertrag im Sinne von Coleman, in unterschiedlichem Ausmaß profitieren. Dies gilt — wie bereits skizziert — beim Lohn, aber gerade auch — wie im folgenden zu zeigen sein wird — bei anderen Forderungen, die unter veränderten Randbedingungen zunehmend wichtiger werden.

3.2. Innerhalb des hier verfolgten Ansatzes des methodologischen Individualismus liegt das *theoretische* Primat bei der Handlungs-(Nutzen-)theorie, das *analytische* Primat hingegen bei sozialen und strukturell-institutionellen Phänomenen (vgl. Lindenberg 1981, S. 31 f.; 1983a, S. 150; 1983b, S. 20). Angewandt auf unser Problem bedeutet dies folgendes. Zumindest von Beginn der 60er bis ca. Mitte der 70er Jahre war „Beschäftigung" unter den Rahmenbedingungen von nahezu permanentem Wirtschaftswachstum und Vollbeschäftigung ein typisches Kollektivgut; dessen Bereitstellung verursachte den Gewerkschaften (außer einem eher passiven Zutun durch mäßige Lohnabschlüsse) kaum Probleme, da es für Mitglieder *und* Nicht-Mitglieder gleichermaßen von den Arbeitgebern auf dem Arbeitsmarkt angeboten wurde. Wir haben es hier mit der (von Olson, 1968, nicht näher analysierten) Situation zu tun, daß das Kollektivgut im wesentlichen *außerhalb* der Gruppe erstellt wurde. Stattdessen konnte sich die Verbandspolitik auf andere Güter konzentrieren, bei deren Realisierung sie aufgrund der ökonomischen Gesamtsituation auch relativ erfolgreich war (besonders Lohnerhöhungen und allgemeine Arbeitszeitverkürzungen).

Unter den veränderten Rahmenbedingungen einer andauernden und sich verschärfenden weltweiten Krise mit hoher Arbeitslosigkeit und kleiner werdenden materiellen Konzessionsspielräumen wurde es seit Mitte der 70er Jahre zunehmend schwieriger — wenn nicht gar unmöglich — (Real-) Lohnerhöhungen durchzusetzen. Verteilungspolitische Erfolge der späten 60er und frühen 70er Jahre, wie sie sich im Anstieg der bereinigten Lohn- durch Kompression der Gewinnquote zeigten, wurden rückgängig gemacht; schon die Sicherung des „Besitzstandes" geriet zum Problem, so daß selbst dieses Minimalziel über mehrere Jahre hinweg nicht erreicht werden konnte. Insofern befindet sich die *„quantitative", monetär ausgerichtete Tarifpolitik* seit dem Ende des säkularen Wachstums in einer zunehmend prekären Situation.

Gleichzeitig haben sich, bedingt durch technische und arbeitsorganisatorische Maßnahmen der Arbeitgeber, die Rahmenbedingungen für korporatives Handeln der Gewerkschaften auch in weiteren Politikdimensionen wesentlich verändert. Seit Mitte der 70er Jahre ergibt sich für bestimmte Gewerkschaften (vgl. im einzelnen Abschnitt 3.4.) die Notwendigkeit, *„qualitative", nicht-monetär ausgerichtete Tarifpolitik* betreiben zu müssen, um eine tarifpolitische Regelung von Arbeitsbedingungen und Beschäftigungsproblemen zu erreichen. Diese neue Tarifpolitik wirkt jedoch in stärkerem Maße selektiv als die alte, indem sie bestimmten Gruppen relative Vorteile verschafft (z.B. betriebliche bzw. tarifliche Besitzstandssicherung, Schutz gegen Abgruppierung). Derartige Forderungen sind im übrigen nur schwer durchsetzbar, da die Arbeitgeber (als einer der anderen korporativen Akteure innerhalb des Systems der Arbeitsbeziehungen) eine Ausweitung der Verhandlungsgegenstände mit allen ihnen zur Verfügung stehenden Mitteln zu verhindern suchen.

Die durch Arbeitgeberstrategien veränderte Situation — besonders auf dem Arbeitsmarkt — führt zu einer zunehmenden Interessendifferenzierung und Marginalisierung. Als generelle Entwicklungstendenz hinsichtlich des Verallgemeinerungsgrades der Mitgliederinteressen zeigt sich eine Transformation universalistischer (d.h. umfassender solidarischer) Formen gewerkschaftlicher Politik in partikularistisch-berufsständische (zugunsten hegemonialer Interessen eines begrenzten Mitgliederstammes) (vgl. Brandt et al. 1982). „Beschäftigung" wird zunehmend zum knappen und damit gruppenspezifischen Kollektivgut, dessen Bereitstellung bzw. Erhaltung *vor allem für Gewerkschaftsmitglieder* angestrebt wird.

Diese Interessenpolitik ist *Ausdruck der unterschiedlichen gruppenspezifischen Organisationsgrade;* die von Arbeitsmarktrisiken am ehesten Betroffenen (vgl. Abschnitt 3.5.) sind auch innerhalb der Gewerkschaft weitgehend marginalisiert; „nicht nur liegt ihr Organisationsgrad erheblich unter dem der männlichen Facharbeiter, sondern auch ihre Repräsentanz in den Entscheidungsgremien ist wesentlich niedriger als ihr Mitgliederanteil. Damit verfügen sie nicht . . . über einen organisatorischen Hebel zur Verteidigung ihrer Interessen" (Müller-Jentsch 1979, S. 193 f.; vgl. auch die quantitativen Angaben zu diesem Sachverhalt bei Heinze et al. 1981, S. 22 ff.). Die *gewerkschaftliche Mitglieder- und Repräsentationsstruktur* ist also die entscheidende Determinante des korporativen Handelns.[10]

Dieser Logik der kollektiven Interessenvertretung folgend verschärft gewerkschaftliche Interessenpolitik *unfreiwillig* die Krisenbetroffenheit der am Arbeitsmarkt ohnehin benachteiligten Gruppen (u.a. Frauen, Jugendliche, Ausländer, Unqualifizierte) zugunsten von anderen Gruppen (u.a. männliche Facharbeiter im Druckgewerbe und Maschinenbau, Produktionsarbeiter mit betriebsspezifischer Qualifikation in der Chemieindustrie, Arbeitsplatzbesitzer im öffentlichen Dienst). Die notwendige Mitgliederorientierung der Verbandspolitik verschärft also die sozio-ökonomischen Unterschiede zwischen organisierten und nicht-organisierten Gruppen im Sinne unbeabsichtigter Handlungsfolgen in Interdependenzsituationen, so daß *paradoxe Effekte* auftreten; diese liegen bekanntlich dann vor, „wenn zwei (oder mehrere) Individuen in Verfolgung gegebener Ziele einen *nicht beabsichtigten* Sachverhalt schaffen, der aus der Sicht beider oder eines Betroffenen unerwünscht sein kann" (Boudon 1979, S. 68).[11]

Rhetorik und anderslautende Grundsatzerklärungen, welche die Fiktion von Interessenhomogenität und „Gerechtigkeit" aufrechtzuerhalten suchen, ändern wenig an diesem Sachverhalt. Konkret: Im Grundsatzprogramm des DGB beschränkt sich der politische und gesellschaftliche Anspruch nicht auf die Vertretung bestimmter Gruppeninteressen, sondern will „die wirtschaftlichen, sozialen und kulturellen Interessen aller Arbeitnehmer und ihrer Familien wahrnehmen und damit den Erfordernissen des Gesamtwohls dienen". Bei der Erklärung der praktischen Verbandspolitik und ihrer Probleme ist die offizielle „Philosophie" der „Einheitsgewerkschaft" jedoch nicht sonderlich aufschlußreich: Zumindest unter den Rahmenbedingungen der gegenwärtigen Krise sind Gewerkschaften gerade nicht Interessenvertreter aller abhängig Beschäftigten bzw. Solidargemeinschaft der Arbeitnehmer, sondern sie vertreten im wesentlichen die spezifischen Belange ihrer Mitglieder (besonders Arbeitsplatzinteressen).

3.3. Von den Arbeitgebern eingeleitete *Rationalisierungen der Arbeitsorganisation und des Produktionsprozesses* warfen in den 60er und frühen 70er Jahren aus gewerkschaftlicher Perspektive kaum Probleme auf, da die „freigesetzten" Arbeitnehmer aufgrund der günstigen allgemeinen Arbeitsmarktbedingungen (Vollbeschäftigung) andere Beschäftigungsmöglichkeiten fanden. Die Verbandspolitik brauchte sich — abgesehen von wenigen schrumpfenden Branchen und Betriebsstilllegungen — kaum ernsthaft um Rationalisierungsfolgen zu kümmern, häufig wurden derartige Maßnahmen sogar ausdrücklich begrüßt.

Diese Situation hat sich gründlich verändert. Die von mehreren Gewerkschaften ausgehandelten *Rationalisierungsschutzabkommen* sollen möglichst vielen Arbeitsplatzbesitzern die knappen Arbeitsplätze erhalten oder zumindest die individuellen Folgen des Arbeitsplatzverlustes mildern, ohne aber Arbeitslosen zu Stellen verhelfen zu können. Gleichzeitig verteilen solche Abkommen das Risiko des Arbeitsplatzverlustes ungleich auf verschiedene Gruppen (z.B. nach Dauer der Betriebszugehörigkeit oder nach Lebensalter). Hier zeigt sich wie in der übrigen Beschäftigungspolitik, daß nicht alle Gruppen gleichermaßen von Krisen betroffen werden: So werden Arbeitsplatzbesitzer gegenüber Arbeitslosen[12] begünstigt, innerhalb der Gruppe der Arbeitsplatzbesitzer werden Kern- gegenüber Randbelegschaften[13] bevorteilt.

Gewerkschaftlich organisierte Kampfmaßnahmen (kollektiver Widerspruch im Sinne des Hirschmanschen Theorems, 1974) treten kaum in solchen Bereichen auf, in denen der Organisationsgrad und damit der innergewerkschaftliche Repräsentationsgrad gering ist; sie werden häufig erst dann ergriffen, wenn die hochgradig organisierten Gruppen der sog. Stammbelegschaften von Rationalisierungsmaßnahmen betroffen sind. In der Terminologie von Olson handelt es sich um sog. *mittelgroße Gruppen:* Bei ihnen ist zum einen die Wirksamkeit des individuellen Beitrags zum Kollektivgut Widerspruch nicht nur von marginaler Bedeutung wie in großen Gruppen; zum anderen bieten sie positive selektive Anreize vor allem wirtschaftlicher Art, welche die Mitglieder zur Beteiligung an der Kollektivguterstellung veranlassen.[14]

3.4. Die Betroffenheit ist nicht nur wie bisher analysiert *innerhalb,* sondern auch *zwischen* den Industriegewerkschaften unterschiedlich (vgl. im einzelnen Billerbeck et al. 1982). Insofern bestimmt sich die jeweilige Organisationspolitik wesentlich als Reaktion auf spezifisch veränderte Rahmenbedingungen. Die Bestimmung allgemeiner Trends in Form intersektoral-vergleichender Gesamteinschätzungen lassen sich immer nur als Verallgemeinerungen und Abstraktionen von differierenden Branchenentwicklungen (hinsichtlich Interessengrundlage und Organisationsstruktur) begreifen:

1. Im Organisationsbereich der IG Metall hat es wegen der Veränderungen der Produktionsstruktur vor allem Rationalisierungsschutzpolitik gegeben (Lohnrahmentarifvertrag II in NW/NB 1973, Absicherungstarifvertrag 1978, Arbeitskampf um Arbeitszeitprobleme 1978/79).

Besonders in der Druckindustrie fanden Mitte der 70er Jahre sowohl eine Verdrängung von Facharbeitern als auch Dequalifizierungsprozesse statt, so daß die IG Druck und Papier aufgrund der Betroffenheit von Mitgliederkernen eine qualitativ neue Politik der Besitzstandssicherungen betreiben mußte (Tarifvertrag über Einführung und Anwendung rechnergesteuerter Textsysteme – RTS Tarifvertrag 1978). – Diese Verbandspolitiken stießen auf den aktiven Widerstand der Unternehmer(verbände) und waren deshalb summa summarum nicht sonderlich erfolgreich: Lediglich monetäre Abfindungen konnten durchgesetzt werden.[15]

2. Andere Organisationen – besonders die ÖTV – konnten wegen der in ihrem Zuständigkeitsbereich andersartigen Rahmenbedingungen (bisher kaum umfassende Rationalisierungsstrategien der öffentlichen Arbeitgeber, gesetzlich garantierte bzw. tarifvertraglich vereinbarte Arbeitsplatzsicherheit) die traditionelle Lohnpolitik weitgehend und ungebrochen fortsetzen, ohne qualitativ neue Elemente in die Tarifpolitik einbeziehen zu müssen.[16] Bei den großen Organisationen in der Privatwirtschaft ist vor allem bei der IG Chemie-Papier-Keramik weiterhin von einem Primat der Lohnpolitik auszugehen.

3.5. Die vorliegenden empirischen Untersuchungen machen eine Revision der neoklassischen ökonomischen Wettbewerbstheorie notwendig, d.h. eine Aufspaltung des (homogenen vorgestellten, tatsächlich aber heterogenen) Arbeitsmarktes in (tatsächlich einigermaßen homogene) Teilarbeitsmärkte. Dieser wichtige analytische Schritt wird innerhalb der *Theorien der Arbeitsmarktsegmentation* vollzogen, wobei Segmentation die Gliederung in Teilarbeitsmärkte meint, „innerhalb derer die Allokation, Gratifizierung und Qualifizierung der Arbeitskräfte einer besonderen und mehr oder weniger stark institutionalisierten Regelung unterliegt" (Sengenberger 1975, S. 29). Die Existenz von Segmentationen ist in den vergangenen Jahren für verschiedene nationale Arbeitsmärkte empirisch nachgewiesen worden (neben zahlreichen Studien für die USA, für die Bundesrepublik etwa Biehler et al. 1981, Biehler/Brandes 1981, für die Schweiz Lewin 1982). Für die Bundesrepublik ist vor allem die *Theorie des dreigeteilten Arbeitsmarktes* empirisch erhärtet worden, die berufsfachliche, betriebsinterne und externe („Jedermann-") Segmente unterscheidet.

Die früher relevante Segmentierung nach Berufen wurde in der Nachkriegszeit im Verlauf von Mechanisierung und Automation zunehmend durch eine *betriebszentrierte* abgelöst; diese besondere Form der Arbeitsmarktsegmentation meint „die Entstehung innerbetrieblicher Teilmärkte, die mehr oder minder stark nach außen abgeschlossen sind und bestimmten, meist größeren Teilen der Belegschaft („Stammbelegschaften") als Gegenleistung gegen hohe Betriebsloyalität und -bindung Qualifizierungs- und Aufstiegschancen und eine sichere langfristige Beschäftigungsperspektive anbieten" (Lutz/Sengenberger 1980, S. 294). Verursacher dieser Prozesse sind Arbeitgeberstrategien über die Sicherung bzw. Verbesserung der einzelwirtschaftlichen Rentabilität von Humankapitalinvestitionen, wobei Humankapital die produzierte und produktive Qualifikation der Arbeitskräfte meint.[17]

Die verschiedenen, zu Beginn der 70er Jahre in den USA entwickelten *Theorien der Arbeitsmarktsegmentation* haben sich leider bisher nicht systematisch mit dem Einfluß der Gewerkschaften (als Institution des Arbeitsmarktes) befaßt — et vice versa. Bringt man beide Betrachtungsweisen zusammen, läßt sich zeigen, daß gewerkschaftliche Interessenpolitik sowohl diese Segmentationen als Handlungsgrundlage benutzt als auch die auf verschiedenen Teilarbeitsmärkten erzeugten Benachteiligungen verschärft.[18] Wohlgemerkt: Aufgrund von Arbeitsmarktsegmentationen, die auch unter den Bedingungen von ökonomischer Prosperität und Vollbeschäftigung bestehen, aber nicht zum Problem werden, existiert eine ungleiche Verteilung von Risiken auch ohne und unabhängig von Interessenorganisationen. Insofern sind Gewerkschaften, die zu institutionalisierten Wettbewerbsbeschränkungen beitragen, für die nicht-intendierten Folgen ihres korporativen Handelns nur begrenzt verantwortlich.

Gewerkschaftliche Interessenpolitik im oben skizzierten Sinne läßt sich nunmehr folgendermaßen charakterisieren: Sie wirkt weitgehend zugunsten von Arbeitsplatzbesitzern innerhalb der (institutionell verfestigten) internen Märkte, die zum *primären Segment* mit stabilen Beschäftigungsverhältnissen gehören und gegen die Interessen von Arbeitsplatzinhabern auf externen Märkten, die zum *sekundären Segment* mit instabilen Beschäftigungsverhältnissen gehören; für letztere kumulieren sich so die Benachteiligungen.[19] „Der Prozeß unterliegt der zirkulären Verstärkung nach etwa folgendem Muster: Instabile Erwerbsverhältnisse und damit geringe Betriebsbindung schwächt die Neigung der betroffenen Arbeitnehmer zu gewerkschaftlicher Organisation, erzeugt gewerkschaftliche Organisationsdefizite, mindert die Chancen für kollektive Interessenvertretung und forciert die Differenzen in den Beschäftigungsbedingungen gegenüber den gut vertretenen Beschäftigungsgruppen" (Lutz/Sengenberger 1980, S. 299).

Betriebszentrierte Arbeitsmärkte werden ihrerseits bei innerbetrieblichen Rationalisierungsmaßnahmen der Arbeitgeber segmentiert; hierbei wird — wie bereits belegt — auch durch Interessenpolitik der Gewerkschaft die Krisenbetroffenheit marginalisiert. Konkret bedeutet dies u.a. folgendes: Im „dualen System der Interessenvertretung" sind Betriebsrat (als gesetzlich verankerte betriebliche Interessenvertretung mit spezifischen Rechten und Pflichten) und Gewerkschaft (als freiwillige, überbetriebliche Interessenvertretung) formal unabhängig voneinander. Faktisch sind Betriebsräte jedoch in der überwiegenden Mehrzahl auch Mitglieder und Funktionäre von Gewerkschaften. Sie entscheiden nicht nur bei Einstellungen mit, sondern sind auch wesentlich an der Umsetzung tarifvertraglicher Regelungen in die betriebliche Praxis beteiligt; schließlich haben sie einen erheblichen Einfluß bei Entlassungen — und damit auf den unter den gegenwärtigen Bedingungen immer wichtiger werdenden Komplex der „Arbeitsplatzsicherheit". Diese Einflußmöglichkeiten werden häufig zugunsten der hochgradig organisierten Gruppen genutzt, die eben nicht zufällig über die Arbeitsmarktsegmente verteilt sind.[20]

Wichtig ist in diesem Zusammenhang die Tatsache, daß trotz des industrieverbandlichen Organisationsprinzips mit weiträumigen Tarifverträgen die Beeinflussung zentraler arbeitsmarktprozessualer Bedingungsfaktoren *auf der betrieblichen Ebene* gelingt — eben über den Betriebsrat, dessen Interessenvertretung notwendigerweise diskriminiert. Hier wird zugleich deutlich, daß nur ein (wenn auch ein erheblicher) Teil der Gewerkschaftsleistungen echte Kollektivgüter im oben definierten Sinne darstellt (z.B. Lohnerhöhungen, Verbesserungen der allgemeinen

Arbeitsbedingungen, Arbeitszeitverkürzung), während ein anderer Teil durchaus Charakteristika von privaten Gütern haben kann.

Eine allgemeine Unternehmerstrategie besteht darin, höher qualifizierte Arbeitskräfte aus Gründen der Konfliktminimierung, der Hortung von Qualifikationen und der Amortisation von hohen Humankapitalinvestitionen bei innerbetrieblichen Rationalisierungen zunächst nicht zu entlassen, sondern lediglich herabzustufen. Entlassen werden stattdessen die konflikt- und leistungsschwächeren niedrig qualifizierten Arbeitnehmer. Im Sinne dieser Externalisierung von Krisenbetroffenheit[21] wirken auch Maßnahmen wie Einstellungsstops, Abfindungsaktionen (Verteuerung von Entlassungen) und Frühverrentungsmaßnahmen durch Vorgriff auf Systeme der sozialen Sicherung (vgl. Hoffmann 1981, S. 426 f.; Hofemann/Schmitt 1980, S. 40).

4. Schluß

Anwendungen eines Paradigmas in bislang unberücksichtigten Bereichen bezeichnet Kuhn (1981) in seinem methodologischen Programm als *Normalwissenschaft.* Diese Tätigkeit des Rätsellösens beinhaltet bekanntlich
— die Bestimmung bedeutsamer Fakten,
— die gegenseitige Anpassung von Fakten und Theorie,
— die Artikulierung der Theorie.

In diesem Sinne sollte ein Beitrag zur kumulativen Ausarbeitung des strukturindividualistischen Paradigmas geleistet werden.

Die Analyse hat gezeigt, wie mit Hilfe dieses Paradigmas konkrete Gewerkschaftsprobleme (Organisation korporativer Entscheidungen und Verteilung des Korperationsertrages im Sinne von Coleman) erklärt werden können. Individuelles und kollektives Handeln von Arbeitnehmern und ihren Organisationen läßt sich als rational kalkulierter Versuch der Interessendurchsetzung innerhalb gegebener Randbedingungen auffassen. Vom Standpunkt der Gewerkschaftsforschung her kann eine derartige, bisher nicht systematisch betriebene Orientierung die Bemühungen um die analytische Durchdringung des Gegenstandsbereichs wesentlich bereichern. Der eingeschlagene Weg ist grundsätzlich erfolgversprechend und sollte deshalb weiterverfolgt werden.

Die vorgelegte Analyse ist notwendigerweise unvollständig insofern, als sie die übrigen korporativen Akteure nicht systematisch einbezieht; insbesonders die Handlungen der Arbeitgeber(verbände) müssen stärker berücksichtigt werden, um eine Analyse der Interdependenzsituation zu ermöglichen. Hierzu müssen die strategisch ausgerichteten Handlungen der Arbeitgeber in stärkerem Maße endogenisiert werden als dies bisher geschehen ist.

Gewerkschaften reagieren häufig mehr auf Aktionen der Arbeitgeber, als daß sie selbst agieren. Die Initiative liegt zumeist bei den Arbeitgebern, indem diese die Strategie der Substitution von Arbeit durch Kapital (Rationalisierung) zunehmend als Instrument der Kostenreduktion einsetzen. Hierbei sind häufig nicht die Verbände (Branchenkapitale) die wichtigsten korporativen Akteure; entscheidend sind vielmehr die Handlungen auf betrieblicher Ebene (Einzelkapitale). Da alle unter ähnlichen Randbedingungen (Konkurrenz um Marktanteile, Wirtschaftskrise) agieren, sind ihre Aktionen sehr ähnlich.

Bestimmte wesentliche makroökonomische Entscheidungen liegen außerhalb des Einflußbereichs der Gewerkschaften und müssen daher als Rahmenbedingungen ihres korporativen Handelns akzeptiert werden. Dies wird in besonderem Maße unter den Bedingungen der Krise deutlich; Unternehmern ist natürlich aufgrund ihres Rentabilitätsinteresses daran gelegen, flexible Reaktionsmöglichkeiten auf dem Arbeitsmarkt zu haben bei Nachfrageschwankungen auf verschiedenen Gütermärkten.

Anmerkungen

1) Z.B. in einigen jüngeren Arbeiten aus dem Institut für Sozialforschung Brandt et al. 1982 oder bei Streeck 1979, 1981, der in der Regel funktionalistisch und organisationstheoretisch argumentiert.

2) Das *Prinzip des methodologischen Individualismus* besagt: "Individual action and the products of individual action constitute the only and ultimate reality with which a sociologist has to deal with. A relationship between A and B can be nothing else but the product of individual actions, so that A will produce B or its opposite depending on the complex set of characteristics of the system of action." (Boudon 1983, S. 14; ähnlich auch 1980, S. 53).

3) Eine allgemeine Organisationstheorie, die von dieser Unterscheidung ausgeht, findet sich bei Child et al. 1973; eine Streiktheorie mit dieser Annahme wird entwickelt und empirisch überprüft bei Ashenfelter/ Johnson 1969.

4) Eine explizit individualistische Rekonstruktion des Michels'schen Ansatzes findet sich bei Wippler 1982.

5) Gewerkschaften sind — wie andere Organisationen — als *konstitutionelle Systeme* zu begreifen, was impliziert, daß man — in individualistischer Perspektive — das allen Mitgliedern gemeinsame nicht in irgendwelchen Organisationszielen, sondern in einer für alle verbindlichen Verfassung zu suchen hat. Die Mitglieder verfolgen ihre *eigenen* Interessen und Ziele, wobei die Verfassung (als Verfahrensordnung für das korporative Handeln der Organisationsmitglieder) lediglich Rahmenbedingungen (Restriktionen) festlegt (Vanberg 1983).

6) Wenn im folgenden von "der Gewerkschaft" die Rede ist, ist dies ausschließlich als sprachliches Kürzel für den soeben beschriebenen Sachverhalt und nicht als kollektivistische Interpretation der Organisation zu verstehen.

7) Der Einfluß von Organisationsstrukturen bzw. institutionellen Handlungsbedingungen auf stabilitätspolitische Maßnahmen läßt sich deutlich am Beispiel Englands demonstrieren: "Für die Einkommenspolitik konnte gezeigt werden, daß bei einer Dezentralisierung von Lohnverhandlungen bis zu kleinsten Arbeitnehmergruppen nicht gesamtwirtschaftliche oder produktivitätsspezifische Orientierung rational sein kann, sondern vielmehr die Ausbeutung des gruppenindividuellen Verhandlungsspielraums oder das Aufrechterhalten von traditionellen Lohndifferentialen Leitlinien des Handelns sein müssen." (Lipp 1978, S. 370; ähnlich zum Zusammenhang von Organisationsstruktur und Stabilisierungs-, insbesonders Einkommenspolitik auch Ribhegge 1978, S. 49 ff., 164).

8) „Diese Bereitschaft, Vorleistungen zu erbringen, und die Toleranz gegenüber zeitweiligen Unausgewogenheiten der 'Leistungsbilanzen' dürften in der Regel gemeint sein, wenn im Zusammenhang mit den Problemen korporativen Handelns von *'Solidarität'* gesprochen wird. Grundlage eines, in diesem Sinne, *'solidarischen'* Verhaltens ist . . . nicht der Verzicht auf jedes persönliche Vorteilskalkül, sondern das *Vertrauen*, daß eigene Beiträge zwar keine unmittelbare Gegenleistung erfahren, sich aber auf Dauer auszahlen werden . . . Und die Schaffung eines solchen *Vertrauens* ist weitgehend – insbesondere mit steigender Gruppengröße – eine Frage geeigneter sozialorganisatorischer Vorkehrungen." (Vanberg 1982, S. 165).

9) Eine reizvolle Aufgabe bestünde darin, einmal empirisch detailliert zu untersuchen, was mit solchen Forderungselementen (z.B. Erhöhung der Ausbildungsvergütung) im Verlauf des Verhandlungsprozesses geschieht. Ich vermute, daß sie in stärkerem Maße den (notwendigen) Konzessionen zum Opfer fallen als andere Forderungen. Zumindest plausibel ist die These, daß derartige „Sonderinteressen" in den Gewerkschaftsgremien nicht zahlreiche Fürsprecher finden und daß die zum erfolgreichen Streik notwendigen konfliktfähigen Gruppen kaum für derartige Forderungen einen Arbeitskampf führen würden. Insgesamt müßte die Beobachtung der Selektivität von Interessendurchsetzung stärker am Verhandlungs*ergebnis* und nicht – wie bisher zumeist üblich – am *Forderungskatalog* ansetzen.

10) Dieser Zusammenhang gilt nicht nur für Industriegewerkschaften, sondern z.B. auch für die „business unions" in den USA; die Regelungen nehmen in betriebsnaher Form lediglich andere Formen an (vgl. hierzu Herding/Sabel 1979, bes. S. 372 ff.).

11) Auf Dauer unbefriedigend für das Programm scheint mir der Versuch, *alle* nicht-intendierten Folgen individuellen Handelns unter der Rubrik „paradoxe Effekte" zu subsumieren. Nur wenige Arbeiten haben sich überhaupt mit diesem Problem beschäftigt (vgl. Wippler 1978, 1981; Boudon 1980, S. 81 ff.).

12) Die Bildung von eigenständigen Interessenvertretungen der Arbeitslosen, die in den vergangenen Jahren häufig diskutiert und gelegentlich auch in Ansätzen realisiert wurde, wird in dieser, von der Interessenlogik her argumentierenden Betrachtungsweise eher die Ausnahme denn die Regel sein und bleiben: Die Selbstorganisation in Arbeitsloseninitiativen kam bisher über kleine Gruppen (im Sinne von Olson) kaum hinaus; ihre Stabilität blieb zudem prekär. Die Organisationsfähigkeit der großen Gruppe (im Sinne von Olson) ist ziemlich gering, ihre Kommunikationsprobleme sind kaum zu lösen. Wenn es wider Erwarten dennoch zur Bildung solcher Interessenvertretungen – und zur erfolgreichen Lösung des Kollektivgutproblems – käme, wäre aus gewerkschaftlicher Sicht der Vorteil einer Organisierung von Spezialinteressen (etwa aus dem Bereich der Ökologie oder von Frauen) in nicht-gewerkschaftlichen Verbänden überschritten, da es hier sich um Interessen handelt, die mit dem Arbeits- und Berufsleben in unmittelbarem Zusammenhang stehen.

13) Die Unterscheidung von Stamm- und Randbelegschaften ist nicht fix, sondern bestimmt sich nach dem jeweiligen technologischen Stand. Bei einem weiteren Vordringen der neuen Technologien können durchaus Teile des Kerns der jetzigen Facharbeiter in verschiedenen Industrien bedroht werden; die Entwicklung in der Druckindustrie ist der vielleicht deutlichste Beleg für diese These.

14) Damit ist noch nicht der Fall ausgeschlossen, daß das Kollektivgut in suboptimaler Menge erstellt wird. Bei dieser Analyse ist zu berücksichtigen, daß Olson der Frage nachging, unter welchen Bedingungen Gruppen *überhaupt* Kollektivgüter erstellen, während in unserem Zusammenhang zu fragen ist, bei welchen Konditionen *innerhalb* von Gewerkschaften bestimmte, eigeninteressiert handelnde Subgruppen *für sie spezifische* Kollektivgüter erstellen (vgl. Olson 1968).

15) Die krisenhaften Wirtschafts- und Beschäftigungsbedingungen können zu Mitgliederverlusten führen, die durch Beitritte nicht mehr ausgeglichen werden können. Mit dem Mitgliederschwund einher geht die Schwächung der Finanzkraft, die durch Anhebung der Monatsbeiträge kaum ausgeglichen werden kann. So hat die IG Metall zwischen 1980 und 1983 108.000 Mitglieder verloren. Dieser Verlust macht sich insbesonders in den vier NRW-Bezirken (Essen, Hagen, Köln, Münster) bemerkbar, wobei die Stahlstandorte (Dortmund und Duisburg) besonders hart betroffen sind (vgl. WAZ 07.10.1983).

16) Bei der Verbandspolitik der Gewerkschaften des öffentlichen Dienstes wird weiterhin deutlich, daß sie die Arbeitsplatzbesitzer eindeutig zugunsten der Arbeitslosen bevorzugt (z.B. GEW und Teilarbeitsmarkt für Lehrer).

17) Vgl. Becker 1964 und zur Erweiterung des Konzepts (durch Einbeziehung *nicht*-monetärer Kosten) die Arbeiten von Sengenberger 1975, S. 41 ff., 95 ff.).

18) Schon die alten Berufsgewerkschaften des 19. Jahrhunderts bezogen ihre Macht aus der Arbeitsmarktsegmentierung, indem sie auf bestimmten, strategisch wichtigen Teilarbeitsmärkten das Arbeitsangebot durch institutionelle Zugangsbeschränkungen verknappen konnten; ihre Erfolge erzielten sie im Gegensatz zu Industrieverbänden nicht wegen der quantitativen Bedeutung ihrer Organisation, sondern weil ihre Mitglieder auf den etablierten (Teil-)Arbeitsmärkten kaum ersetzt werden konnten. Schon damals dominierte innerhalb der Gewerkschaften der durch den Arbeitsmarkt privilegierte Teil der Arbeitnehmerschaft (vgl. Deutschmann 1981, S. 512 ff.; 1982, S. 16 ff.).

19) Bei den gegenwärtigen Arbeitsmarktbedingungen ist eine Segmentierung von besonderer Bedeutung, nämlich die Unterscheidung von ins und outs, von Arbeitsplatzbesitzern und Arbeitslosen. Der Wettbewerb der outs an den "ports of entry", den untersten Positionen der Arbeitsplatzhierarchie, um den Markteintritt findet unter den gegenwärtigen Bedingungen kaum noch statt (z.B. Jugendliche, Lehrer). Gerade insofern ist das Solidaritätskonzept äußerst restriktiv.

20) Ein anderes Beispiel, bei dem die Politik des Betriebsrats zu einer institutionellen Verfestigung des betriebs- internen Arbeitsmarktes — und damit zu nicht-intendierten Effekten kollektiven Handelns — beigetragen hat, bezieht sich auf die Handlungsalternative „Überstunden vs. Neueinstellungen" (vgl. Lutz/Sengenberger 1980, S. 299): Während der Rezession Mitte der 70er Jahre hatten viele Betriebsräte die unternehmerische Politik des Personalabbaus mitzutragen. Im Wiederaufschwung zögerten sie — ähnlich wie die Unterneh- mensführungen — angesichts ungewisser Auftrags- und Absatzentwicklung, Personalaufstockungen vorzu- nehmen. In dieser Situation haben die Betriebsräte Überstundenzuwächse akzeptiert — und so Neueinstel- lungen und damit den Abbau von Arbeitslosigkeit verzögert.

21) Die in Abschnitt 3.3. genannten Beispiele der Rationalisierungsschutzpolitik zeigen, wie vorhandene Seg- mentierungen durch eine Verbandspolitik der Verfolgung von Mitgliederinteressen konsolidiert, d.h. in ar- beitsmarkttheoretischer Perspektive, wie Austrittsrestriktionen institutionalisiert werden.

Literatur

Ashenfelter, O./Johnson, G.E., Bargaining theory, trade unions, and industrial strike activity, American Econo- mic Review 59 (1969), S. 35 ff.

Ballestrem, Karl Graf, Vertragstheoretische Ansätze in der politischen Philosophie, Zeitschrift für Politik 30 (1980), S. 1 ff.

Bennett, J.T./Johnson, M.H., Free riders in U.S. labor unions: Artifice or affliction, British Journal of Industrial Relations 17 (1979), S. 158 ff.

Biehler, H. et al., Arbeitsmarktstrukturen und -prozesse. Zur Funktionsweise ausgewählter Arbeitsmärkte, Tü- bingen 1981

Biehler, H./Brandes, W., Arbeitsmarktsegmentation in der Bundesrepublik Deutschland. Theorie und Empirie des dreigeteilten Arbeitsmarktes, Frankfurt-New York 1981

Billerbeck, U. et al., Neuorientierung der Tarifpolitik? Veränderungen im Verhältnis zwischen Lohn- und Man- teltarifpolitik in den siebziger Jahren, Frankfurt-New York 1982

Boudon, R., Widersprüche sozialen Handelns, Darmstadt-Neuwied 1979

Boudon, R., Die Logik des kollektiven Handelns. Eine Einführung in die soziologische Denk- und Arbeitsweise, Darmstadt-Neuwied 1980

Boudon, R., Individual action and social change, The British Journal of Sociology 34 (1983), S. 1 ff.

Brandt, G. et al., Anpassung an die Krise: Gewerkschaften in den siebziger Jahren, Frankfurt-New York 1982

Child, J. et al., Towards an organizational study of trade unions, Sociology 7 (1973), S. 71 ff.

Coleman, J.S., Macht und Gesellschaftsstruktur, Tübingen 1979

Crouch, C., Trade unions: The logic of collective action, London 1982

Deutschmann, Chr., Gewerkschaften und Arbeitsmarktsegmentierung, Soziale Welt 32 (1981), S. 512 ff.

Deutschmann, Chr., Arbeitsmarktsegmentierung, Betriebsverfassung und gewerkschaftliche Organisation — Eini- ge theoretische Überlegungen zur Struktur der Austauschbeziehungen zwischen Kapital und Arbeit, in: Bil- lerbeck, U. et al., Neuorientierung der Tarifpolitik? Veränderungen im Verhältnis zwischen Lohn- und Manteltarifpolitik in den siebziger Jahren, Frankfurt-New York 1982, S. 9 ff.

Heinze, R. et al., Einheitsprobleme der Einheitsgewerkschaft. Arbeitsmarktmacht und organisationspolitische Vertretungschancen verschiedener Kategorien von Arbeitnehmern, Soziale Welt 32 (1981), S. 19ff.

Herding, R./Sabel, Ch., "Business unions" in den USA. Eine Verteidigung gegen ihre falschen Feinde, in: Berg- mann, J. (Hrsg.), Beiträge zur Soziologie der Gewerkschaften, Frankfurt 1979, S. 363 ff.

Hirschman, A.O., Abwanderung und Widerspruch. Reaktionen auf Leistungsabfall bei Unternehmungen, Or- ganisationen und Staaten, Tübingen 1974

Hofemann, K./Schmitt, R., Arbeitsmarktsegmentation — die Karriere eines Konzepts, WSI-Mitteilungen 33 (1980), S. 33 ff.

Hoffmann, J., „Amerikanisierung" der deutschen Gewerkschaftsbewegung? Probleme der gewerkschaftlichen Politik in der Bundesrepublik unter den Bedingungen des wirtschaftlichen Strukturwandels, Gewerkschaft- liche Monatshefte 32 (1981), S. 418 ff.

Keller, B., Arbeitsbeziehungen im öffentlichen Dienst. Tarifpolitik der Gewerkschaften und Interessenpolitik der Beamtenverbände, Frankfurt-New York 1983 (1983a)

Keller, B., Individualistische Sozialwissenschaft. Zur Relevanz einer Theoriediskussion, Kölner Zeitschrift für So- ziologie und Sozialpsychologie 35 (1983), S. 59 ff. (1983b)

Keller, B./Groser, M., Industrial and labor relations als interdisziplinärer Ansatz. Zum gegenwärtigen Stand von Theorie und Methode, Zeitschrift für Soziologie 9 (1980), S. 396 ff.

Kuhn, Th.S., Die Struktur wissenschaftlicher Revolutionen, 5. Aufl., Frankfurt 1981

Lewin, R., Arbeitsmarktsegmentierung und Lohnstruktur. Theoretische Ansätze und Hauptergebnisse einer Überprüfung am Beispiel der Schweiz, Zürich 1982

Lindenberg, S., Erklärung als Modellbau: Zur soziologischen Nutzung von Nutzentheorien, in: Schulte, W. (Hrsg.), Soziologie in der Gesellschaft, Bremen 1981, S. 20 ff.

Lindenberg, S., Zur Kritik an Durkheims Programm für die Soziologie, Zeitschrift für Soziologie 12 (1983), S. 139 ff. (1983 a)

Lindenberg, S., The new political economy: Its potential and limitations for the social sciences in general and for sociology in particular, in: Sodeur, W. (Hrsg.), Ökonomische Erklärung sozialen Verhaltens, Duisburg 1983, S. 7 ff. (1983b)

Lipp, E.-M., Zur Bedeutung institutioneller Bedingungen für die Stabilitätspolitik — dargestellt am Beispiel Großbritanniens, Zeitschrift für Wirtschafts- und Sozialwissenschaften 98 (1978), S. 347 ff.

Lipset, S.M. et al., Union democracy, Glencoe/Ill. 1956

Lutz, B./Sengenberger, W., Segmentationsanalyse und Beschäftigungspolitik, WSI-Mitteilungen 33 (1980), S. 291 ff.

Müller-Jentsch, W., Neue Konfliktpotentiale und institutionelle Stabilität. Die Austauschbeziehungen zwischen Kapital und Arbeit in der Bundesrepublik seit dem Ende der sechziger Jahre, in: Matthes, J. (Hrsg.), Sozialer Wandel in Westeuropa. Verhandlungen des 19. Deutschen Soziologentages, Frankfurt-New York 1979, S. 185 ff.

Olson, M., Die Logik des kollektiven Handelns. Kollektivgüter und die Theorie der Gruppen, Tübingen 1968

Pfromm, H.A., Konflikte solidarischer Lohnpolitik. Zur ökonomischen und sozialen Problematik tarifpolitischer Lohnstrukturnivellierung, Göttingen 1975

Ribhegge, H., Rationale Einkommenspolitik aus der Sicht der Neuen Politischen Ökonomie, Tübingen 1978

Runciman, W.G., Relative deprivation and social justice. A study of attitudes to social inequality in twentieth century England, Harmondsworth 1972

Schienstock, G., Industrielle Arbeitsbeziehungen. Eine vergleichende Analyse theoretischer Konzepte in der „industrial relation"-Forschung, Opladen 1982

Sengenberger, W., Arbeitsmarktstruktur — Ansätze zu einem Modell des segmentierten Arbeitsmarktes, Frankfurt-München 1975

Streeck, W., Gewerkschaftsorganisation und industrielle Beziehungen. Einige Stabilitätsprobleme industriegewerkschaftlicher Interessenvertretung und ihre Lösung im westdeutschen System der industriellen Beziehungen, in: Matthes, J. (Hrsg.), Sozialer Wandel in Westeuropa. Verhandlungen des 19. Deutschen Soziologentages, Frankfurt-New York 1979, S. 206 ff.

Streeck, W., Qualitative demands and the neo-corporatist manageability of industrial relations, British Journal of Industrial Relations 19 (1981), S. 149 ff.

Vanberg, V., Markt und Organisation. Individualistische Sozialtheorie und das Problem korporativen Handelns, Tübingen 1982

Vanberg, V., Organisationsziele und individuelle Interessen, Soziale Welt 34 (1983), S. 171 ff.

Weitbrecht, H., Effektivität und Legitimität der Tarifautonomie. Eine soziologische Untersuchung am Beispiel der deutschen Metallindustrie, Berlin 1969

Wippler, R., Nicht-intendierte soziale Folgen individueller Handlungen, Soziale Welt 29 (1978), S. 155 ff.

Wippler, R., Erklärung unbeabsichtigter Handlungsfolgen, in: Matthes, J. (Hrsg.), Lebenswelt und soziale Probleme, Frankfurt-New York 1981, S. 246 ff.

Wippler, R., The generation of oligarchic structures in constitutionally democratic organizations, in: Raub, W. (Hrsg.), Theoretical models and empirical analyses. Contributions to the explanantion of individual actions and collective phenomena, Utrecht 1982, S. 43 ff.

Wippler, R., Spontane Effekte organisationsinterner Regelungen, in diesem Band.

SPONTANE EFFEKTE ORGANISATIONSINTERNER REGELUNGEN

Reinhard Wippler

1. Vorbemerkungen

Gesellschaftliche Kooperation ist auf sehr unterschiedliche Steuerungsmechanismen zurückzuführen. Mit den Stichworten Tradition, Organisation und Markt wird gewöhnlich auf drei der wichtigsten hingewiesen, nämlich im Fall von Tradition auf Steuerung über wechselseitige Erwartungen, bei Organisation auf zentrale Koordination und im Zusammenhang mit Märkten auf dezentrale wechselseitige Anpassung (Vanberg, 1982). Was die sich daraus ergebenden gesellschaftlichen Zustände angeht, lassen sich diesen Steuerungsmechanismen 'Arten der Ordnung' (Hayek, 1969) zuordnen: Tradition resultiert in normativen Ordnungen, Organisation führt zu hierarchischen oder korporativen Ordnungen und Märkte bewirken eine spontane Ordnung. Diesen Arten der Ordnung entsprechen grundlegende sozialwissenschaftliche Analysemodelle, die in der konkreten Forschung eine heuristische Funktion erfüllen; bei der Analyse normativer Strukturen spielt das Sozialisationsmodell eine wichtige Rolle, bei der Analyse korporativer Strukturen das Modell der Ressourcenzusammenlegung und bei der von Marktstrukturen das Austauschmodell.

Diese gängige Abgrenzung unterschiedlicher Steuerungsmechanismen, Arten sozialer Ordnung und heuristisch verwendeter Analysemodelle deckt sich in groben Zügen mit der historisch gewachsenen Arbeitsteilung zwischen Soziologie, Politikologie und Ökonomie sowie mit den in diesen Disziplinen vorherrschenden theoretischen Traditionen. Für die Entwicklung der Soziologie war bekanntlich die kollektivistische Tradition von Bedeutung, während die individualistische Tradition — in ihrer vertragstheoretischen und ihrer evolutionistischen Ausprägung (Vanberg, 1982) — stärker in Ökonomie und Politikologie in Erscheinung getreten ist. Nun ist wahrscheinlich Arbeitsteilung zwischen sozialwissenschaftlichen Disziplinen nicht ungeteilt positiv zu bewerten, da sie auch zu Überwertung disziplinärer Autonomie und damit zum Ausschluß fruchtbarer Lösungsvorschläge für disziplinspezifische Erklärungsprobleme führen kann. Neuere Entwicklungen in den Sozialwissenschaften, z.B. Beiträge der Neuen Politischen Ökonomie, das Wiederaufleben der individualistischen Erklärungsstrategie in der Soziologie, sowie Arbeiten einzelner Sozialwissenschaftler (u.a. Mancur Olson, Albert Hirschman, Brian Barry, James Coleman) legen jedoch den Gedanken nahe, daß sich das Durchbrechen historisch gewachsener disziplinärer Grenzen für den Erkenntnisfortschritt fruchtbar auswirkt.

Doch zunächst zu den eingangs erwähnten Steuerungsmechanismen. Es wäre ein Mißverständnis, diese Mechanismen so aufzufassen, als ob sie — wie bei disziplinärer Arbeitsteilung — voneinander abgrenzbare Gegenstandsbereiche konstituieren. Es erscheint mir korrekter, davon auszugehen, daß in verschiedenen Gegenstandsbereichen jeweils mehrere Steuerungsmechanismen wirksam sind. So setzt eine spontane Ordnung wie die des Marktes ein gewisses Maß an normativer

Koordination voraus (z.B. die Einhaltung von Austauschregeln und Eigentumsrechten) und korporatives Handeln produziert auch spontane Effekte (Boudon, 1979). Da sich in der vertragstheoretischen Tradition, auf die sich das Thema dieser Tagung bezieht, das Hauptaugenmerk auf korporative Gebilde wie Organisationen und Verbände richtet (d.h. auf über Regeln erzielte Ordnungen), will ich im folgenden untersuchen, wie aus organisationsinternen Regelungen spontane Effekte entstehen. Ich werde drei solcher Effekte beschreiben und abschließend einige Schlüsse hinsichtlich theoretischer Strategien in der Soziologie ziehen. Die zu beschreibenden Effekte sind so ausgewählt, daß sowohl verhaltenssteuernde als auch ergebnissteuernde Wirkungen organisationsinterner Regelungen zur Sprache kommen. Die Effekte werden hier nur skizzenhaft beschrieben.

2. Regelungen korporativen Handelns und soziale Ineffizienz

Ausgangspunkt meiner Überlegungen ist der theoretische Rahmen, den Coleman (1980) in seiner Analyse von Herrschaftssystemen vorgeschlagen hat. Eine Herrschaftsbeziehung besteht dann, wenn eine Person Kontrollrechte über bestimmte eigene Handlungen einer anderen Person übertragen hat. Der Umstand, daß eigenes Handeln eine unveräußerliche Ressource darstellt, hat zur Folge, daß mit dieser Übertragung von Kontrollrechten nicht, wie bei Übertragung materieller Güter, die Transaktion beendet ist, sondern eine Beziehung zwischen untergeordneter und übergeordneter Person hergestellt ist, die erst endet, wenn die untergeordnete Person den Transfer rückgängig gemacht hat. Herrschaft wird also der übergeordneten Person von der untergeordneten verliehen ('vesting of authority in another') und kann ihr wieder entzogen werden ('divesting authority').

Bei der Entscheidung, Kontrollrecht über eigenes Handeln zu übertragen, spielen zwei unterschiedliche Anreize eine Rolle: die Übertragung geschieht im Austausch gegen irgendwelche Belohnungen (z.B. Abschluß eines Arbeitsvertrages) oder auf Grund der Erwartung, daß durch Herrschaftsausübung die Interessen des Untergeordneten besser vertreten werden, als wenn dieser seine Interessen selbst vertritt (z.B. Vertretung der Mitgliederinteressen durch die Gewerkschaftsführung). Wenn eine Herrschaftsbeziehung auf einem Interessenunterschied zwischen Untergeordnetem und Übergeordnetem beruht, spricht Coleman von 'disjoint authority relation', bei parallelen Interessen dagegen von 'conjoint authority relation'.

Weiterhin unterscheiden sich Herrschaftssysteme nach dem Ausmaß ihrer Komplexität. Ein System wird 'einfach' genannt, wenn Herrschaft von derselben Person ausgeübt wird, der sie verliehen wurde. In einem 'komplexen' System wird sie dagegen von einem Vertreter des Übergeordneten ausgeübt. In ein und derselben Organisation können Herrschaftsbeziehungen auf Grund paralleler Interessen, als auch solche auf Grund unterschiedlicher Interessen bestehen. Weiterhin kann eine Organisation mit einer bestimmten Funktion (z.B. Gewerkschaft, Berufsverband) als einfaches wie auch als komplexes Herrschaftssystem in Erscheinung treten.

Soviel zum theoretischen Hintergrund, der zum Verständnis der zu beschreibenden Konsequenz organisationsinterner Regelungen erforderlich ist. Ich möchte nun die These aufstellen, daß jede Regelung von Herrschaftsbeziehungen, wodurch korporative Gebilde konstituiert werden, zur Entstehung sozialer Ineffizienz beiträgt, wobei unter 'sozialer Ineffizienz' zu verstehen ist das Ausmaß an fehlender Übereinstimmung der individuellen Wünsche derer, die Kontrollrechte über eigene Handlungen abgetreten haben, mit Art, Menge und Qualität der erbrachten Leistungen (d.h. des Korporationsertrags).

Am Beispiel von Berufsverbänden und Gewerkschaften will ich dies deutlich machen. Der einfachste Fall ist zunächst ein Berufsverband mit kollegialer Interessenvertretung auf freiwilliger Grundlage (Beispiel: eine Sektion der Deutschen Gesellschaft für Soziologie). In dem eingangs skizzierten theoretischen Rahmen handelt es sich dabei um ein einfaches korporatives Gebilde mit parallelen Interessen von Vorstand und Mitgliedern. Die Möglichkeiten einer aktiven und erfolgreichen Verbandspolitik werden jedoch nur selten ausgeschöpft, da diese Art der Regelung korporativen Handelns das bekannte Phänomen des Trittbrettfahrerverhaltens (im Sinne der Theorie kollektiven Handelns, vgl. Olson, 1967) herbeiführt. Unter solchen Bedingungen werden Mitglieder sich gewöhnlich nur dann für den Verband einsetzen (z.B. durch Mitarbeit im Vorstand oder aktive Teilnahme an Tagungen), wenn selektive Anreize wirksam sind (z.B. Informationsvorsprung in Bezug auf den Stellenmarkt, günstige Position im Netzwerk professioneller Beziehungen).

Wenn in einem Verband die Gefahr dieser Form sozialer Ineffizienz besteht, liegt es nahe, kollegiale Interessenvertretung auf freiwilliger Grundlage zu ersetzen durch Übertragung bestimmter Kontrollrechte (Entscheidungsbefugnisse) an bezahlte Funktionäre. Dadurch werden Herrschaftsbeziehungen auf der Grundlage unterschiedlicher Interessen ('disjoint authority relations') geschaffen: die Mitglieder übertragen dem Verband als korporativem Akteur Kontrollrechte über bestimmte Handlungen (z.B. Verhandeln, Entscheiden), der diese Rechte seinerseits gegen extrinsische Belohnungen an Funktionäre delegiert. Diese Art der Regelung korporativen Handelns hat jedoch Interessenkonflikte zur Folge. Die Funktionäre vertreten Fremdinteressen, nämlich die des korporativen Akteurs (bei Berufsverbänden von Wissenschaftlern z.B. Förderung der Forschung), behalten dabei jedoch auch ihre persönlichen Interessen (z.B. Verstärkung der eigenen Position durch Ausbau des Verwaltungsstabes). Insofern bei Funktionären die Verfolgung persönlicher Interessen im Widerspruch zur Vertretung von Verbandsinteressen steht, führt diese Art der Regelung korporativen Handelns zu sozialer Ineffizienz.

Je größer ein Verband dieses Strukturtyps, desto mehr ist Delegation von Befugnissen an Funktionäre ('agents') erforderlich. Das daraus resultierende komplexe Herrschaftssystem auf der Grundlage unterschiedlicher Interessen ('complex disjoint authority system') trägt bürokratische Züge. In dem Maße, in dem Delegation von Befugnissen an Funktionäre zunimmt, steigt das Ausmaß der Konflikte zwischen Verbandsinteressen und persönlichen Interessen. Extensive Überwachungskosten werden erforderlich, wodurch die soziale Effizienz des betreffenden Verbandes ungünstig beeinflußt wird.

Es ist wesentlich leichter, die Richtung anzugeben, in der ein Abbau der erwähnten Formen sozialer Ineffizienz zu suchen ist, als praktische Lösungen zu finden. Lösungsvorschläge für das

Problem des Trittbrettfahrerverhaltens (d.h. für den charakteristischen Defekt korporativer Gebilde mit parallel laufenden Interessen) beziehen sich bekanntlich auf Verdichtung der Beziehungsnetzwerke und Einsatz selektiver Anreize (Olson, 1967). Vorschläge, wie die verbandsschädigenden Konsequenzen der Interessenkonflikte von Funktionären zu vermeiden sind, zielen darauf ab, die Befriedigung persönlicher Funktionärsinteressen davon abhängen zu lassen, wie erfolgreich Verbandsinteressen vertreten werden (Coleman, 1980: S. 161). Eine der Möglichkeiten, die extensiven Überwachungskosten komplexer korporativer Gebilde mit unterschiedlichen Interessen zu reduzieren, ist ein von Coleman als 'backward policing' (1980, S. 160 ff.) beschriebenes Verfahren dezentraler Überwachung. Dieses Verfahren ist jedoch nur dann praktikabel, wenn die Qualität erbrachter Leistungen leicht zu überprüfen ist (z.B. die Leistungen von Arbeitnehmern bei der Produktion bestimmter Güter).

3. Zulassungsregelungen und inadäquater Einsatz des Kritikpotentials

Ausgangspunkt der folgenden Analyse eines spontanen Effekts organisationsinterner Regelungen ist Hirschmans Theorie der Wirksamkeit von Kontrollmechanismen (Hirschman, 1974a). Diese Theorie unterscheidet bekanntlich zwei Kontrollformen, Abwanderung und Widerspruch, die einzeln oder kombiniert bei Leistungsverschlechterungen korporativer Akteure unter bestimmten Bedingungen wirksam werden. Im Gegensatz zu marktwirtschaftlichen Betrieben (mit ihren Beziehungen zu Verbrauchern) einerseits und Verwandtschaftsgruppen andererseits, zeichnen sich Organisationen (z.B. politische Parteien, Gewerkschaften, Berufsverbände) dadurch aus, daß in ihnen beide Kontrollmechanismen gleichermaßen wirksam sind. Dies gilt jedoch nur innerhalb bestimmter Grenzen. Wird eine untere Grenze überschritten, dann führt weder Abwanderung noch Widerspruch zur Wiederherstellung eines akzeptablen Leistungsniveaus; der Organisation fehlt der benötigte feedback. Wird dagegen eine obere Grenze überschritten, führt massive Abwanderung zu Desintegration und exzessiver Widerspruch zu Lahmlegung aller Aktivitäten (Hirschman, 1974b: S. 16). Die weiteren Ausführungen beziehen sich nur auf eine der beiden Kontrollformen, Widerspruch, d.h. es wird angenommen, daß Abwanderung keine reale Alternative für Kritikäußerungen darstellt.

Nun gibt es in allen Verbänden Regeln, wie Mitgliedschaft erworben werden kann. Unterschiede ergeben sich u.a. aus der Höhe der Zulassungsschwelle für neue Mitglieder: exklusive Organisationen (z.B. spezialisierte Berufsverbände) haben eine hohe Zulassungsschwelle, Massenorganisationen dagegen eine niedrige. Die Höhe der Schwelle kann sowohl durch die Art der Kriterien als durch die Höhe der zu entrichtenden Gebühren bestimmt sein.

Im Zusammenhang mit solchen Regelungen von Zulassungsbedingungen lautet nun meine zweite These, daß Regelungen, die den Erwerb einer Mitgliedschaft in einem Verband erschweren, einen Zustand herbeiführen, in dem das Kritikpotential des betreffenden Verbandes im Falle von Leistungsverschlechterung inadäquat Verwendung findet. Diese These erfordert einige Erläuterungen, die am einfachsten an Hand von Figur 1 zu geben sind (vgl. auch Hirschman, 1974a: S. 74).

Figur 1: Effekt unterschiedlicher Zulassungsbedingungen auf den Einsatz des Kritikpotentials

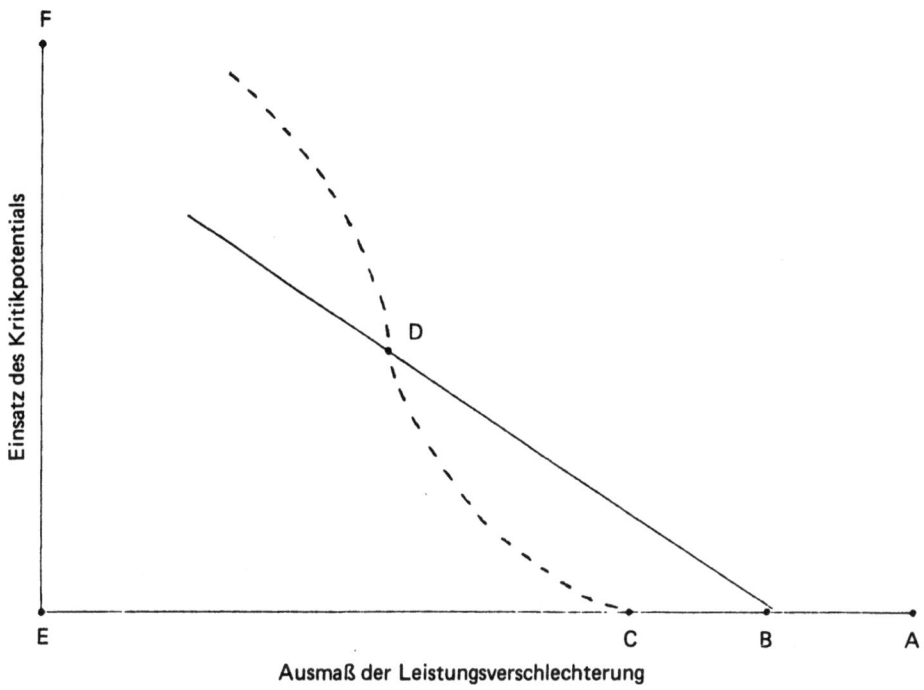

A optimale Leistung

B Toleranzgrenze ohne restriktive Zulassungsbedingungen

C Toleranzgrenze bei hoher Zulassungsschwelle

D Umschlag von Stillhalten in Überreagieren

E maximale Leistungsverschlechterung bzw. keine Kritik

F maximaler Einsatz des Kritikpotentials

— Mitgliederverhalten ohne restriktive Zulassungsbedingungen

---- Mitgliederverhalten bei hoher Zulassungsschwelle

Die Bewertung 'inadäquat' für den Einsatz des Kritikpotentials ergibt sich aus dem Vergleich mit dem Normalfall einer niedrigen Zulassungsschwelle. In Figur 1 ist dieser Normalfall durch die nicht-unterbrochene Linie dargestellt; sie bringt zum Ausdruck, daß das Kritikpotential der Verbandsmitglieder proportional zum Absinken des Leistungsniveaus eingesetzt wird. Je mehr Leistungsverschlechterung, desto mehr Widerspruch. Ein gewisses Maß an Leistungsverschlechterung wird im allgemeinen toleriert; in Figur 1 ist dies der Bereich zwischen den Punkten A und B. Erst jenseits dieser Toleranzgrenze wird Kritik laut.

Der Fall einer hohen Zulassungsschwelle für neue Mitglieder ist mit der unterbrochenen Linie angedeutet. Bei restriktiven Zulassungsbedingungen liegt die Toleranzgrenze für Leistungsverschlechterung weiter vom Punkt optimaler Leistungen (Punkt C in Figur 1) entfernt. Bei hohen Eintrittskosten wollen Mitglieder zunächst Leistungsschwund nicht wahrhaben – ein durch Untersuchungen über Dissonanzreduktion nach erfolgter Entscheidung bekanntes Phänomen. Dieselben hohen Eintrittskosten führen jedoch nach einer Periode des Stillhaltens und zaghafter Kritik zu einem Über-Reagieren der Kritik, wenn das Leistungsniveau weiterhin absinkt. Dadurch können für die Organisation disruptive Folgen entstehen. Dieser Umschlag von einer Phase zu geringer Kritik in eine Phase übertriebener Kritik ist in Figur 1 als Punkt D eingetragen. Sowohl diesseits als jenseits dieses Punktes ist der Einsatz des Kritikpotentials inadäquat. Im ersten Falle ist das Funktionieren der Organisation durch fehlenden feedback bedroht, im zweiten Falle wird die Leistungsfähigkeit der Organisation durch unproduktive Aktivität geschwächt.

4. Wahlverfahren und Verzerrung von Wählerpräferenzen

Die Überlegungen zum dritten Beispiel eines spontanen Effekts als Folge organisationsinterner Regelungen schließen an bei Analysen von Wahlensystemen. Wahlentscheidungen werden im allgemeinen über eine Vielzahl von Wahlgängen getroffen; die Wahlgänge können dabei auf verschiedene Weisen miteinander verknüpft sein. Eine der Möglichkeiten der Verbindung von Wahlgängen zu einem Wahlensystem ist über Wahlketten gegeben (Herder-Dorneich, 1973: S. 170 ff.). Bei einer Wahlkette wird im ersten Wahlgang gewöhnlich eine Vertreterversammlung gewählt, beim nächsten Wahlgang Vorstandsgremien, aus deren Mitte heraus die eigentliche Vorstandsspitze gewählt wird. In Wahlketten treten die Gewählten einer unteren Stufe als Wähler der nächsthöheren Stufe auf. Je größer die Wählerschaft und je vielfältiger sie in sich strukturiert ist, desto länger sind gewöhnlich die Wahlketten, da auf diese Weise möglichst vielen Gruppen eine selbständige Artikulation ihrer Interessen ermöglicht wird. Wie stark die einzelnen Glieder einer Wahlkette voneinander abhängig sind, bestimmt sich danach, ob auf den einzelnen Wahlstufen selbständige Koalitionen möglich sind.

Eine andere Verbindung mehrerer Wahlgänge in Wahlensystemen ergibt sich aus parallelen Wahlzügen. Zwei oder mehr Wahlzüge (d.h. Teile einer Wahlkette) können getrennt nebeneinander laufen und sich dann auf einer – meist entscheidenden – Wahlstufe zu einem gemeinsamen Wahlgang vereinigen. Bei parallelen Wahlzügen wählen die einzelnen Wählergruppen getrennt ihre Vertreter, die dann in einer gemeinsamen Vertreterversammlung unter einem festen Zahlenverhältnis zusammenkommen und gemeinsam den Vorstand wählen.

Schließlich können Wahlgänge auch gegenläufig miteinander verbunden sein: die Personengruppe der Wähler des einen Wahlganges bildet die Gruppe derjenigen, die sich in dem anderen Wahlgang zur Wahl stellen, und umgekehrt. Gegenläufige Wahlzüge treten z.B. dann auf, wenn ein von den Mitgliedern gewählter Vorstand bei der Mitgliederaufnahme oder bei der Nominierung von Kandidaten ein Vorschlags- oder Berufungsrecht hat.

Ausgehend von diesen verschiedenartigen Verbindungen mehrfacher Wahlgänge läßt sich eine weitere These über spontane Effekte organisationsinterner Regelungen aufstellen. Je komplexer die Verknüpfung einzelner Wahlgänge in einem Wahlensystem ist, und vor allem je länger Wahlketten mit Koalitionsmöglichkeiten auf verschiedenen Stufen sind, desto wahrscheinlicher ist das jeweilige Wahlergebnis ein verzerrtes Abbild der tatsächlichen Wählerpräferenzen. Die Verzerrung entsteht gerade mittels derjenigen Institution kollektiver Entscheidungen (dem Wahlensystem), die gemäß dem Alltagsverständnis eine korrekte Wiedergabe der Wählerpräferenzen garantiert.

Am Beispiel einer Gewerkschaft will ich die verschiedenartigen Verbindungen einzelner Wahlgänge zu einem Wahlensystem deutlich machen (vgl. auch Herder-Dorneich, 1973: S. 175 ff.). In Figur 2 ist das Wahlensystem einer Gewerkschaft modellmäßig vereinfacht dargestellt.

Figur 2: Das Wahlsystem einer Gewerkschaft (reduziert auf *eine* Verwaltungsstelle in nur *einem* Bezirk)

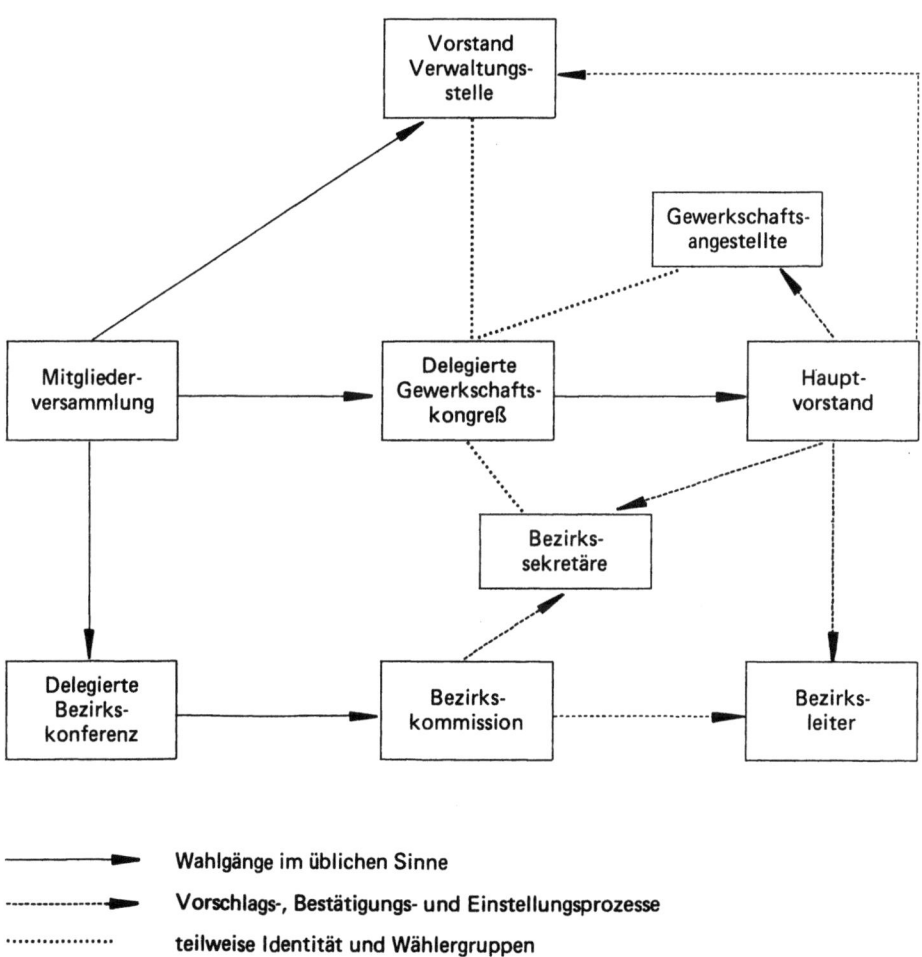

———————▶ Wahlgänge im üblichen Sinne

-------------▶ Vorschlags-, Bestätigungs- und Einstellungsprozesse

················ teilweise Identität und Wählergruppen

In diesem Modell sind die Wählergruppen verschiedener Wahlgänge als Blöcke dargestellt. Die Verbindungslinien bezeichnen Wahlbeziehungen unterschiedlicher Art. Nicht-unterbrochene Linien sind Wahlgänge im üblichen Sinne (die Mitgliederversammlung wählt z.b. die Delegierten der Bezirkskonferenz), gestrichelte Linien beziehen sich auf Vorschlags-, Bestätigungs- und Einstellungsprozesse (der Vorstand einer Verwaltungsstelle muß z.b. vom Hauptvorstand bestätigt werden), und punktierte Linien zwischen Blöcken besagen, daß die betreffenden Wählergruppen zum Teil identisch sind (wie das z.b. bei Bezirkssekretären und Delegierten des Gewerkschaftskongresses der Fall ist).

In Figur 2 ist das Wahlensystem einer Gewerkschaft reduziert auf *eine* Verwaltungsstelle in nur *einem* Bezirk. Bereits bei einer geringfügigen Erweiterung, auf beispielsweise vier Verwaltungsstellen in zwei Bezirken, wird das Wahlensystem sehr kompliziert, obwohl das Modell trotz der Vielfalt an Wahlbeziehungen dann noch stets sehr vereinfacht ist. In der Wirklichkeit umfaßt eine Gewerkschaft eine viel größere Anzahl Bezirke und Verwaltungsstellen.

Mit der These, die Wahrscheinlichkeit einer verzerrten Wiedergabe der Wählerpräferenzen steige mit zunehmender Komplexität des Wahlensystems, wird nicht behauptet, daß Wahlregelungen diesen Effekt haben müssen, sondern nur, daß dieser Effekt nicht ausgeschlossen werden kann. Aus einem anderen Grunde ist jedoch eine korrekte Wiedergabe von Wählerpräferenzen über Wahlen ebenfalls nicht zu erwarten. Die vorhergehenden Überlegungen beruhen auf der Annahme, daß Wähler bei Stimmabgaben ihre Präferenzen ehrlich zum Ausdruck bringen. Bei realen Wahlentscheidungen spielen jedoch auch strategische Erwägungen bei der Stimmabgabe eine Rolle. Es läßt sich sogar nachweisen, daß alle Wahlensysteme, die nicht auf eine einzelne Entscheidung zwischen nur zwei Alternativen reduziert sind, strategisches Handeln nahelegen (Gibbard, 1982). Aber hier stand nicht strategisches Handeln im Zentrum des Interesses, sondern ein bestimmter spontaner Effekt von Wahlregeln.

5. Schlußbemerkungen

Eingangs habe ich darauf hingewiesen, daß die beschriebenen spontanen Effekte sowohl auf verhaltenssteuernde als auf ergebnissteuernde Wirkungen organisationsinterner Regelungen zurückzuführen sind. Diese Wirkungen lassen sich jetzt für die einzelnen Effekte genauer bestimmen.

Die erwähnten Regelungen korporativen Handelns sind primär verhaltenssteuernd wirksam. Regelungen einfacher Herrschaftssysteme mit parallelen Interessen von Vorstand und Mitgliedern liefern Anreize für Trittbrettfahrerverhalten, während Regelungen von Herrschaftsbeziehungen auf der Grundlage unterschiedlicher Interessen Funktionäre zur Verfolgung persönlicher Interessen verleiten. In beiden Fällen ist das Ergebnis mit großer Wahrscheinlichkeit soziale Ineffizienz der betreffenden korporativen Gebilde.

Auch im Zusammenhang mit dem zweiten Effekt sind die unterschiedlichen Regelungen für die Zulassung neuer Mitglieder primär verhaltenssteuernd wirksam. Wenn Leistungsverschlechterung auftritt, bilden Regeln, die die Zulassung erschweren, zunächst einen Anreiz zum Verschweigen von Kritik; ein fortschreitendes Absinken des Leistungsniveaus löst dann jedoch übertriebene Reaktionen der Mitglieder aus. Beide Fälle führen zu dem Ergebnis, daß das Kritikpotential der betreffenden Verbände inadäquat eingesetzt wird.

Im Gegensatz zu den zwei zuerst besprochenen Effekten wirkt die Regelung von Wahlgängen primär ergebnissteuernd. Auch ohne daß der Möglichkeit strategischen Handelns Rechnung getragen wird, ist das Ergebnis bestimmter Wahlensysteme, daß Wählerpräferenzen mit hoher Wahrscheinlichkeit bei Wahlen verzerrt wiedergegeben werden.

Die vorhergehenden Überlegungen geben Anlaß zu einigen Bemerkungen über das Verhältnis von Soziologie zu anderen sozialwissenschaftlichen Disziplinen. Meines Erachtens lassen sich in mindestens zweierlei Hinsicht Argumente gegen disziplinäre Autonomie und für eine unter theoretischen Gesichtspunkten einheitliche Sozialwissenschaft vorbringen.

Der erste Gesichtspunkt betrifft die verhaltenssteuernde Wirkung von Regelungen. Die Vorstellung von Akteuren, deren Verhalten von Regeln und Normen gesteuert ist, gehört zu den Kernideen des traditionellen Menschenbildes in der Soziologie, dem homo sociologicus. Verhalten wird als Funktion von teilweise internalisierten und durch externe wie interne Sanktionen abgestützte Regeln und Normen aufgefaßt (Lindenberg, 1983). Für ein Entscheiden zwischen Alternativen bleibt dabei wenig Raum. Bei der vorhergehenden Analyse der Wirkung einiger organisationsinterner Regelungen wurde Verhalten ebenfalls mit Regeln in Zusammenhang gebracht, jedoch nicht kausal im Sinne einer Verhaltensdetermination durch Regeln und Normen, sondern durch Hinweis auf Regelungen als Teil der Anreizstruktur für intentionales Handeln. Hiermit ist ein allgemeines Handlungsmodell für die Sozialwissenschaften angesprochen, das bereits in den Arbeiten von Soziologen wie Boudon und Coleman Verwendung findet und das allmählich an die Stelle des traditionell-soziologischen Mensch-Modells zu treten scheint.

Der zweite Gesichtspunkt betrifft die Analyse verschiedenartiger Steuerungsmechanismen. Die Beschreibung einiger spontaner Effekte organisationsinterner Regelungen hat, so hoffe ich, deutlich gemacht, daß es wenig fruchtbar wäre, wenn das Studium einzelner Steuerungmechanismen jeweils auf eine Disziplin beschränkt bliebe.

Literaturverzeichnis

R. Boudon (1979), Widersprüche sozialen Handelns, Neuwied.

J.S. Coleman (1980), Authority Systems, Public Opinion Quarterly, vol. 44, no. 2.

A. Gibbard (1982), Manipulation of Voting Schemes: A General Result, in: B. Barry & R. Harding (eds.), Rational Man and Irrational Society? , Beverly Hills.

F.A. v. Hayek (1969), Freiburger Studien — Gesammelte Aufsätze, Tübingen.

Ph. Herder-Dorneich (1973), Zur Verbandsökonomik, Berlin.

A.O. Hirschman (1974a), Abwanderung und Widerspruch, Tübingen.

A.O. Hirschman (1974b), 'Exit, Voice, and Loyalty': further reflections and a survey of recent contributions, Social Science Information, vol. 13, no. 1.

S. Lindenberg (1983), The New Political Economy: its potential and limitations for the social sciences in general and for sociology in particular, in: W. Sodeur (Hrsg.), Ökonomische Erklärungen sozialen Verhaltens, Duisburg.

M. Olson (1968), Die Logik des kollektiven Handelns, Tübingen.

V. Vanberg (1982), Markt und Organisation, Tübingen.

R. Wippler (1981), Erklärung unbeabsichtigter Handlungsfolgen: Ziel oder Meilenstein soziologischer Theoriebildung? , in: J. Matthes (Hrsg.), Lebenswelt und soziale Probleme, Frankfurt.

Udo Bermbach / Klaus-M. Kodalle (Hrsg.)

Furcht und Freiheit

Leviathan — Diskussion 300 Jahre nach Thomas Hobbes

1982. 260 S. 15,5 X 22,6 cm. Kart.

Inhalt: Vorwort / Zur Eröffnung des Symposions / Einleitung / Wissenschaft im Dienste freier Selbsterhaltung? Zum Theorie-Praxis-Verhältnis in Thomas Hobbes' Staatsphilosophie — Diskussion / Die Angst, die Freiheit und der Leviathan. Staatsmechanismus oder politische Dialektik? — Diskussion / Anthropologische Voraussetzungen zur Theorie des Politischen bei Thomas Hobbes — Diskussion / Vertragstheorie — Ermächtigung und Kritik von Herrschaft — Diskussion / Der Autor des Leviathan und das Recht gegen den Staat — Diskussion / Auctoritas non veritas facit legem? Zur Abgrenzung von Politik und Nicht-Politik bei Thomas Hobbes — Diskussion / Das Titelblatt des Leviathan und Goyas El Gigante / Tendenzen der gegenwärtigen Hobbes-Forschung / Bibliographie der deutschsprachigen Hobbes-Literatur 1968—1981 / Verzeichnis der Diskussionsteilnehmer.

Karl-Peter Markl (Hrsg.)

Analytische Politikphilosophie und ökonomische Rationalität

Band 1: Vom Hobbes'schen Wissenschaftsbegriff zum liberalen Paradox

1985. XII, 260 S. 15,5 X 22,6 cm. Kart.

Band 2: Verfassungen, Gerechtigkeit und Utopien

1985. XXVII, 306 S. 15,5 X 22,6 cm. Kart.

Die beiden Bände enthalten die Arbeitsergebnisse der deutsch-englischen Arbeitsgruppe für Politikphilosophie. In thematisch weitgespanntem Bogen bieten sie eine aktuelle Bilanz der Debatte um Grundfragen der neuen politischen Ökonomie, außerdem werden die zentralen Probleme einer analytischen Politikphilosophie und einer modernen Politiktheorie in fundamentaler Weise behandelt. Mit Hilfe des terminologischen und logischen Instrumentariums des ökonomischen Rationalismus werden dessen Grenzen kritisch ausgelotet und die Grundlage zu einer weiterführenden Theorie geschaffen.

Westdeutscher Verlag

Bernd Guggenberger / Claus Offe (Hrsg.)

An den Grenzen der Mehrheitsdemokratie

Politik und Soziologie der Mehrheitsregel

1984. 326 S. 15,5 X 22,6 cm. Kart.

Inhalt: Einleitung: Politik aus der Basis — Herausforderung der parlamentarischen Mehrheitsdemokratie (B. Guggenberger / C. Offe) — Historische Grundlagen des Mehrheitsprinzips: Über die Geschichte des Majoritätsprinzipes (O. v. Gierke) — Exkurs über die Übereinstimmung (G. Simmel) — Verschränkung von Verfassungsprinzipien — das Mehrheitsprinzip im demokratischen Verfassungsstaat: Die Bedeutung des Mehrheitsprinzips im Rahmen unserer politischen Ordnung (H. J. Varain) — Das Mehrheitsprinzip im demokratischen Staat (Ch. Gusy) — Selbstzerstörung der Demokratie? Mehrheitsentscheidungen und Entscheidungen von Gremien (G. Sartori) — Die Mehrheitsregel: Grenzen und Aporien (N. Bobbio) — Mehrheitsprinzip und Föderalismus (H. Abromeit) — An den Grenzen der Mehrheitsdemokratie? Politische Legitimation durch Mehrheitsentscheidung? (C. Offe) — An den Grenzen der Mehrheitsdemokratie (B. Guggenberger) — Wieviel Konsens gehört zur Demokratie? (I. Fetscher) — Die neue Macht der Minderheit (B. Guggenberger) — Die Zukunft: Müllhalde der Gegenwart? (U. K. Preuß) — Technische Eingriffe in die Natur als Problem der politischen Ethik (R. Spaemann) — Recht auf Widerstand? Aktualität, Legitimität und Grenzen „zivilen Ungehorsams" (D. Rucht) — Keine Macht für niemand! (W. Sternstein) — Mehrheit und Minderheiten zwischen Macht und Markt. Formen der Abwertung des Mehrheitsprinzips (U. Müller-Plantenberg).

Stefan Breuer

Sozialgeschichte des Naturrechts

1983. VI, 702 S. 15,5 X 22,6 cm. (Beiträge zur sozialwissenschaftlichen Forschung, Bd. 42.) Kart.

Anders als in den herkömmlichen Ideengeschichten steht hier die gesellschaftliche Dimension des Naturrechts im Vordergrund: der historische Kontext der verschiedenen Konzeptionen, die verfassungsgeschichtlichen Folgen und die Verbindung mit bestimmten sozialen Trägern. Untersucht werden die Beziehungen zwischen Naturrecht und Religion im okzidentalen Feudalismus: die Entstehung des bürgerlichen Naturrechts in England und dessen Realisierung in der amerikanischen und französischen Revolution des 18. Jhs. sowie Vollendung und Ende der naturrechtlichen Denktradition am Beispiel von Kant, Hegel und Marx.

Stefan Breuer / Hubert Treiber (Hrsg.)

Zur Rechtssoziologie Max Webers

Interpretation, Kritik, Weiterentwicklung

1984. VI, 333 S. 15,5 X 22,6 cm. (Beiträge zur sozialwissenschaftlichen Forschung, Bd. 65.) Kart.

Im Mittelpunkt des Buches stehen die historischen kulturvergleichenden Aspekte der Weberschen Rechtssoziologie. Besonderes Gewicht wird auf die Analyse der Beziehungen der Rechtssoziologie zur Religions-, Herrschafts- und Wirtschaftssoziologie gelegt.

Westdeutscher Verlag

MIX
Papier aus verantwortungsvollen Quellen
Paper from responsible sources
FSC® C105338

FSC
www.fsc.org

If you have any concerns about our products,
you can contact us on
ProductSafety@springernature.com

In case Publisher is established outside the EU,
the EU authorized representative is:
**Springer Nature Customer Service Center GmbH
Europaplatz 3, 69115 Heidelberg, Germany**

Printed by Libri Plureos GmbH
in Hamburg, Germany